ROCK PLANET

Marianne Labisch (Hrsg.)

ROCK PLANET

Anthologie

AndroSF 204

Marianne Labisch (Hrsg.)
ROCK PLANET
Anthologie

AndroSF 204

Bibliografische Information der Deutschen Nationalbibliothek
Die Deutsche Nationalbibliothek verzeichnet diese Publikation in der Deutschen Nationalbibliografie; detaillierte bibliografische Daten sind im Internet über https://dnb.d-nb.de abrufbar.

Titelbild: Uli Bendick
Illustrationen: Uli Bendick (89, 125, 139, 209, 230), Mario Franke (6/7, 47, 158, 177, 189), Frank G. Gerigk (202), Veith Kanoder-Brunnel (13), Detlef Klewer (254, 268), Marianne Labisch (298), Andreas Schwietzke (31, 64, 77, 110, 242, 286)
Layout & Umschlaggestaltung: global:epropaganda
Lektorat & Korrektorat: Michael Haitel
Herstellung: Bookwire GmbH, Frankfurt (Main)

Verlag: *p*.machinery Michael Haitel
Norderweg 31, 25887 Winnert
www.*p*machinery.de
für den Science Fiction Club Deutschland e. V., www.sfcd.eu

ISBN: 978 3 95765 404 5

Marianne Labisch (Hrsg.)

ROCK PLANET

Anthologie

Liebe Rockfans,

schon länger wollte ich Golden Earring mit »Radar Love« ein Denkmal setzen, weil die es waren, die mich zur Rockmusik gebracht haben. Als ich die Idee leise äußerte, waren viele meiner Stammautoren sofort Feuer und Flamme. Seltsamerweise scheint es so zu sein, dass wir Rockfans uns gegenseitig auf Anhieb sympathisch sind. Die Begeisterung hatte ich vorausgesehen, denn Rockmusik ist ein Thema, das ebenjene Rockfans sofort anspricht. Ich wollte von meinen Autoren allerdings gerne, dass sie mir nicht nur eine fantastische Geschichte schicken, sondern mir und somit auch Ihnen verraten, wie sie zur Rockmusik gekommen sind. Die Allermeisten sind dieser Aufforderung, die uns ja einen recht privaten Blick offenbart, nachgekommen.

Das erste Mal erlebte ich bei der Arbeit an dieser Anthologie allerdings, dass sich mein Vorhaben herumsprach und so noch ein paar Autoren anfragten, ob sie nicht auch eine Story beitragen dürften. Das hat mich natürlich sehr gefreut. Sollte die Anthologie gut ankommen, könnte ich mir durchaus eine Fortsetzung vorstellen. Wie ich höre, sind die ersten Storys hierfür schon in Arbeit. ;-)

Ich wünsche viel Vergnügen bei der Lektüre und empfehle, die Songs beim Lesen, davor oder danach anzuhören. Es sind einige echte Schätzchen dabei.

Liebe Grüße
Marianne Labisch

Veith Kanoder-Brunnel

Ich liebe Rockmusik

Besonders die harte Variante davon, nämlich Metal. Heute höre ich zwar eine größere Bandbreite, durchaus auch Klassik und experimentellere elektronische Sachen wie Witchhouse, Dark Ambient und Black/Death Industrial, aber dem Metal bin ich immer treu geblieben. Musikalisch war ich ein Spätzünder, denn ich konnte mit dem Mainstream-Zeug, was im Radio lief, selten was anfangen. Als Kind hatte ich die ›Neue Deutsche Welle‹ geliebt, aber dann kam lange Zeit gar nichts mehr. Meine Klassenkameraden haben nur Pop gehört und das war nicht meins. Erst mit fünfzehn habe ich wieder angefangen, mich für Musik zu interessieren.

Wenn ich jetzt ein monumentales Erweckungsereignis beschreiben sollte, müsste ich überdramatisieren. Also schön, versuchen wir es: Es war ein heißer Sommertag und ich lebte auf dem Dorf, zwanzig Minuten Fahrt mit Bus in die nächste Kleinstadt, wo ich zur Schule gegangen bin und wo es die einzigen Einkaufsmöglichkeiten gab. Musik war mir oft ein Gräuel, bestenfalls akustische Umweltverschmutzung, die sich als Hintergrundbelästigung ertragen ließ. Damit meine ich das Popzeug, das meine Klassenkameraden hörten. Von zu Hause rede ich gar nicht erst. Ich sage nur: NDR1. Heute hat sich der Sender etwas gebessert und qualifiziert sich nicht mehr vollumfänglich als Folter, doch damals haben die nur Volksmusik der übelsten Sorte gespielt. »Macht doch bitte das Radio aus«, ist wohl einer der am häufigsten gesagten Sätze meiner Jugend gewesen.

Halt, genug Exposition, zurück zu jenem Sommertag: Ich hatte mich mit dem Fahrrad auf den Weg zum nächsten Freibad gemacht, waren etwa fünfundzwanzig Kilometer – nur um dann festzustellen, dass heute niemand dort war, den ich kannte. Verdammt, das würde ein langweiliger Nachmittag werden, ich ärgerte mich schon, die Fahrradtour bei der Hitze auf mich genommen zu haben. Ich ging schwimmen und setzte mich danach allein auf ein Handtuch ins Gras. Dann passierte es. Ein Höllenlärm brach los und die Leute um mich herum flohen, doch ich blieb sitzen. Die Geräuschquelle war schnell lokalisiert, drei langhaarige Typen mit einem Gettoblaster, wie man Kassettenrekorder damals nannte. Wow, Musik mit so viel Power hatte ich Hinterwäldler-Dorfjunge ja noch nie gehört, das gefiel mir richtig gut. Auch dass die drei offensichtlich viel Spaß daran hatten, andere Badegäste mit ihrer Musik aus der näheren Umgebung zu vertreiben. Ich aber blieb und hörte ehrfurchtsvoll zu, der Spirit des Heavy Metal hatte mich sofort in Besitz genommen. Ich bin nie der sozialste Typ gewesen, aber ich wollte wissen, was das für Musik war, also nahm ich irgendwann allen Mut zusammen, ging zu den drei Typen rüber und fragte: Was hört ihr da eigentlich und wo kriegt man das her?

Wir kamen ins Gespräch, einer von denen hatte den halben Rucksack voller Musikkassetten und ich erhielt einen ausführlichen akustischen Einführungsstreifzug durch eine Musikrichtung, von der ich am Tag vorher noch nicht einmal gewusst hatte, dass sie existierte. Ich hab die drei nie wieder gesehen, aber am nächsten Tag kam ich in unserer Kleinstadt mit einem breiten Grinsen aus dem einzigen Plattenladen, stolz meine erste selbstgekaufte Schallplatte in den Händen: »Seventh Son of a Seventh Son« von Iron Maiden. Mein Schatz!

Es war der im Schwimmbad gehörte Song »Can I play with Madness«, der mich zu diesem Album greifen ließ, und die anderen Stücke darauf gefielen mir nicht minder gut. Und es dauerte nicht einmal ein Jahr, bis ich selbst mit langen Haaren und einer ›Kutte‹, wie man verschlissene Jeansjacken mit unzähligen Bandaufnähern damals nannte, herumlief. Die hängt übrigens noch heute bei mir im Schrank und ich werde sie niemals entsorgen, auch wenn ich sie seit Jahrzehnten nicht mehr getragen habe.

Iron Maiden haben mir die von Pop und NDR1 zerstörte Liebe zur Musik zurückgebracht, und daher möchte ich ihnen und speziell diesem Song und Album auch meine Kurzgeschichte widmen.

Veith Kanoder-Brunnel begann seine Existenz im Jahr 1973 in Norddeutschland, studierte Geschichte und Anglistik (mit Schwerpunkt Literaturwissenschaft) und hatte schon immer einen Hang zum Unkonventionellen und eine Menge verrückter Ideen. Er ist in einem Oldenburger Schriftstellerverein tätig und viel im Schriftstellerforum dsfo.de unterwegs, wo er mehrere Wettbewerbe für Kurzgeschichten gewonnen hat; außerdem hat er Geschichten in diversen Verlagsanthologien unterbringen können. Er hat eine starke Vorliebe für Metaebenen, skurri-

len Humor und die Alltäglichkeit des Absurden. Momentan arbeitet er an einem experimentellen Mystery-Thriller über den Drehbuchautor einer trashigen Fernsehserie, dessen Kreationen sich zu verselbstständigen scheinen und in seinem realen Leben auftauchen. Mit diesem Projekt versucht er, seinen aus Überlegungen zu einer eigenen Literaturtheorie entstandenen CAT7 genannten Nischenschreibstil, der das Ernsthaft-Anspruchsvolle mit dem Spannend-Unterhaltsamen und absurdem Humor mischt, zugänglicher und mainstreamtauglicher zu machen.

Veith Kanoder-Brunnel

Quatsch, sagt Fred

»Vielleicht sind wir ja alle nur Eintagsfliegen«, erwidere ich und verziehe das Gesicht zu einem Grinsen.

»Wie meinst du das denn? Und was hat das mit der Mathearbeit morgen zu tun?«

Fred sieht mich an, als hätte ich nicht alle Tassen im Schrank, und ich genieße die Situation. Kann man mit dem Wahnsinn spielen? Klar kann man. Man muss nur aufpassen, dass er am Ende nicht gewinnt.

»Nun, wir schlafen ja vorher noch. Das Bewusstsein zerfasert und beim Aufwachen setzt es sich wieder zusammen. Nur woher kann man wissen, ob es dann noch dasselbe ist und nicht nur ein gleiches? Wie bei Theseus' Schiff, weiß'te? Niemand kann sagen, ob das noch das Original ist, oder nur ein aus Originalteilen nachgebautes. Bin ich noch ich, wenn ich wieder aufwache und mein Bewusstsein sich aus dem Traumchaos neu zusammengepuzzelt hat? Wenn nein, ist Vektorgeometrie nicht mehr mein Problem, sondern das einer Nachfolgeinstanz.«

»Alter, da kriegt man ja mehr Schiss vorm Schlafengehen als vor der Mathearbeit, will ich gar nicht drüber nachdenken.« Fred überlegt trotzdem kurz. »Warum Spinner keine Philosophie-AG mitmachen sollten«, sagt er dann, nimmt den letzten Schluck aus der Bierdose, drückt sie in seiner Hand zusammen und wirft sie zielsicher in den bestimmt zwei Meter entfernten Abfallkorb bei der Parkbank. »Treffer, versenkt. Geilomat, wa?«

Ich zucke mit den Schultern. »In einem anderen Universum hast du ihn verfehlt. Es ist reiner Zufall, dass wir uns in jenem befinden, wo du getroffen hast. Nichts, worauf du stolz sein könntest.«

»Quatsch«, sagt Fred. »Wie kommst du immer auf solchen Unsinn?«

»Weil ich der Prophet bin.« Ich fixiere ihn mit einem eisigen Blick, oder versuche das zumindest. »Siehst du das Höllenfeuer in meinen Augen? Deine Seele wird in einem See aus Feuer brennen.«

»Up the irons!« Er lacht und streckt die Hand zum Hörnergruß empor. »Geile Scheibe. Danke fürs Überspielen noch mal.«

Moment. Nee, so war das gar nicht. Fred hat immer nur dieses Popzeug wie Bros gehört, und ich kann mich nicht daran erinnern, diese Konversation je mit ihm geführt zu haben. In welchem Universum bin ich jetzt wieder gelandet? Wie dem auch sei, die Mathearbeit morgen ist wirklich nicht mein Problem. Nicht mehr. Denn das war vor sechzig Jahren. Glaub ich jedenfalls, einen Moment lang. Und komm mir vor wie Graham Chapman, der als pedantischer Kunstlehrer durch ein unterirdisches Höhlensystem stolpert und seine Seele in einem Kühlschrank findet. Oder irgendwie so. Das Video für Iron Maiden war sein letzter Filmauftritt, bevor der Krebstod ein weiteres Monty-Python-Mitglied aus der Welt schaffte und dafür sorgte, dass es immer weniger zu lachen gab. Irgendwie ist das Leben eine Abwärtsspirale, egal, wann man geboren wird. Ich könnte mich noch mit Fred über dieses Video zu dem Song unterhalten, aber ich bin sicher, er kennt es gar nicht. Woher denn auch? MTV zeigt so was nicht und ich hab es erst Jahrzehnte später mal auf YouTube gesehen, und im Moment, also hier und jetzt, wissen wir ja noch nicht einmal, was ›Internet‹ bedeutet. Ich komme zurück, nehme deinen Körper in Besitz und lasse dich brennen, flüstersingt Bruce Dickinson einen weiteren Maiden-Song durch meine Gedanken. Satanic Panic, anyone? Verdammt, das ist kein Gedankenspiel mehr. Wieso bin ich wirklich zurück in den Achtzigern und sitze hier mit Fred im Park? Ja, seine Seele wird brennen, das weiß ich, auch ohne Prophet zu sein. Fällt mir gerade wieder ein, als ich ihn ansehe. Zumindest sein Körper hat gebrannt, als er zwei Jahre später kurz nach dem Abi mit dem Motorrad zu weit aus der Kurve geriet und frontal in ein entgegenkommendes Fahrzeug krachte. Sollte ich ihn warnen? Kann ich etwas verändern? Bin ich vielleicht aus der Zukunft in meinen damaligen Körper am Ende meiner Schulzeit zurückgekehrt, um Fred retten zu können? Ich hab nie wieder einen besten Freund gehabt, mit dem man sich stundenlang über allen möglichen Schwachsinn unterhalten und sich dabei wie der Weise vom Berge fühlen konnte. Oder ist das alles nur ein Traum?

Und gibt es überhaupt einen Unterschied? Realität ist subjektiv, immer das, was du daraus machst.

»Sorry, Tim, ich will mich aufs Ohr hauen. Oder doch noch ein bisschen für Mathe lernen.« Fred steht auf und blickt zum kleinen Hügel mit dem Kriegsdenkmal hinauf. »War mal wieder echt nett hier mit dir.«

Oh ja, die guten alten Achtziger. Da konnte man noch als Schüler im Stadtpark sitzen und Dosenbier trinken, ohne dass sich jemand aufregte. Ich verabschiede mich von meinem Kumpel und mache mich auch auf den Weg. Nur – wohin? Ich hab damals bei meinen Großeltern gewohnt, nachdem mein Vater mit seiner neuen Flamme zu einer Sekte nach Südamerika abgehauen war und meine Mutter schon zum dritten Mal vergeblich in einer Suchtklinik den Fallout des überraschenden Beziehungsendes zu überwinden versuchte. Von wegen gute alte Zeiten!

Mein Opa starb Ende der Neunziger und meine Oma wenige Jahre später. Ich überlege kurz, es müsste jetzt 1988 sein. Da kam Iron Maidens »Seventh Son«-Album raus, über das wir uns eben unterhalten haben. Meine Großeltern müssten also noch leben, und irgendwie schaudere ich bei dem Gedanken, sie wiederzutreffen. Egal, ein anderes Ziel habe ich nicht, ich brauche ein Dach über dem Kopf. Zum Glück ist es nicht weit vom Stadtpark, einfach die Burggrabenstraße runter, von dort in die Bahnh–

Erschrocken bleibe ich stehen. Da ist sie wieder, diese Erscheinung. Die alte Frau mit dem schlohweißen Haar, das Gesicht unter einem Schleier verborgen. Mitten auf der Hauptstraße wandelt sie entlang, die Stadt wirkt plötzlich verlassen und ausgestorben, und ich hab das Gefühl, die Umgebungstemperatur ist auch gerade ein paar Grad gesunken.

»Hallo! Hallo! Ist jemand hier?«, ruft sie mit ihrer zitternden, aber irgendwie doch mächtigen Stimme. Meine Banshee, die mich ins Totenreich holen soll? Panisch renne ich zum Park zurück und verkrieche mich hinter einem Busch. Kann sich nicht einfach wieder so ein Strudel hier auftun und mich zurückbringen?

Irgendwie so bin ich jedenfalls hergekommen, auch wenn mir die Erinnerung schwerfällt. Das Haus meiner Großeltern, genau, dort ist es passiert. Daher wohl auch mein Unbehagen, dorthin zurückzukehren. Ich war noch einmal hin, die alten Sachen aus meinem Zimmer durchsehen, die schon jahrelang dort verstaubten. Seit dem Tod der beiden stand das Haus leer, und ich wollte noch einmal nach Andenken suchen, bevor es endlich verkauft wurde, und ein Teil meiner Jugend unbarmherzig einer Entrümpelungsfirma zum Opfer fallen und auf der Müllkippe landen würde.

Wieder bin ich dort, parke den Wagen an der Straße und krame nach dem Schlüssel. Kurz erhasche ich meine Reflexion im Rückspiegel und stutze. War ich nicht eben noch siebzehn? Verdammt, wie schnell die Zeit vergeht. Das Haus liegt nicht direkt an der Straße, es geht etwa hundert Meter eine Einfahrt runter, doch diese ist so zugewachsen, dass sie mir nicht mehr befahrbar erscheint. Hinter dem Gebäude erstreckt sich ein kleines Waldgrundstück, dessen Vegetation jetzt nahtlos in das Gemäuer übergeht. Hach, dieser Wald. Oft bin ich als Kind dort gewesen, um mit anderen aus der Nachbarschaft kulturelle Aneignung zu betreiben, wie man heute sagen würde. Cowboys und Indianer spielen meine ich. »Run to the hills, run for your life«. Mir scheint, Iron Maiden haben schon mein Leben kommentiert, lange bevor ich die Band mit sechzehn entdeckte. Wie der Chor eines antiken Dramas, der die Tragödie des Protagonisten begleitet. Warum kenne ich all diese Songtexte noch auswendig, wenn der Rest meiner Erinnerung so verschwommen ist? Wahrscheinlich, weil ich sie so oft gehört habe, während alles andere nur einmal passierte. Wobei sich Letzteres ja mittlerweile geändert zu haben scheint.

Jedenfalls befällt mich ein geradezu beängstigendes Déjà-vu, als ich den Schlüssel ins Schloss stecke und herumdrehe. Bin ich schon einmal hier gewesen, um meine alten Sachen durchzuschauen, bevor die auf dem Müll landen? Quietschend und knirschend öffnet sich eine Haustür, die schon seit Jahren keinen Besucher mehr gesehen hat.

»Hallo! Ist jemand hier?«

Die geisterhafte Stimme der Frau lässt mich erschaudern, denn sie klingt falsch, wie beim Einatmen statt beim Ausatmen artikuliert. Verdammt, das kam von oben. Da ist jemand im Haus! Wie ist das möglich, die Tür war doch verschlossen und alle Fenster sahen intakt aus. Knirschende, schlurfende Schritte im

Obergeschoss. »Hallo! Hallo?« Aber die Stimme scheint sich zu entfernen, statt näher zur Treppe zu kommen.

Sollte ich die Polizei rufen? Nein, kein Feigling sein, ich sehe erst mal selbst nach. Obwohl ich sicher bin, dass er nicht funktionieren wird, drücke ich einen Lichtschalter im Eingangsflur. Zu meiner Überraschung wird es tatsächlich hell. Warum ist hier noch Strom, das Haus ist doch seit Jahren unbewohnt? Schlagartig wird es oben still, als hätte der Schalter Licht gegen Geräuschkulisse getauscht. Ich lausche angestrengt, doch kann nichts mehr hören, keine Schritte, kein Knarzen, nichts. Hab ich mir das eingebildet?

Ich eile die Treppe hinauf. Eine dicke Staubschicht auf dem Boden zeugt davon, dass hier seit Jahren niemand mehr war. Jedenfalls kein Lebender. Klar, Tim, du hast einen Geist gehört, das wird es sein. Mann, das kam irgendwo aus der Nachbarschaft, irgendeine verwirrte alte Frau ist aufgewacht und suchte ihre Angehörigen. Doch egal, wie oft ich diese Erklärung in meinen Gedanken hin und her wälze, richtig glauben kann ich sie nicht, auch als ich mich im Obergeschoss davon überzeugt habe, dass hier niemand außer mir ist und keinerlei Spuren auf einen weiteren Besucher hindeuten. Bin ich übermüdet und hab schon halb geträumt?

Muss wohl, denn ich hab die Episode schon fast vergessen, als ich mein altes Zimmer betrete. Eddies kämpferische Fratze vom »Live after Death«-Poster heißt mich willkommen, und wie dieser komme ich mir vor, als würde ich aller Widrigkeiten zum Trotz gerade meinem Grab entsteigen und in mein Leben zurückkehren. Links und rechts vom Iron Maiden Tourplakat hängen die Stoffkarten von Ultima IV und V, und der C64 mit dem kleinen alten Fernseher als Monitor steht noch auf dem Schreibtisch, als wolle auch er mich in lange vergessene Welten zurückrufen, die ich mal mein Zuhause nannte. Wie soll ich das ganze Zeug in meiner Zweizimmerwohnung unterbringen? Ich kann jedenfalls nicht zulassen, dass es auf dem Müll entsorgt wird – verdammt, das war einmal mein Leben. Selbst der alte Plattenspieler ist noch da, ich durchstöbere das Regal mit den Vinylscheiben darunter. Def Leppard, Judas Priest, Blind Guardian – und da steht sie, meine erste selbstgekaufte Schallplatte. Iron Maidens »Seventh Son of a Seventh Son«. Zitternd halte ich sie in den Händen. Mein Schatz!

Der Plattenspieler scheint noch zu funktionieren, auch wenn der Klang der alten Boxen alles andere als optimal ist. War eine Kompaktanlage mit Kassettendeck, die ich mal zu Weihnachten bekommen habe, hat wahrscheinlich keine zweihundert Mark gekostet. Trotzdem erfüllt sie immer noch ihren Zweck und schon lausche ich dem Intro. Sieben heilige Pfade zur Hölle und die Reise beginnt. Werde auch ich am Ende zur ewigen Nacht verdammt? Vorsichtig hebe ich den Tonarm mit der Nadel an und setze sie in die Anfangsrille meines Lieblingsstücks des Albums. »Can I Play with Madness?« Habe ich je etwas anderes getan?

Ich lasse mich im staubigen alten Sessel nieder, schließe die Augen und singe in Gedanken mit. Das Stück scheint sich endlos zu wiederholen, jedenfalls kommt es mir viel länger vor, als ich es in Erinnerung habe. Verliert man mit geschlossenen Augen nicht jegliches Zeitgefühl? Erst jetzt bemerke ich die harten Sprünge in der Musik und erinnere mich. Billige Anlage, der Tonarm war wohl etwas zu leicht, wenn da ein Staubkorn zu viel auf der Platte lag, sprang die Nadel schnell mal ein paar Rillen zurück. Ich hab dem Problem immer Abhilfe verschafft, indem ich eine Streichholzschachtel auf den Tonabnehmer legte, dann stimmte das Gewicht. Die müsste sogar noch irgendwo bei den Platten liegen. Ich erhebe mich – und starre auf den Plattenteller. Die Rillen scheinen sich aus der Platte erhoben zu haben, schweben wie eine weiß leuchtende Spirale in der Luft und der erhobene Tonarm hängt in diesem seltsamen Strudel fest.

Was habe ich mir dabei gedacht, ihn zu greifen? In diesen Strudel zu fassen, statt panisch das Weite zu suchen, weil ich einem Phänomen gegenüberstehe, das nicht in mein Realitätskonzept passen sollte. Aber es passte. Es fühlte sich richtig an. Wie etwas, das ich tun muss. Und schon saß ich mit Fred im Park und führte diese Konversation von früher, die sich garantiert nie so ereignet hat.

Der Strudel ist jedenfalls nicht mehr aufzufinden, im Park ist alles normal, und auch die Straße sieht wieder heller aus. Ich riskiere einen neuen Versuch, immer vorsichtig Ausschau nach dieser geisterhaften alten Frau haltend, aber sie lässt sich nicht blicken. Schließlich stehe ich wieder vorm Haus meiner Großeltern, das jetzt bewohnt aussieht.

»Tim, gut, dass du da bist«, begrüßt mich mein Opa, »da wartet jemand auf dich.«

Ich komme nicht dazu, mich über das Wiedersehen zu freuen. Wer zum Teufel sollte auf mich warten? Hoffentlich nicht diese alte Frau. »Was? Wer? Wo?«

»Ein alter Mann mit Bart, kannte ich nicht. Er sitzt im Garten im Indianerzelt.«

»Indianerzelt?«

»Das, wo ihr Fred mal in den Schrank gesperrt und vergessen habt, ihn wieder zu befreien«, sagt er so vorwurfsvoll, als sei es gestern gewesen. Da war ich sieben oder acht, okay, war aber auch 'ne große Panik. Die ganze Nachbarschaft hat ihn gesucht, bis mir abends im Bett wieder einfiel, wo er steckte. Gab einen Mordsärger, ich hab bestimmt drei Tage lang nicht sitzen können. Und Martin, dessen Idee das war, kam mit zwei Tagen Stubenarrest davon. Manchmal ist das Leben echt unfair. Aber wieso soll das Zelt heute noch dort sein? War ein altes Vorzelt, das wir als Kinder an den Balken vom Schuppen befestigt und eingerichtet hatten, das ist doch schon lange weg. Halt, vielleicht ein Hinweis. Soll ich Fred wieder irgendwo einsperren, damit er keinen Unfall haben kann? Unsinn, das passiert doch erst in ein paar Jahren, ich kann ihn doch nicht so lange gefangen halten.

»Willst du den Propheten noch länger warten lassen?«, unterbricht Opa meine Gedanken.

»Propheten?«

»Der sah aus wie einer. Keine Ahnung, was der von dir will. Wenn was ist, rufst du einfach und ich zieh ihm was mit dem Handstock über.«

»Ja, Opa, sicher.« Ich eile in den Garten, das Zelt ist tatsächlich noch dort. Sieht aber irgendwie anders aus. Wie das eines Wahrsagers auf dem Rummelplatz, inklusive ein paar kitschig bunter Glühbirnen über dem Eingang. Drinnen wartet wirklich ein bärtiger alter Mann auf mich, an einem kleinen Tisch, mit Turban um den Kopf und Kristallkugel vor sich. Seltsam, die Gesichtszüge kommen mir bekannt vor, obwohl ich ihn noch nie gesehen habe. Ein bisschen wie mein Vater, aber irgendwie doch ganz anders. »Du hast Glück gehabt, zu entkommen, junger Mann«, beginnt er das Gespräch.

»Wer ist diese alte Frau?«, frage ich und setze mich ihm gegenüber.

»Frau? Ach, die. Um die mach dir keine Sorgen, die nimmt dich gar nicht wahr. Du hast deine eigenen Probleme.«

»Stimmt. Wie kann ich absolut sicher verhindern, dass Fred in ein paar Jahren bei einem Unfall umkommt?«

»Oh, das ist ganz einfach.« Der Alte grinst mich diabolisch an und legt ein Jagdmesser vor mir auf den Tisch. »Das ist der Weg.«

»Hä?«

»Wenn du ihn morgen damit erstichst, kann er in ein paar Jahren keinen tödlichen Unfall mehr haben. Logisch, oder?«

»Sehr witzig. Ich will ihn retten, und nicht schon vorher umbringen.«

»Das Böse, das man tut, lebt immer weiter.«

»Mag sein. Aber das Opfer doch nicht.«

»Du weißt, was du zu tun hast. Oder du wirst es wissen. Ich weiß es nicht, aber ich vertraue dir. Du spielst mit dem Wahnsinn und machst das gerade richtig gut.«

»Muss das so kryptisch sein?«

»Natürlich, Junge, was erwartest du? Hat sich je ein Prophet klar ausgedrückt?«

»Der aus dem Iron Maiden Song definitiv.«

Wieder dieses eklig süffisante Grinsen. »Was klar ist, weißt du doch schon. Aber Blindheit ist ein Segen. Manchmal, für ein paar Stunden.«

»Muss ich dem eine rüberhauen?«, unterbricht eine Stimme von draußen.

»Nein, Opa, alles gut.« Mann, dieser Kerl! Glaubt immer noch, sein Handstock könne alle Probleme lösen. Hat schon bei mir nicht geklappt; seit ich mich das erste Mal gewehrt habe, traut er sich nicht einmal mehr, mir damit zu drohen. Aber war es wirklich okay, ihm eine zu zimmern und die Nase zu brechen, um der nächsten Tracht Prügel zu entgehen?

»Es wäre das einzig Richtige«, entgegnet der Prophet, der anscheinend meine Gedanken gelesen hat. »Wenn es denn so gewesen wäre. Manchmal ist Gewalt durchaus eine Lösung, ganz egal, was dir die Lämmer erzählen. Du bist ein Löwe, der sich nicht unterkriegen lässt. Du kämpfst, auf jede erdenkliche Weise, und nutzt alles, was dir zur Verfügung steht. Dann wird eine alte Frau, die vergeblich um Hilfe ruft und in der ewigen Dunkelheit gefangen bleibt, schnell zum Schreckgespenst. Wie viele Streichhölzer sind noch in deiner Schachtel?«

Die zur Beschwerung des Tonarms vom Plattenspieler? »Ich weiß es nicht.«

Der Prophet deutet auf seine Kristallkugel, aber keinerlei Vision – Halt, doch! Ein einziger bereits brennender Streichholzkopf, und er trägt Eddies Gesichtszüge. Irre grinsend wie auf dem umstrittenen Plattencover, wo er gerade Margaret Thatcher niedergestochen hat. Die sich auf einem späteren Cover rächte und ihm beim Flirt mit zwei Mädels mit einer Maschinenpistole auflauerte. Alles nur Spaß, natürlich. Mit dem Wahnsinn spielen.

Okay, ich hab eine neue Frage: »Muss ich wirklich morgen wieder zur Schule und eine Mathearbeit mitschreiben?«

»Wo du schon hier bist, warum nicht? Du solltest sie doch bereits kennen. Erinnerst du dich an deine Note?«

Kein Schimmer, nicht der blasseste. »Ich hab alles vergessen.«

»Geometrie vergisst man nicht. Du wirst eine Eins schreiben, genau wie damals.«

Eine Eins in Mathe? Ich? »War das wirklich so?«

»Es liegt bei dir. Wie alles andere auch. Wirst du den alten Pfad erneut beschreiten, oder einen neuen einschlagen?«

Fred. Ich kann also wirklich etwas verändern und ihn retten. Nur wie?

Jetzt spricht er rückwärts, doch ich verstehe ihn trotzdem genau. »Tu es!«

»Was? Ihn umbringen?«

»Deine Seele wird eh in der Hölle brennen. Oder ausbluten, Hitze ist ja nicht das Problem dort, sondern die Einsamkeit.«

»Du meinst, ich kann ihn mitnehmen? Um in der Hölle nicht allein zu sein?«

»Kannst du mit dem Wahnsinn spielen?«

Hey, das ist meine Frage. »Kann ich?«

»Wärst du sonst hier?«

Eine gute Frage. Bin ich das überhaupt?

Nein, natürlich nicht. Das Zelt steht schon lange nicht mehr im Garten, ich sitze mit Oma und Opa in der Küche beim Abendbrot und tagträume wildes Zeug von noch älteren Zeiten als jene, in die ich zurückgekehrt bin.

»Dass du morgen bloß nicht wieder zu viel trinkst, Junge«, mahnt Oma gerade.

»Warum sollte ich?«

»Was war denn nach der letzten Party? Als du besoffen nachts auf dem Dach rumgeklettert bist und mir ins Rosenbeet gekotzt hast.«

Hab ich mal so was getan? Cool, ich erinnere mich gar nicht. »Nein, Oma, mach dir keine Sorgen. Ist denn morgen eine Party?«

»Ihr wolltet doch feiern gehen, wenn ihr die Mathearbeit hinter euch habt.«

Stimmt, ich erinnere mich. Irgendwann bin ich mit Fred aus der Disko raus, um frische Luft zu schnappen. Wir waren beide strunzenhackedicht, Fred noch mehr als ich, der kriegte gar nichts mehr mit. Wir liefen über ein Maisfeld, und ich habe es getan. Ihm einfach eine reingehauen, mit voller Wucht, einfach nur so, um zu wissen, wie es sich anfühlt. Seinem besten Freund heimtückisch in den Rücken zu fallen. Ich denke, jeder hat ein Ereignis in seiner Jugend, auf das er nicht stolz ist. Dieses ist meins. Etwas, für das ich mich immer geschämt habe. Klar war auch ich betrunken, aber entschuldigt das etwas? Ich war noch klar genug im Kopf, um zu realisieren, dass Fred im Gegensatz zu mir gar nichts mehr mitkriegt und sich auch nicht erinnern können wird. Du bist gestolpert und auf einen Stein gefallen, konnte ich ihm am nächsten Tag sagen. Aber es war trotzdem der Anfang vom Ende unserer Freundschaft. Weil ich ihm nicht mehr ins Gesicht sehen konnte, ohne mich für das zu schämen, was ich getan hatte, auch wenn sein blaues Auge schon nach wenigen Tagen wieder normal aussah.

Und morgen muss ich wirklich wieder auf diese Party? Verdammt, von allen Wochenenden meiner Jugend, warum musste ich gerade zu diesem zurückkehren?

Noch etwas fällt mir wieder ein, plötzlich ist meine Erinnerung sonnenklar. Mein Opa hat mich nie mit seinem Stock verdroschen, das hat er immer nur scherzhaft jedem angedroht, der ihm irgendwie blöd kam. Ich habe mir das eingeredet, wahrscheinlich weil ich mir wünschte, er hätte es getan. Für die Sache mit Fred. Den ich auch nie als Kind in einen Schrank gesperrt und dort vergessen habe. Nein, ich habe ihn auf einem Maisfeld umgehauen und dort liegen lassen. Einfach nur so.

Vielleicht sollte ich meine Rückkehr zu diesem Ereignis als zweite Chance begreifen. Habe ich die Gelegenheit, es diesmal besser zu machen? Einen schlimmen moralischen Ausrutscher in meinem Leben zu korrigieren?

Zeitraffer, ich scheine zu springen. Kurz sehe ich mich in der Schule sitzen und Formeln auf ein Blatt kritzeln. Ich verstehe nichts mehr davon, aber es kommt ganz von selbst. Mathe ist ein Handwerkzeug, das man nicht verlernt, genau wie der Prophet sagte.

Abends sitzen wir im ›Stein‹, wie der Schuppen kurz genannt wird. Ein seltsames Gefühl. Ich bin später noch einmal dort gewesen, die Dorfdisko meiner Jugend steht jetzt in einem Museumsdorf, etwa fünfzig Kilometer von ihrem ursprünglichen Standort entfernt, als Denkmal einer Jugendkultur der Achtziger, die nie wirklich meine war. Aber da merkt man, wie alt man geworden ist. Auch wenn ich mich dort nie zu Hause gefühlt habe, Metal haben die ja nie gespielt, nur dieses tote Retortenzeug wie Dr. Alban und so, eben diese ganze Popscheiße rauf und runter, der ich nie etwas abgewinnen konnte. Aber es war das Einzige in der Umgebung, wo man hinkonnte, und dem Gruppenzwang konnte selbst ich mich nie entziehen. Ich bin oft mal raus, etwas in der Umgebung spazieren gehen, wenn ich die Musik nicht mehr aushielt. So auch jetzt, genau wie damals. Fred kommt mit, sturzbesoffen wie gehabt. Ich glaub, die haben uns da drinnen keinen harten Alkohol verkauft, aber wir hatten immer eine billige Flasche Rum oder Weinbrand vom Aldi dabei, die konnte man damals als Siebzehnjähriger einfach so kaufen, ohne dass jemand nach dem Ausweis fragte.

Fred stolpert hinter mir her, kaum noch zu einer Konversation fähig. Ich bin diesmal nüchterner geblieben, hab den Abend über meist nur so getan, als würde ich trinken, wenn wir draußen die Flasche in der Clique herumreichten. »Eine Stadt, die sich immer durchs Land teleportiert und jeden Tag woanders ist, wie cool wäre das denn?«, faselt Fred mir gerade vor.

»Durch die Zeit wäre noch interessanter«, spinne ich weiter.

»Quatsch«, sagt Fred. »Da müsste man ja immer auf die Paradingsdas aufpassen.« Und kommt leicht ins Stolpern, aber fängt sich wieder. Oder hätte sich gefangen, wenn ihn meine Faust nicht getroffen hätte.

»Ey, was soll'n das?«, lallt er und presst die Hände vors Gesicht. »Scheiße, Alter, das tut echt weh.«

Ich beuge mich zu ihm runter und schlage noch einmal zu, dann noch ein drittes Mal, bis er wimmernd am Boden liegen bleibt. »Ich zeig dir mal was zum Thema Zeitparadoxon«, sage ich und hole das Jagdmesser des Propheten hervor. Niemand hat gesehen, dass ich mit ihm raus bin, ich habe akribisch darauf geachtet. Und wie der Prophet sagte, weiß ich jetzt, was ich zu tun habe. Umbringen ist zu drastisch, aber ich kann sicherstellen, dass er niemals Motorrad fahren wird. Es kostet mich einige Überwindung, aber ich rede mir ein, ihm einen großen Gefallen zu tun, dann ramme ich ihm das Messer mehrfach frontal ins rechte Knie, bis es mir aus der Hand rutscht und ich es nicht über mich bringe, es wieder aufzuheben und auf der anderen Seite weiterzumachen. Das muss so reichen, ich bin kein Monster, ich kann nicht mehr. Ich renne, weg von seinen Schreien, immer tiefer in den Wald hinein, bis ich stolpere und mich erst einmal übergeben muss. Gott, was habe ich getan?

Langsam gelingt es mir, mich zu beruhigen. Es war das Richtige, das einzig Richtige. Und ich habe der alten Sünde, die ich mir nie vergeben konnte, einen nachträglichen Sinn gegeben. Ich habe ihn nicht grundlos angegriffen, sondern um ihn zu retten. Ich werde ihm ins Gesicht sehen können, ohne Abscheu vor mir zu empfinden. Jetzt muss ich nur noch glauben, dass es wirklich so war. So spielt man mit dem Wahnsinn – und gewinnt.

»Hallo! Ist jemand hier? Hallo!«

Oh nein, die hat mir gerade noch gefehlt. Jetzt geistert sie hier durch den Wald. Moment, sollte das nicht ein Maisfeld sein? Ach was, ein Wald ist mir viel lieber, und dann ist es auch ein Wald hier. Ich bin der Meister der Phantasmagorie; Prophet, Prophezeiung und Empfänger in Personalunion, ich habe mein Leben unter Kontrolle und keine Angst vor Gespenstern. Entschlossen trete ich aus dem Dickicht, der Erscheinung entgegen. »Ja, Frau Fischer, ich bin hier, und Sie sehen mich auch. Sie müssen es nur wollen.«

Für einen Moment habe ich das Gefühl, dass unsere Blicke sich begegnen. Dass sie den Wahnsinn in meinen sieht und sich dem Spiel anschließt. Denn ich bin jetzt sicher, man kann dieses Spiel gewinnen. Nicht nur ich, sie auch. Lodert da ein Funke in ihrem Bewusstsein auf? Für einen Moment sehe ich ihn, dann entgleitet er mir wieder. Wie alles. Der Wald, der Geist, die Amortisierung der Schuld.

Tische und Stühle, ein paar Zeitschriften, die niemand hier versteht, monoton graue Wände, an wenigen Stellen durchbrochen von ungekonnten Bildern, die der Wahnsinn mit zitterigen Händen malte. Oben im ersten Stock läuft Frau Fischer an der Balustrade entlang, wie immer im Bademantel und mit starr ins Nichts gerichtetem Blick. »Hallo! Ist jemand hier? Hallo?«

»Can I play with madness?« Der Leadsinger hat die letzte Zeile beendet, der letzte Akkord verstummt. Ich starre auf das Smartphone in der Hand der jungen Frau, die sich zu mir gesetzt hat. Sie hingegen starrt wieder auf mein altes T-Shirt, nur noch ein Lumpen, ich weiß, aber ich gebe es nicht her. Und nein, ich trage es nicht nur so, es bedeutet mir was. Ich zeige auf ihr Handy. »Geiler Song, danke dafür.«

»Guhlung Ball?«, fragt sie zurück und lacht. Wobei es kein spöttisches Lachen ist, sondern ein freundliches.

Scheiße, habe ich das gesagt? Wo sind die Worte, die sie versteht? Langsam ziehe ich eins aus der Dunkelheit und zwinge es über meine Lippen, die ganz eigene Laute von sich geben wollen. »Neuhhh?«

Sie nickt. »Ja, aber ich bin nur für ein paar Wochen hier. Der Richter hat mir mal wieder Sozialstunden aufgebrummt. Und meint wohl, ich hätte selbst nicht alle Tassen im Schrank, wenn er mich in dieses Irrenhaus schickt.« Wieder lächelt sie. »Sorry, Altenheim, war nicht böse gemeint.«

So, so, ich bin jetzt also schon die richterliche Strafe für andere, so weit ist es gekommen.

»Hab ich dir mit dem Song zum T-Shirt eine Freude gemacht?« Sie hebt ihr Handy hoch, als wolle sie mir erklären, wo die Musik herkam, und steckt es dann wieder in die Tasche. »Verstehst du noch was davon?«

Oh ja, und was für eine Freude sie mir gemacht hat, da kam so vieles nach oben, so viele klare Bilder und Szenen, ein Ausflug zurück in ein Leben, das vielleicht mal meins war, oder auch ganz anders, ich kann es nicht mehr sagen. Aber ein paar Worte drängen an die Oberfläche, Worte, die sie verstehen muss, als wollten sie die Eisdecke eines Wintersees durchbrechen. »Ja ... ich ...«

»Du verschwendest deine Zeit, Sabine«, unterbricht ein Pfleger von hinten. »Der Kerl ist schizophren und dement, der lebt komplett in seiner eigenen Welt und kriegt nichts mehr mit.«

Ein prüfender Blick dringt in meine Augen. »Mir kommt der eigentlich ganz aufmerksam vor«, widerspricht sie dann.

Schnell greife ich ihre Hand. »Danke ... dass du dir Zeit für mich nimmst.«

»Dafür bin ich doch hier.«

Sie hat mich verstanden? Ja, sie hat mich wirklich verstanden. Ein bisschen Zeit, und Ruhe, mit ein bisschen Zeit geht alles. »Time ... is always on my side.«

»Bist du auf der Tour gewesen?«, fragt sie und deutet auf mein altes Shirt.

Ich nicke. »Und der Prophet hatte recht, ich komme in die Hölle«, resümiere ich mein Leben, oder was noch davon übrig ist.

Sie lacht. »Hölle ist ein absurdes Konzept, das sich ein paar geldgierige alte Männer ausgedacht haben, um Bauern Angst zu machen und sie besser ausbeuten zu können. Ich glaube nicht an solchen Unsinn, und du solltest dir da auch keine Gedanken machen. Nach dem Tod ist einfach Schluss, da kommt nichts mehr. Es gibt keine Hölle, glaub mir.«

Sie hat gut reden, ich muss ja gar nicht an etwas nach dem Tod glauben. »Aber ich bin bereits dort«, sage ich – und ihr Lächeln fällt in sich zusammen.

»Quatsch«, sagt Fred. »Ich bin doch auch hier.«

Hastig drehe ich mich um und starre auf den Mann, der auf eine Krücke gestützt an der Wand lehnt und mir mit seinem Dosenbier zuprostet.*

---

* »Can I play with madness« ist auf der LP »The seventh son of the seventh son« von 1988 komponiert und getextet von: Adrian Smith, Bruce Dickinson, Steve Harris.

Rudolf Arlanov

Ich bin Jahrgang 1973

Und bin bereits als Winzling mit Musik aufgewachsen. Es wurde mir in die Wiege gelegt: Mein Vater ist Musiker, zwar kein Rock, aber das tut der ganzen Sache keinen Abbruch.

Als Kind nahmen mich meine Eltern auf Musikveranstaltungen mit.

Mit der Rockmusik der Siebzigerjahre kam ich bewusst erst Anfang der Achtziger in Berührung, als ich das Radio für mich entdeckte. Einer meiner Lieblingssender damals war SWR3 und dort gab es regelmäßig Sendungen zum Thema Rock. Neben Stefanie Tücking gab es noch einen begeisterten Rock-Moderator und die erzählten viel und oft über die Bands, die Sänger und die Songs. Led Zeppelin, AC/DC, Steppenwolf, Black Sabbath, Lynyrd Skynyrd, Eagles, Kansas, Eric Clapton. Eine endlose, tolle Liste an Bands.

Abends ab achtzehn, neunzehn Uhr saß ich im Wohnzimmer an unserer Stereoanlage, Kopfhörer eingestöpselt, Musikkassette bereit zur Aufnahme – ich musste nur die Pause-Taste lösen – und schon würde ich die Musik aufnehmen. Hatte ich einen Song aufgenommen, notierte ich ihn auf das Inlay der Kassettenhülle. Songs, die ich nicht kannte, weil der Moderator diese nicht angekündigt hatte oder den Interpreten nicht nannte, notierte ich im Inlay mit einem Bindestrich als Platzhalter. Nach dem Abendessen eilte ich wieder zum Radio. Bis es Zeit war fürs Bett. An verregneten Wochenenden saß ich nachmittags an der Stereoanlage, hörte Radio und lauschte Elmar Hörig, der auch ein großes Wissen an Musikhistorie hatte und einiges erzählte, bevor er Musik spielte.

Was ich richtig toll fand, waren die Live-Aufnahmen, die im Radio gespielt wurden: z. B. Claptons »Layla«, Peter Framptons »Show me the Way«, Frees »All right now«, AC/DCs »Highway to Hell«, Queens »Bohemian Rhapsody«.

In den Achtzigern bespielte ich sehr viele Musikkassetten, für die ich mein Taschengeld sammelte. In meinem Zimmer hatte ich einen kleinen Kassettenspieler, über den ich meine Tapes oder das Radio laufen ließ.

Später als Teenager bekam ich einen Walkman geschenkt und der ermöglichte es mir, Musikkassetten für unterwegs mitzunehmen.

Das ist meine früheste Erinnerung, was die Rockmusik der Siebziger angeht: Vor der Stereoanlage mit Kopfhörern sitzend und Musik auf Kassette aufnehmend. Sobald mitten im Song reingequatscht wurde vom Moderator oder der Song zu spät oder zu früh ausgeblendet wurdet, war ich verärgert, stoppte die Aufnahme, spulte zurück und wartete auf eine neue Gelegenheit, Songs relativ vollständig aufzunehmen. Ich versuchte, mir zu merken, welcher Song gerade vom Moderator verhunzt worden war und hoffte, dass er bald wieder gespielt würde, damit ich ihn aufnehmen konnte. Bis circa Anfang der Neunziger entstand meine Sammlung. Die Bänder habe ich immer noch und ab und zu höre ich eine meiner Aufnahmen an und bin begeistert, was ich so alles auf Kassette habe. Besonders faszinierend sind die Liveaufnahmen von Songs oder sogar ganzen Konzerten.

Und aus dem ganzen Fundus an bekannten und weniger bekannten Rocksongs der Siebzigerjahre kommt die Qual der Wahl, welchen Song möchte man wiederbeleben, als Inspirationsquelle für eine Geschichte nehmen. Keiner der großen Klassiker, aber ein toller Song mit der kraftvollen Stimme von Paul Rodgers und mit einem Wink auf unsere Vergänglichkeit, der wir uns entgegenstellen können oder auch nicht.

Zum ausgewählten Song für die Anthologie:

Ich wähle den Song »Wishing Well« der Band Free.

www.youtube.com/watch?v=LLSAGnHNqGc

Rudolf Arlanov wurde 1973 in Karlsruhe geboren. Nach einer Ausbildung zum Biologielaboranten studierte er Diplom-Biologie in Mainz. Danach folgte eine mehrjährige Tätigkeit als wissenschaftlicher Mitarbeiter in Stuttgart. Eine berufliche Neuorientierung führte ihn zur IT. Er schulte zum Fachinformatiker um und arbeitet seitdem in diesem Fachbereich.

Mit dem Schreiben begann Rudolf bereits als Teenager, mehr für sich und im stillen Kämmerchen, ab und an kam er aus seinem Schneckenhaus und nahm an Ausschreibungen für Kurzgeschichten und Lyrik teil.

Mit zunehmendem Alter – ob die Reife zunahm, sei dahingestellt –, mehr Ernst und Zielorientierung dauerte es bis 2013, dass Rudolf sei-

ne erste Veröffentlichung in der Anthologie »Schrecken der Vergangenheit« feierte. Unter einem neuen Herausgeber wurde diese 2017 veröffentlicht.

Weitere Veröffentlichungen folgten, darunter Kurzgeschichten und Gedichte.

Seine Storys bewegen sich in den Bereichen Fantastik, Horror, Thriller, aber auch die Satire und Science-Fiction kommen nicht zu kurz bei ihm.

Gegenwärtig lebt und arbeitet er in Karlsruhe.

Rudolf Arlanov

Der Wunschbrunnen

Walter war jetzt schon genervt. Nicht nur davon, dass er heute nicht den ersten Tag als Pensionär genießen konnte, weder ausschlafen noch länger im Bett liegen bleiben durfte, weil ihn seine Frau Jutta morgens aus dem Bett gescheucht hatte. Nicht nur davon, dass ihn Jutta dazu überredet hatte, der Britta, ihrer liebsten und besten Freundin, beim Ausrichten des gemeinsamen Stands beim anstehenden Flohmarkt zu helfen. Nicht nur davon, dass er den Kaffee, das Frühstück, die Morgenzeitung nicht in Ruhe genießen und ohne Hektik in den Tag starten konnte, nein, insgesamt nervte ihn, dass Jutta bereits den Tag für ihn verplant und ihn mit einem »Hopp, hopp, wer rastet, der rostet« rauf auf den Dachboden gedrängt hatte.

Jetzt stand er hier oben, umgeben von Boxen und Kartons, mit allem Möglichen darin, was sich im Laufe des Lebens angesammelt hatte und irgendwann im Keller oder auf dem Dachboden landete.

Jutta und ihre so innig geliebte Freundin Britta. Blöde Britta! Muss sie mir so den Tag versauen? Du Schlappschwanz! Hättest Jutta sagen sollen, dass du keine Lust hast, den beiden zu helfen.

»Geht's dir gut da oben?«, rief Jutta vom Flur aus in den Treppenaufgang, durch die Öffnung der Deckenluke.

»Ja.«

»Was?«

»Ja!«, rief er, und am liebsten hätte er noch ein »verdammt noch mal« hinterhergeschoben, konnte sich aber beherrschen.

»Beeil dich, Schatz. Um vierzehn Uhr müssen wir dort sein und Britta kommt bald zum Verladen der Sachen. Wenn du Hilfe brauchst ...«

»Nein.«

»Was?«

»Ich schaff' das schon! Brauche keine Hilfe!«

»Okay«, antwortete sie und kehrte in die Küche zurück.

Gottergeben seufzte er, blickte hinter sich auf den Haufen aussortierter Klamotten und setzte seine Suche fort. Vor ihm türmten sich beschriftete Kartons. Auf einem stand nur sein Name, auf einem anderen der seiner Frau. Er zog den Karton mit seinem Namen zu sich und löste die verkeilten Laschen.

Als Erstes erhaschte sein Blick Asterix- und Lucky-Luke-Bände, anschließend ein weißes T-Shirt, eine Musikkassettenhülle und einen kleinen Bilderrahmen. Die Comics aus den Siebzigern waren vielleicht etwas wert, weil sie in gutem Zustand waren, aber ansonsten uninteressant. Er mochte Comics nicht (mehr). Beim weißen T-Shirt lachte Walter, als er es ausbreitete. Nicht wegen des Hot-Lips-Logos auf der Brustpartie, sondern wegen der Größe M, die ihm deutlich zu klein geworden war. Er schleuderte es zum Klamottenhaufen. Die Musikkassettenhülle hingegen irritierte ihn.

Wie lange habe ich so ein Ding nicht mehr in den Händen gehalten?

Walter schüttelte die Hülle und hörte deren Inhalt klappern. Auf dem rosa Cover waren eine in weiß gezeichnete Person mit Mikrofonständer und simplen zwei Worten »Free Heartbreaker« als Titel abgebildet.

Was soll ich denn damit anfangen?

Im Bilderrahmen befand sich eine Fotografie mit seinen besten Freunden aus der Studienzeit. Walter erkannte sich mit den langen Haaren und dem Schnauzer kaum wieder.

Wie lange mochte das her sein? Fünfunddreißig, vierzig Jahre?

»Wo bleibst du?«, rief Jutta. »In zwei Stunden müssen wir dort sein.«

»Komme.«

Trotz des mistigen Tagesbeginns und Vormittags hatte das Stöbern auf dem Dachboden doch etwas erbracht, dem er nachspüren würde. Walter steckte die Kassettenhülle in die Hosentasche und klemmte sich das Foto unter dem Arm. Dann raffte er die Klamotten zusammen und stieg hinab.

Unten im Flur begrüßte ihn ein lautstarkes »Wow, das ist fette Beute«.

Britta. Die wundervolle Britta. Die beste Freundin. Wie schnell doch ein positives Gefühl verpufft.

»Hm-hm«, erwiderte er, seine Begeisterung über ihre Anwesenheit war mehr geheuchelt als herzlich.

»Klasse. Vielen Dank, dass du uns«, Britta blickte dabei verschwörerisch zu Jutta, »hilfst und unterstützt.«

»Sicher doch.«

Seine Frau stand nur da und lächelte, dann fiel ihr Blick auf den Bilderrahmen.

»Was hast du da, Walter?«, fragte sie.

Er reichte ihr die Klamotten und zeigte ihr den Fund.

»Ein Foto von mir und den Jungs: Robert, Matthias, Georg und Jürgen.«

»Ach du heiliger Bimbam«, erwiderte Jutta und verkniff sich ein Schmunzeln, aber eines konnte sie sich natürlich nicht verkneifen: »Schau mal, Britta. So sahen damals junge Männer aus.«

»Putzig, voll die Streuner«, sagte Britta, »will mich gar nicht daran erinnern, wie wir Mädels damals rumgelaufen sind.«

»Nee, bloß nicht«, antwortete Jutta und lachte herzhaft, verstummte aber sogleich, als sie Walters ernster werdenden Gesichtsausdruck bemerkte. »Heute Abend ist wieder Stammtisch, oder?«

Ah, du versuchst, die Situation wieder zu entspannen.

»Ja«, sagte Walter kurz und knapp.

»Wie die Zeit verfliegt«, sprach Jutta schnell weiter, »dass wieder ein Monat rum ist. Unglaublich. Richte den anderen bitte einen Gruß von mir aus und ich wünsche euch ein schönes Wiedersehen.« Dieses Mal verkniff sich Walter ein Schmunzeln, als Jutta seinem Blick auswich und sich in die Klamotten zu krallen schien.

»Werde ich gerne machen, Schatz«, antwortete er und schenkte ihr ein siegesbewusstes Lächeln.

»Ach, übrigens«, unterbrach ihn Britta, »willkommen im Klub.«

»Hm?«

»Na, im Klub der Rentner, mein Lieber. Und, vermisst du schon das Büro?«

Ja.

»Nein.«

»Sehr gut«, sagte Britta. »Hannes und ich freuen uns sehr, mehr Zeit mit Jutta und dir verbringen zu können. Nicht wahr, Jutta?«

»Absolut«, antwortete diese und strahlte dankbar und erleichtert wie ein Honigkuchenpferd.

»Jutta und ich planen den nächsten gemeinsamen Urlaub. Hab ihr grad von unserem neuen Wohnmobil erzählt. Hannes hat es heute abgeholt. Da passen locker vier Leute rein.«

Walter warf seiner Frau einen scharfen Blick zu und hoffte sie würde seinen Protest darin erkennen. Als sie nicht reagierte, räusperte er sich und entfernte sich mit einem »Ich muss dringend kacken«.

»Sein Humor ist göttlich. Das wird ein toller Urlaub mit euch werden«, hörte er Britta frohlocken, bevor er die Toilettentür hinter sich schloss und am liebsten einen befreienden Schrei losgelassen hätte. Er war in der Hölle angekommen. Ruhestand. Endlich tun, wonach einem der Sinn steht.

Scheiße, nein. Dass ich nicht lache!

Den letzten Krimskrams legte er auf dem Flohmarkttisch der beiden Frauen, und noch bevor Jutta etwas sagen konnte, verzog er sich mit einem »Ich dreh 'ne Runde.«

Playmobilfiguren. Porzellanteller. Gedenkbierhumpen. Lederstiefel. Matchboxautos. Glasaschenbecher. Walkman. Münzen und Briefmarken. Silberbesteck. Asterixcomics. Halsketten. Broschen. Mobiltelefone. Babystrampler. Walkman. Zippos. Elektrorasierer. Legosteine. Toaster. Sportschuhe. Nintendokonsolen. Souvenirs. Teddybären. Pfeffermühlen. Holzschnitzereien. Tischdecken. Gürtel. Walkman. Schall-

Das ist es.

Er blieb stehen und wandte sich einem Stand zu, an dem ein Mädchen gelangweilt saß und auf ihr Handy starrte.

»Wie viel dafür?«

»Fünfzehn Euro«, antwortete das Mädchen.

»Ist Zubehör dabei?«

»Nö.«

»Sind Batterien drin?«

»Nö.«

»Okay. Ich nehme ihn.«

Jutta hatte es sich auf der Couch gemütlich gemacht und schaute ihre Quizshow, bei der sie gerne mitriet. Das war ihre Abendbeschäftigung. Sie war dermaßen vertieft in ihrer Sendung, dass sie Walter nicht hörte. Er seufzte und wiederholte seine Frage, diesmal lauter, direkter: »Hast du die Kopfhörer gesehen?«

Sie wandte ihm den Kopf zu und sah ihn verwundert an. »Was? Was willst du denn mit den Kopfhörern?«

»Was macht man mit Kopfhörern?«

»Ich dachte«, entgegnete sie, »du triffst dich heute mit deinem Stammtisch.«

»In einer halben Stunde«, antwortete er, unterdrückte dabei einen erneuten Seufzer und schluckte seine beginnende Gereiztheit runter. »Weißt du nun, wo sie sind oder nicht?«

Walter wollte sie nicht stören, wollte nicht auffallen und auch kein großes Thema daraus machen, sich nicht erklären, sondern nur die Kopfhörer nehmen und sich auf dem Weg machen.

»Schau in der Schreibtischschublade nach«, sagte sie und widmete sich wieder ihrer Quizsendung.

»Danke.«

Unterwegs blieb er an der nächsten beleuchteten Straßenecke stehen und kramte im mitgeführten Tragebeutel. Er wusste nicht, was er sich aus dieser ganzen Aktion erhoffte. Warum er es für sich behalten hatte und Jutta so kalt angegangen war. Vielleicht wollte er zuerst etwas nur für sich, was ihm dieser Tag, was ihm Britta und Jutta verwehrt hatten. Wahrscheinlich erwartete er nichts, folgte nur einem Impuls, etwas Spinnertem, dem er nachspüren wollte.

Aus dem Beutel holte er die Musikkassette hervor, hielt sie in beiden Händen und wunderte sich über die Vielfalt an Gefühlen und Gedanken, die dieses Ding – weißer, beschrifteter Kunststoff, darin ein aufgerolltes Magnetband, funktional wie zig Millionen andere Musikkassetten, doch diese hatte er behalten – in ihm auslöste: Ehrfurcht, Zweifel, Freude, Neugier, Angst.

Er nahm den erstandenen Walkman, den er im Schlafzimmer mit Batterien ausgestattet und getestet hatte, und legte die Kassette hinein. Anschließend stöpselte er die Kopfhörer ein und hielt kurz inne. Ihm war plötzlich zu lachen zumute.

Hey, es ist doch nur eine Kassette. Was machst du dir so ins Hemd, Mann!

Er betätigte den Play-Knopf.

In seinem Kopf spielte das Gitarrenriff als Dauerschleife.

Da-da-dadaaaa da-da-dadaaa da-da-dadaaa daaa daaa.

Seitdem sich Walter an den Tisch gesetzt und ein Bier bestellt hatte, folgte er den Gesprächen der anderen nur halb und ergab sich dem Ohrwurm. Er bekam am Rande mit, wie Robert versuchte, mit der Bedienung zu flirten, und nicht merkte oder ignorierte, dass sie kein Interesse an einem übergewichtigen, alten Sack hatte, wie Georg ein Glas nach dem anderen leerte und bereits beim vierten Bier angelangt war, oder wie Jürgen mal wieder eine Anekdote von seiner Arbeit über die Unfähigkeit von Kunden erzählte und wie Matthias dabei mit Zwischenfragen Jürgens Spott zu sabotieren versuchte.

Walter trommelte währenddessen leise mit den Fingerspitzen vor seinem Bierglas und summte still die Melodie.

Da-da-dadaaaa.

»Hey, Walter«, riss ihn Robert aus den Gedanken, »liegst ein Kräusen zurück.«

»Kein Problem. Dich hole ich mit Leichtigkeit ein«, antwortete er und deutete auf Georg, »ihn aber nicht mehr. Der ist jenseits von Gut und Böse.«

Georg rülpste. »Sorry, musste raus.«

»Körperbeherrschung«, kommentierte Jürgen, »andere hätten gekotzt.«

»So sieht's aus«, erwiderte Robert. »Völliger Abtörn. Die schnuckelige Bedienung denkt sich bestimmt, an diesem Tisch sitzen Neandertaler.«

»Was sie denkt oder nicht, ist völlig unwichtig, solange das Trinkgeld stimmt«, sagte Georg und gab der Bedienung ein Zeichen für ein weiteres Bier.

»Steht es so schlimm um Sabine und dich?«, fragte ihn Matthias.

»Sie ist zu ihrem Neuen gezogen und hat die Scheidung eingereicht«, antwortete Georg.

»Das ist bitter«, sagte Jürgen. »Wenn es etwas gibt, was ...«

»Erwähne sie heute Abend nicht mehr«, unterbrach ihn Georg und hob sein Glas, dabei sah er nicht nur Jürgen an, sondern blickte in die Runde.

Da-da-dadaaaa.

»Walter?« Jürgen stieß ihn mit dem Ellenbogen an.

Walter hielt inne und starrte auf dieses sich vor ihm in Perfektion darbietende Ritual: ein Kreis aus Männern, bereit zum Anstoßen mit gefüllten Biergläsern in ihren Händen. Was noch fehlte, war ein Zauber.

Da-da-dadaaa daaa daaa.

»Jungs, schaut, was ich gefunden habe.« Walter holte aus dem Tragebeutel die eingerahmte Fotografie hervor.

»Wow«, rief Matthias überrascht, unterbrach den Kreis und stellte das Glas ab, »da brat mir doch einer eins über.«

Georg nahm einen kräftigen Schluck.

Robert setzte seine Brille auf, grapschte sich das Bild und inspizierte es genau. »Das war im dritten Semester, kurz nach der bestandenen Statistikklausur.«

»Oje«, sagte Jürgen mit einer Mischung aus Beschämung und Nostalgie in der Stimme, »da hatte ich noch Haare auf dem Kopf und einige Kilos weniger.«

»Einige?«, wandte Matthias ein und deutete auf ihn, »was 'ne Untertreibung. Wir waren damals Striche in der Landschaft und sprühten vor Energie.«

»Und hatten Träume«, fiel ihm Walter ins Wort. »Erinnert ihr euch an unsere Gespräche, was wir nach dem Studium machen wollten?«

Georg leerte sein Glas und sagte daraufhin: »Scheiß auf Träume. Seht uns auf dem Bild an. Noch ganz grün hinter den Ohren. Und dann fickt einen das Leben.«

»Dass eine Ehe in die Brüche geht, ist unschön«, erwiderte Jürgen. »That's life. Aber alles schlecht reden, damit tust du dir unrecht. Du hast zwei tolle Kinder großgezogen und musst nicht am Hungertuch nagen. Alles andere wird sich auf die eine oder andere Weise einrenken.«

»Amen«, sagte Georg und gab der Bedienung ein Zeichen für Nachschub.

»Ich wollte immer mein eigener Boss sein«, sprach Jürgen weiter, »und habe meinen Gang in die Selbstständigkeit in keiner Weise bereut. Meine Consultingfirma läuft und ans In-Rente-Gehen ist noch lange nicht zu denken.«

»Tja, ich musste«, sagte Walter, »und freute mich bis heute sehr auf die Pensionierung, aber irgendwie ...«

»Mein Angebot gilt weiterhin«, erwiderte Jürgen. »Kannst jederzeit bei mir anfangen.«

»Danke«, antwortete Walter, »aber mir geht es gerade nicht um die Arbeit. Seit Jahren haben wir nun unseren Stammtisch und es ist selten genug, dass wir wie heute vollzählig sind. Wir müssen daran was ändern. Was haltet ihr davon, dass wir zusammen was unternehmen?«

»Wir unternehmen doch was«, sagte Georg. »Sitzen hier, trinken und quatschen. Und dann geht jeder bis zum nächsten Mal wieder seiner Wege.«

Walter schüttelte den Kopf. »Das meine ich nicht. Ich meine, raus aus dem Trott. Vielleicht was Verrücktes machen. Ein Bowlingteam bilden? Irgendwas.«

»Mein Knie macht da nicht mit«, sagte Matthias.

»Ich bin zu dick«, rief Robert.

Jürgen und Georg schwiegen.

Da-da-dadaaaa da-da-dadaaa.

Walter formte seinen Gedanken in Worten. »Lasst uns auf Konzerte gehen und wieder abrocken?«

»Für den Scheiß bin ich zu alt«, sagte Matthias.

Ernsthaft?

»Ich bin zu dick«, rief Robert.

Ach, halt die Klappe!

»Ich schaffe nicht mal regelmäßig unserem Stammtisch«, antwortete Jürgen. »Als Geschäftsführer habe ich einen vollen Terminkalender. Allein schon abends hier mit euch zu sein, ist ein Luxus. Morgens muss ich sehr früh raus.«

Hast dicke Eier, aber bist gefangen in deinem goldenen Käfig.

Georg schwieg und trank sein nächstes Bier.

Walter öffnete vorsichtig die Tür zum gemeinsamen Schlafzimmer. Jutta schlief noch nicht, sondern hatte ihre Nachttischlampe an, lag in ihrem Bett und las. So wie immer.

Er ging leise zu seinem Kleiderschrank und begann sich umzuziehen.

»Wie war's beim Stammtisch?«, fragte sie.

»Das Übliche. Robert flirtet jedem Rock hinterher, Jürgen gab mit seiner Selbstständigkeit an, Georg versuchte sein Leben mit

Bier zu ertränken und Matthias war eben Matthias. Alles wie gehabt.«

»Das klingt ja nach einem tollen Abend.«

»Vielleicht wird es noch einer«, sagte Walter und zog den Pyjama an.

Er sah rüber zu seiner Frau, die zugedeckt dalag, und näherte sich ihrem Bett. Jutta war so vertieft in ihr Buch, dass sie erst auf ihn reagierte, als er Anstalten machte, sich zu ihr zu legen.

»Was tust du da?«, fragte sie.

»Ich lege mich zu meiner Frau.«

»Warum das denn?« Sie klang empört.

»Ich möchte mit meiner Frau kuscheln«, antwortete er.

»Jetzt?«

»Ja.«

Er setzte zu einem Kuss an, doch sie zog den Kopf zurück.

»Ich kann das Bier trotz der Zahncreme riechen«, sagte sie.

»Jesus, musst du immer den romantischen Moment kaputt machen?«

»Romantik«, antwortete sie. »Nach all den Jahren möchtest du heute Abend romantisch sein?«

»Wann haben wir das letzte Mal zusammengelegen? Wann das letzte Mal zusammen geschlafen?«, fragte er.

»In unserem Alter machen wir das nicht mehr«, sagte sie.

»Was machen wir nicht mehr?«

»Na, das.«

»Das? Sex?«, fragte er. »Wo hast du das denn her?«

»Ist doch so. Man hat sich seinem Alter entsprechend zu benehmen und macht manches nicht mehr. Wie in die Disco zu gehen, die Nächte durchzumachen, sich jugendlich zu kleiden oder miteinander zu schlafen. Abends ist man daheim, gemütlich auf der Couch vor dem Fernseher und legt sich später schlafen.«

Verdammt, Jutta! Da ballerst du mir aber heftigen Scheiß um die Ohren.

Walter ließ von seinem Vorhaben ab, stieg aus Juttas Bett und zog sich an seinem Kleiderschrank um.

»Was tust du?«, fragte sie.

»Wonach sieht es aus? Ich gehe raus und drehe noch eine Runde. Lies du nur in deinem spannenden Buch weiter und warte nicht auf mich.«

Stärker als beabsichtigt knallte er die Schlafzimmertür hinter sich zu.

Ist jetzt auch egal.

Mit zugeknöpfter Jacke und dem Tragebeutel um die Schulter lief Walter in irgendeine Richtung. Ihn interessierte nicht, wohin. Einfach geradeaus, die Straße entlang und von da irgendwo weiter. Nur laufen und sich sortieren.

So eine Scheiße, Jutta! Wann sind wir alt geworden? Langweilig und gemütlich?

Beim Gedanken an das Wort ›gemütlich‹ lachte Walter dann doch.

Wolltest du nicht heute Morgen gemütlich frühstücken? Gemütlich deine Zeitung lesen? Einen gemütlichen Tag verbringen? Ach, Scheiße.

Gemütlich war für ihn ein Synonym für tot und das waren weder er noch Jutta.

Verdammt, Jutta!

Walter ärgerte sich. Nicht über seine Frau. Das wäre ihr gegenüber ungerecht gewesen, denn ihr konnte er keinen Vorwurf machen. Sie hatte sich ihr Leben eingerichtet, kannte es seit Jahren nicht anders und schien zufrieden. Sie war noch nicht so weit. Er ärgerte sich darüber, Jutta bedrängt zu haben. Das war unverzeihlich.

Wollten wir nicht einfach leben? Ärger aus dem Weg gehen, einen friedlichen Mikrokosmos erschaffen, Freude haben, das Leben genießen und alt und grau werden? Wünschten sich das nicht alle? Und jetzt muss ich mir wieder anhören, dass ich mich meinem Alter entsprechend benehmen soll!

Der bescheuerte Tragebeutel hämmerte bei jedem Schritt gegen die rechte Seite, bis es Walter zu nervig wurde. Er zog ihn aus und entnahm nacheinander den Inhalt. Den Walkman tat er in die Jackentasche. Die Kopfhörer legte er sich um den Nacken. Das eingerahmte Foto mit seinen Studienkollegen – vielleicht wird es Zeit, einiges zu ändern. Mit oder ohne euch. – entsorgte er beim Vorbeigehen in einem Mülleimer. Den Beutel faltete er zusammen und stopfte ihn in die andere Jackentasche.

Walter blieb stehen. Ein Tretroller versperrte ihm das Weiterkommen. Jemand hatte das Scheißding mitten auf dem Fußgängerweg abgestellt. Walter betrachtete dieses neumodische Ding der Fortbewegung. Am Lenker leuchtete es in einem giftigen Neongrün, als sei es lebendig oder besessen und würde ihn in jedem Augenblick ansprechen.

Halt bloß die Klappe!

Das Ding schwieg.

Gut so. Ich wüsste eh nicht, was ich mit dir reden sollte.

Walter sah sich um. Niemand weit und breit, außer parkende Wagen, Laternenlicht, ein Rentner und ein E-Scooter. Die jungen Leute fuhren damit. Walter hatte bisher keinen Alten darauf gesehen. Warum wohl? Und plötzlich kamen ihm die Worte seiner Frau wieder in den Sinn.

Das Alter. Man tut das nicht mehr. Bescheuert!

Walters Misstrauen wich einer Neugierde und einem anderen Gefühl, das er heute schon einige Male empfunden hatte: Trotz. Er sah sich das Gefährt an. Darauf standen eine Nummer und ein Firmenname.

Das kann doch nicht so schwer sein.

Er zückte sein Smartphone und suchte nach der Firma.

Walter blickte rüber zur Wanduhr. Es war bereits nach sieben Uhr. Er ächzte vor Schmerzen, biss aber die Zähne zusammen.

Verdammt, das wird knapp.

Er stand neben dem Fernseher, beugte sich vor und werkelte an der Verkabelung. Die Finger zitterten, die rechte Hand war geschwollen und auch die unbequeme Körperhaltung erleichterte sein Vorhaben nicht, den blöden Fernseher mit einem verdammten Kabel zu verbinden.

Die Schlafzimmertür wurde geöffnet.

Sie ist wach.

Schritte ins Bad.

Geschafft. Jetzt noch schnell den Sender einstellen.

Vom Bad hörte er Schritte zur Treppe. Kurz darauf stand Jutta im Wohnzimmer.

»Guten Morgen«, sagte sie. »Bist aber früh auf. Warst du joggen?«

»Guten Morgen«, erwiderte er und drehte sich zu ihr. »Nein, hab den Trainingsanzug nur so an. Ich hatte was zu erledigen.«

»Oh Gott, Walter«, rief sie erschrocken, als sie sein Gesicht und seine Hände sah.

Schürfwunden und Schorf an Kinn, Wangen und Stirn. Die rechte Hand wirkte aufgebläht und auch an den Handballen erkannte sie getrocknetes Blut.

»Was ist passiert?«, fragte sie.

»Nichts. Alles gut. Bin gestern Nacht nur gestürzt.«

»Aber ...«

»Setz dich«, unterbrach er. »Ich habe eine kleine Überraschung für dich.«

»Abgesehen von deinen Verletzungen! Du weißt, ich mag keine Überraschungen.«

»Diese wird dir gefallen«, sagte er. »Komm.«

»Ich brauche zuerst 'nen Kaffee.«

»Bekommst du. Setz dich«, sagte er und lächelte sie an, trotz stechendem Schmerz auf der rechten Körperseite, als er an ihr vorbei in die Küche humpelte.

»Walter, brauchst du wirklich keinen Arzt?«, hörte er sie vom Wohnzimmer rufen »Was ist mit dir? Du benimmst dich seit gestern so seltsam.«

Kaffeemaschine einschalten, Wasser nachfüllen. Mit Pad befüllen. Tasse drunterstellen. Kurz warten, bis das Beheizen abgeschlossen ist.

»Es ist alles bestens«, rief er zurück. Während er den Startknopf an der Kaffeemaschine betätigte, erinnerte er sich an die gestrige Nacht, als er auf dem Asphalt gelegen – der Körper schmerzte, die Abschürfungen brannten, der Walkman in der Jackentasche lief weiterhin, die Kopfhörer lagen irgendwo neben ihm und doch drangen die Klänge von »Wishing Well« an sein Ohr – und über sich gelacht hatte. Die eigene Dummheit hatte sich mit dem tollen Gefühl des sich Lebendigfühlens vermischt.

Völlig bescheuert. Aber das war's wert.

Walter schob diese Erinnerung zur Seite und beeilte sich: etwas Hafermilch, zwei Stück Zucker. So wie Jutta ihren Kaffee am liebsten mochte. Kleiner Löffel. Umrühren. Fertig.

Dann betrat er langsam das Wohnzimmer und stellte erfreut fest, dass Jutta auf der Couch saß. Er reichte ihr die Tasse, die sie dankend entgegennahm.

»Ich habe etwas für dich«, sagte er.

Walter ging zum Fernseher und wandte ihr den Rücken zu.

Nur kurz den Moment genießen, Schatz.

»Du machst es aber spannend«, sagte sie. »Was ist es?«

Jetzt.

Walter drehte sich um und zeigte Jutta die Überraschung, die er in den Händen hielt.

Jutta sah ihn konsterniert an. »Eine Videokassette?«

Er konnte sie regelrecht denken hören, als er ihr die Videokassette reichte.

Sie betrachtete sie ungläubig und zog sie aus der Hülle.

Das Etikett war mit Kugelschreiber beschriftet und der Titel gut leserlich: »Die Benny Hill Show«.

»Das kann nicht wahr sein«, sagte Jutta. Walter bemerkte eine Änderung in ihrer Stimme, in ihrem Tonfall, leiser, zärtlicher, zerbrechlicher. »Ich glaubte die Aufnahme verloren.«

Ihre Unterlippe zitterte, während sie sich an der Kassette festzukrallen schien.

»Gestern«, sagte er, »beim Durchstöbern der alten Sachen auf dem Dachboden fand ich einen Karton mit deinem Namen. Darin diese Videokassette.«

»Aber, wir haben keinen Rekorder.«

»Es ist alles da«, antwortete er. »Hab alles eingerichtet.«

»Danke, Schatz. Mir fehlen grad die Worte.«

»Alles gut, Liebes«, erwiderte er und küsste sie sanft auf die Stirn, »Viel Spaß. Ich werde derweil einen Spaziergang machen, und wenn ich zurück bin, zeige ich dir, was ich auf dem Dachboden gefunden habe.« Mit diesen Worten humpelte er an ihr vorbei, ließ sie im Wohnzimmer zurück und schloss hinter sich die Haustür.*

---

* »Wishing well« ist auf der LP »Heartbreaker« der Band Free. Es wurde 1973 veröffentlicht und von Paul Rodgers, Simon Kirke, Tesu Yamauchi, Paul Kossoff und John Bundrick komponiert und getextet.

Enzo Asui

Wie kam ich zur Rockmusik?

Gegenfrage: Wie hätte ich, der ich meine Jugend in den Siebzigern verbrachte, nicht dazu kommen können?

Ich hatte das Privileg, in einer Zeit aufzuwachsen, in der sich die populäre Musik von den Wurzeln des Blues löste und vielfältig weiterentwickelte. Basierend auf Größen wie Elvis, den Stones und den Beatles bildeten sich Anfang der Siebziger unterschiedlichste Stilarten heraus: psychedelische Klänge von Pink Floyd, Glitter-Glamour-Sound von Sweet, Partyrock von Status Quo, lyrisch geprägte Musik von Leonhard Cohen und Bob Dylan. Rockmusik war Unterhaltung, Rebellion, künstlerische Ausdrucksform. War Tagesgespräch für uns Teenies, deren Eltern mit den langmähnigen, oft Englisch singenden und lauten Bands meist nichts anfangen konnten, und allein schon deshalb attraktiv. Fan einer Band zu sein war ähnlich identitätsstiftend wie das Bekenntnis zu einem Fußballklub. Man war für Bayern, Dortmund oder Schalke, man war für Pink Floyd oder Deep Purple, man verfolgte die Charts, man ruinierte sich die Ohren mit wattstarken Stereoanlagen, man traf sich mit der Clique im Plattenladen. Wer aus meiner Generation könnte sich nicht an seine erste LP erinnern?

Mein Zugang zur Musik – und damit auch zur Rockmusik – resultiert aus fehlender Tanzneigung und der Liebe zur Sprache, nicht nur der deutschen. Meine ersten Gehversuche auf der Gitarre resultierten aus einem skurrilen Deal: Ich spielte mit einem Freund von mir Tischtennis auf der Spanholzplatte auf unserem Dachboden, er revanchierte sich mit dem Beibringen von Akkorden auf der Gitarre. »Lady in Black« von Uriah Heep war der klassische Starter jener Tage, auch für mich. Der Song stammte von einer angesagten Band und hatte nur zwei Akkorde. Danach wagte ich mich an Stücke wie »House of the Rising Sun« oder »Knocking on Heaven's Door«. Alles Lieder mit Botschaft und Evergreens im besten Sinne. Gänsehautmomente erlebte ich damals und erlebe ich auch noch heute, wenn sich gut gemachte, mit einem Schuss Genialität versehene Musik mit

Sprachbildern, Geschichten oder ausgefeilter Lyrik verbindet. Bei Songs wie den vorgenannten ist das der Fall.

Was hält mich seither bei der Musik? Musik inspiriert. Musik schafft Gemeinschaft. Musik weckt Erinnerungen an vergangene Tage. Musik heilt, lindert depressive Phasen, ist Therapie für geistig behinderte Menschen und beliebter Bestandteil des Freizeitprogramms in Seniorenheimen, wo mitunter selbst schwer demente Menschen verloren geglaubte geistige Fähigkeiten offenbaren, wenn sie altvertraute Klänge hören. Die Wirkung von Musik auf Körper und Geist wurde in den letzten Jahrzehnten vertieft erforscht. Die entsprechenden Passagen der folgenden Geschichte basieren auf dem Buch »Good Vibrations« des Musikers und Neurowissenschaftlers Prof. Stefan Kölsch, dessen Lektüre ich sehr empfehle, und auf eigenen Erfahrungen. Rockmusik der Siebziger, Stücke wie »House of the Rising sun« oder »Rocking all over the World«, werden in zwanzig Jahren ebenso aus Kehlen in Seniorenheimen geschmettert werden wie das heute bei »Horch was kommt von draußen rein« der Fall ist.

Rocksongs aus den 70ern verknüpfen für mich Jugenderinnerungen mit der Faszination für Musik. Einen Teil der Faszination lebe ich ab und an auch beim privaten »Klampfen« als Leitwolf bei kleineren Rudelsingeinlagen aus. Viele Songs der 70er haben ihren festen Platz in meinem Repertoire. Ich bin mir sicher, das wird noch lange so bleiben. Musik hält schließlich auch jung.

Enzo Asui wurde 1962 in der westfälischen Kleinstadt Ahlen geboren, studierte in Köln und lebt seit gut dreißig Jahren im selbsternannten Tor zur Welt an der Elbe, dessen Namen er aber nicht verrät. Nach Beendigung der Arbeitsphase hat er nun mehr Zeit und Muße, sich seinen Hobbys wie Schreiben und Musik zu widmen.

Enzo Asui

Das Mädchen in Schwarz

Im ersten Moment klassifizierte Eob'ach den Metallkörper als wertlosen Weltraumschrott, aber er hatte Zeit, und mitunter lohnte ein genaueres Hinsehen. Eob'ach fischte das Gerät vorsichtig zwischen den Gesteinsbrocken heraus, teleportierte es an Bord und entschlüsselte den Inhalt. Der war ergiebiger, als er gedacht hatte. Eob'ach hielt fest:

- Erbauende Spezies: Organisch, Kohlenstoff-Primaten
- Technische Reifestufe: Zwei, mit Abstrichen
- Hauptbestandteile: Wasser, Eiweiße, Fette; dadurch kurzlebig
- Heimat: Wasserplanet, Stickstoff-Sauerstoff-Atmosphäre, »Erde«
- Zivilisationstreiber: Schriftzeichen, Schallwellen

Archaische Wesen auf den ersten Schritten ins All also, wie sie auf Hunderten von Planeten in seinem Sektor zu finden waren. Eigentlich einer näheren Betrachtung unwürdig. Interessant und ungewöhnlich allerdings, dass die Spezies über eine zentrale körpereigene Steuereinheit verfügte, ein »Gehirn«. Auch diese ominöse »Musik«, die sich in mehreren entschlüsselten Dateien wiederfand und auf strukturierten Schallwellen mit Zufallskomponenten beruhte, kannte er in dieser Form noch nicht. Mögliche Beiträge zu seinem Kuriositätenkabinett?

Eine weitere Besonderheit: Die Spezies besaß ein überhöhtes Selbstvertrauen. Oder viel Humor. Oder beides. Erwarteten diese Wesen ernsthaft, eine entwickelte kosmische Zivilisation, würde mit ihnen kommunizieren, mathematische Ansätze austauschen und über die Große Macht philosophieren wollen? Naiv, angesichts des Entwicklungsrückstands dieser Wesen von mindestens zwei Millionen Erdjahren gegenüber dem kosmischen Standard. Zumal die Aufzeichnungen der Sonde verrieten, dass die Primaten selbst völlig anders vorgingen, wenn sie auf ihrem Heimatplaneten eine ihnen unterlegene Spezies entdeckten. Beobachten. Analysieren. Sezieren. Manchmal sogar in dieser Reihenfolge.

Eob'ach entschied, eine Untersuchung zu starten. Er programmierte die Koordinaten und teleportierte zu dieser exotischen »Erde«. In der dünneren Schicht der Atmosphäre platzierte er freischwebende kristalline Strukturen, in denen er stoffwechseln und forschen konnte. Eob'ach musste improvisieren, denn meist führte er seine Untersuchungen auf Gasplaneten durch, und dort lebte es sich deutlich angenehmer. Gaswelten hatten mehr Potenzial für intelligentes Leben. WIRKLICH intelligentes Leben.

Eob'ach begann mit der Arbeit. Entsprechend den Vorgaben des Weisen Rates visierte er per Zufall ein Subjekt der dominierenden Spezies an und loggte ein.

Dianas unerwarteter Anruf setzte einen bunten Farbklecks in Jonas' tristen Alltag. »Danke, dass du mir helfen willst, mich auf die entscheidende Mathearbeit vorzubereiten, Jonas! Das halbe Jahr in Chicago hat mich schulisch stärker zurückgeworfen, als ich dachte. Ich habe in Mathe echt den Anschluss verpasst und nur zwei Wochen Zeit, Versäumtes nachzuholen, damit ich nicht durchfalle und die Klasse wiederholen muss. Wird ein echter Crash-Kurs, aber ich habe dich im Unterricht beobachtet; wir scheinen ein ähnliches Verständnis zu haben, mit deiner Hilfe traue ich mir das zu. Heute Nachmittag um drei bei mir, Goetheplatz 7, okay? Du weißt schon, das große weiße Haus mit Swimmingpool im Garten. Was ist übrigens deine Lieblingsband?«

Am Ende des Telefonats, kurz vor dem Auflegen, stellte Diana also unvermittelt doch noch die klassische Frage ihrer Generation, dachte Jonas. Sag mir, welche Musik du hörst, und ich sage dir, was du bist. Wo du hingehörst. Wer sich mit dir abgibt. »Die Stones. Und deine?«

»Uriah Heep. Ich bin ein Riesenfan von Ken Hensley.«

Zumindest erklärte die Antwort Dianas schwarzes Outfit, ohne das Jonas sie noch nie gesehen hatte. Es stand ihr, musste er zugeben. Obwohl, so wie Diana aussah, konnte sie wahrscheinlich alles tragen und sah scharf darin aus. »Damit kann ich leben«, kommentierte Jonas lässig. »Ciao!« Jonas legte auf und entschloss sich zu einem kurzen Trip ums Viertel. Spaziergänge waren gut für ihn. Aber kein Vergnügen. Er musste sich auf jeden Schritt konzentrieren.

Vor der Tür atmete Jonas tief durch. Der Anruf war ein echter Lichtblick. Kontakte zu knüpfen fiel schwer, wenn man aus der Großstadt zuzog, niemanden kannte und dann auch noch der Lahmarsch der Klasse war. Bolzen ging gar nicht, vom normalen Sportunterricht war er zwangsweise befreit. Für einen Jungen seines Alters ein soziales Todesurteil. Die männlichen Klassenkameraden machten sich über ihn lustig, die Mädchen ignorierten ihn. Jonas wusste nicht, was schlimmer war.

Konnten die Mathestunden mit Diana seine Lage verbessern? Drei Monate nach dem Umzug in diese spießige Kleinstadt würde er erstmals die Wohnung einer Mitschülerin betreten. Gut, nur weil er Diana so etwas wie kostenlose Nachhilfe gab. Aber immerhin, ein Anfang.

In einem Anfall von Übermut kickte Jonas eine verbeulte Coladose vor sich her, verlor das Gleichgewicht und wäre fast gestürzt. Wie um sich zu rächen, wollte er das metallische Objekt erneut treten, besann sich aber eines Besseren, hob den roten Blechbehälter auf und warf ihn in den nächsten Abfalleimer. Nur nicht negativ auffallen in diesem Ort, in dem jede weggeworfene Zigarettenkippe zum Stadtgespräch mutieren konnte. In den meisten Vorgärten wachten rot bezipfelte Gartenzwerge darüber, ob die Rasenhalme auch wirklich millimetergenau gestutzt und die Beetkanten so messerscharf abgestochen waren, dass man sich daran schneiden konnte. Wie eingefrorene Feldwebel. Relikt der deutschen Vergangenheit? So musste es früher bei Hitler gewesen sein. Oder jetzt beim Bund. Nein, wahrscheinlich war es hier schlimmer. Kein Kasernendrill konnte an das erdrückende Sitten- und Regelkorsett einer westdeutschen Spießer-Kleinstadt heranreichen. Ausgeschlossen.

Freiwillig hätte er seine Zelte niemals an diesem Ort aufgeschlagen. Aber es ging nicht um ihn. Es ging um Sabine.

Jonas beschleunigte seine Schritte. Das tat er immer, wenn er an seine Zwillingsschwester dachte. Vor zwei Jahren hatten Sabine und er diesen fatalen Schlaganfall erlitten, in der gleichen Minute, obwohl sie sich zwanzig Kilometer voneinander entfernt aufgehalten hatten. Eines der vielen rätselhaften Zwillingsphänomene, die immer wieder durch die Gazetten geisterten. Ihm wurde schnell von einem Notarzt geholfen, und so hatte es ihn vergleichsweise leicht erwischt, auch wenn er noch immer unter Gleichgewichtsstörungen und Muskelschwäche litt und täglich üben musste.

Bei Sabine hatte das Schicksal härter zugeschlagen. Die verstopften Blutgefäße hatten die deutlich längere Zeit bis zur medizinischen Versorgung genutzt, um eine Schneise der Verwüstung in ihr Gehirn zu schlagen. Ihre halbseitige Lähmung hatte seine Schwester relativ gut in den Griff bekommen, auch wenn sie zum Gehen immer noch einen Stock benötigte. Seit dem Schlaganfall hatte aber kein einziges Wort, keine einzige Silbe ihre Lippen verlassen. Sabine litt unter »motorischer Aphasie«, wie er von den Fachleuten gelernt hatte. Sie konnte einfache Sprache verstehen, beschränkt in Worten und Sätzen denken, jedoch nichts mehr artikulieren. Schule? Keine Chance, da wäre sie überfordert ohne Ende. Sabine erhielt über den Konzern regelmäßig Privatunterricht. Brachte nicht viel, soweit Jonas das beurteilen konnte.

Kein Wort sprechen! Ausgerechnet das fröhliche Plappermaul Sabine! Seit zwei Jahren!

Jonas schossen Tränen in die Augen. Verdammt. Verdammt!! VERDAMMT!!! Was hatte er sich früher über das vorlaute Mundwerk seiner Schwester mokiert! Was würde er dafür geben, das wieder tun zu können!

Sabines Zustand lag wie ein Schatten über der Familie. Seine Eltern und er hatten alles versucht, ihr die Sprache zurückzugeben. Medikamente. Logopädische Übungen. Stromstoßtherapien. Sogar vor einem Wunderheiler waren sie nicht zurückgeschreckt. Das Wenigste hatte die Kasse übernommen. Sämtliche Familienersparnisse gingen drauf, nichts hatte geholfen. Vor einem halben Jahr war Mutter dann auf die verlockende Zeitungsannonce gestoßen: Der hiesige Pharmariese, der die gesamte

Stadt prägte und mit Wohlstand überhäufte, suchte Versuchskaninchen für eine Vollzeit-Langfrist-Therapie für jugendliche Schlaganfallopfer: Bedingung: Die Behandlung musste vor Ort erfolgen.

Hier! Ausgerechnet hier!

Sie zogen um, und er musste und wollte auch mit. Mitgefangen. Mitgehangen. Sein Abi würde er wohl im hiesigen Stadtgymnasium bauen müssen.

Diana wohnte in einer echten Villa. Beeindruckender Bau, dachte Jonas, als er drei Stunden später läutete. Immerhin öffnete kein Butler, wie er fast schon befürchtet hatte, sondern Diana selbst. Natürlich trug sie wieder ihr obligatorisches Schwarz. »Komm' rein!«

Jonas folgte Diana durch den langen Flur. Die hellen Marmorfliesen schufen einen frappierenden Kontrast zu ihrem Outfit. Dianas Pferdeschwanz wippte fröhlich und unternehmungslustig vor ihm her. Neugierig lugte Jonas in die Räume, die er auf dem Weg zu ihrem Zimmer passierte. So etwas hatte er noch nie aus der Nähe gesehen. Riesig und edel eingerichtet, imposant ohne Ende. Gestylte Möbel, Ton in Ton. Verwirrende abstrakte Gemälde an den Wänden. Vermutlich sogar Originale. Allein die Küche wies mehr Quadratmeter auf als ihre eigene komplette Wohnung.

»Papa ist hohes Tier bei – na du weißt schon«, erklärte Diana fast entschuldigend, als sie seine Blicke bemerkte. Der offensichtliche Reichtum ihrer Familie schien ihr unangenehm zu sein. In Dianas Zimmer prangten die üblichen Poster aus der BRAVO von den Wänden. Uriah Heep complete. Lee Kerslake. David Byron. Mick Box. Alex Napier. Und natürlich Ken Hensley. Neben dem Fenster lehnte eine mit zwei Aufklebern verzierte Gitarre. Rauchen erdrückt, konnte er lesen. Kirchentag 1969. Nicht besonders originell. War Diana letztlich doch nur ein langweiliges reiches Bildungsbürgermädchen? Das konnte, das wollte er sich nicht vorstellen.

Jonas nahm die Gitarre näher ins Visier und stutzte. Eine echte akustische Gibson, wie er mit Neid und Kennerblick identifizierte, und nicht die günstigste. Beileibe nicht! Jonas hätte auch gerne gespielt. Erst akustisch, später dann elektrisch, wie es sich gehörte.

»Lass uns direkt anfangen!«, bat Diana. Jonas zog die Unterlagen aus der Tasche, mit denen er sich vor wenigen Monaten noch selbst auf den Lernstoff seiner neuen Klasse vorbereitet hatte. Er erklärte Sekanten, Tangenten und Matrizen. Diana sah nicht nur verdammt gut aus, sie kapierte auch schnell.

Was war der Grund, dass dieses Klassemädchen ausgerechnet ihn um Hilfe gebeten hatte? Es konnten nicht nur seine Noten sein, da waren andere besser, und fast alle Jungs hätten sich um diese Aufgabe gerissen; schließlich war Diana DER Klassenschwarm, das hatte er mitbekommen. Aber sie hatte ihn, den Neuen, den Außenseiter, den Loser, gefragt. Wirklich weil sie glaubte, er könnte es ihr am besten erklären? Oder doch nur aus Mitleid? Wollte sie einen anderen Jungen eifersüchtig machen, indem sie Jonas auswählte? Zum Beispiel Jens, den Schönling und Torwart der Klassenmannschaft, der sie immer mit Blicken aufzufressen schien?

Oder mochte sie Jonas irgendwie?

Nein, das konnte Jonas sich nicht vorstellen. Warum sollte sie? Dafür gab es nun wirklich keinen Grund.

Sie kamen gut voran, aber nach zwei Stunden verhaspelte sich Diana häufiger bei den Aufgaben. Ihr Lernakku hatte sich erkennbar geleert. Kein Wunder nach diesem intensiven Austausch. Zeit, die Einheit zu beenden, dachte Jonas und packte seine Tasche. »Bis morgen«, wollte er sich verabschieden und warf einen letzten sehnsüchtigen Blick auf die Gibson, der Diana nicht entging.

»Die habe ich aus den Staaten mitgebracht. Ich bekomme seit zwei Jahren Unterricht. Spielst du auch ein Instrument, Jonas?«

»Nein – leider. Ich würde selbst gerne mit Gitarre anfangen, aber wir haben weder das Geld für ein Instrument noch für Stunden.«

»Hab' schon gehört, was ihr alles für deine Schwester opfert und auf die Beine stellt. Kompliment! Mein Daddy ist übrigens bei dem Forschungsprojekt involviert, bei dem Sabine mitmacht. Weißt du was? Wenn du noch etwas Zeit hast und magst, revanchiere ich mich für deine Matheerklärungen und zeige dir, wie man einfache Songs begleitet. Mein Lieblingslied wirst du schnell lernen, es hat nur zwei Akkorde. e-Moll, d-Dur. Manche spielen auch noch g-Dur in der Bridge; das ist aber umstritten.«

Was für ein Angebot! Endlich eine Gitarre in der Hand, und dann noch eine richtig gute Gibson! Musik machen mit Diana! Jonas ließ sich nicht zweimal bitten.

»Geschafft!«, jubelte Diana zwei Wochen später und reckte triumphierend das Blatt mit dem Schulsiegel in die Höhe. »Drei Minus, aber immerhin!«

»Gratuliere! Und was die Note angeht, das passt schon. Hauptsache bestanden!«, bestätigte Jonas mit gemischten Gefühlen. Natürlich freute er sich für Diana, die den gemeinsamen vierzehntägigen Crash-Kurs mit Bravour gemeistert hatte. Und doch fürchtete er sich auch vor den tristen Nachmittagen, die nun drohten. Er würde wieder alleine im Wohnzimmer auf dem Laufband üben und neidisch Trübsal blasen, während die Klassenkameraden auf dem Bolzplatz tobten. Auf die Besuche bei Diana hatte er sich immer gefreut, die Lerneinheiten, ihr kehliges Lachen, wenn sie etwas verstanden hatte, ihr Lob für seine stetigen Fortschritte an der Gitarre. Das gemeinsame Singen von Dianas Lieblingssong. Vorbei.

»Zur Feier der bestandenen Prüfung gebe ich am Freitagabend eine Party, und du bist natürlich Ehrengast, Jonas! Ich hoffe, du hast Zeit und Lust?«

Jonas zögerte. Er war nun wirklich nicht so der Fetentyp, wollte Diana aber nicht enttäuschen. Mit einem Grummeln im Magen sagte er zu.

Zumindest hörten sie hier in der Provinz die gleichen Sendungen wie ihre Altersgenossinnen und -genossen in Köln, Düsseldorf oder Essen. Diskothek im WDR, am Mittwochabend mit Mal Sondock, war ein Pflichttermin. Auch die Feten hatten die gleiche Dramaturgie. Zu Beginn seichte, schwer erträgliche Boybandmusik, die auch die peinlichen Bay City Rollers nicht aussparte. Smokie. Die Rubettes. Selbst wenn Jonas hätte tanzen können, das hätte ihn nicht vom Barhocker gerissen.

Nein, derartige Feiern waren nichts für ihn, merkte er einmal mehr. Tapfer hielt Jonas durch und setzte einige Male dazu an, mit Klassenkameraden ins Gespräch zu kommen. Es war nicht einfach, mit Small Talk gegen die Dezibel anzubrüllen, die aus den teuren Riesenboxen im Partykeller schallten, und er versuchte es letztlich auch nur mit einigen der Jungs und halbherzig. Spätestens nach drei Minuten zog sich sein jeweiliger Gesprächspartner unter einem Vorwand zurück. Jonas gab es auf. Sie wollten einfach nichts mit ihm zu tun haben. Und er irgendwie auch nicht mehr mit ihnen.

Jonas hockte sich stumm an die Bar und schüttete eine Cola nach der anderen den Rachen hinunter. Was hatte jemand wie er auf einer Fete verloren, wenn der Körper das Tanzen zur Tortur, zum ständigen Kampf ums Gleichgewicht machte und die anderen ihn mieden? Er wollte Diana aber auch nicht enttäuschen, indem er, immerhin der Ehrengast, zu früh ging. Diana gab die gute Gastgeberin, unterhielt sich, tanzte, sandte Jonas freundliche Blicke und setzte sich auch immer wieder zu ihm. Das machte den Abend noch halbwegs erträglich.

Jonas nahm sich vor, bis zum Ende zu bleiben; das war er Diana schuldig. Gegen elf wurde zumindest die Musik besser. Status Quo. Die Stones. Uriah Heep. Um Mitternacht dröhnten die legendären Auftakt-Riffs von »Smoke on the Water« aus den Boxen. Dud – dud – duuuuu dud dud duduuu ... War das nicht auf jeder Party auf diesem Planeten so?

»Nun komm' schon!« Diana ergriff seinen Arm und wollte ihn vom Hocker aufs Parkett ziehen. Jonas hielt sich an der Thekenkante fest. »Dann halt nicht!« Bedauernd und leicht verärgert schüttelte Diana den Kopf und stürzte sich ohne ihn ins Getümmel.

Diana beendete die Party gegen halb zwei mit dem obligatorischen Klammer-Blues. »Nights in White Satin« von den Moody Blues. Sie tanzte zu diesem Lied mit Jens, beide griffen richtig zu. Jonas spürte einen Stich im Brustkorb, als er sah, wie sich die beiden eng umschlungen im Schummerlicht durch den Raum schoben. Verdammt, er war eifersüchtig! Vielleicht hätte er sich doch überwinden sollen, mit Diana aufs Parkett zu gehen? Einen solchen bewegungsarmen Blues hätte er trotz seiner Probleme wahrscheinlich noch halbwegs hinbekommen. Nun war es zu spät.

Dann war die Party vorbei. Endlich! Jonas half beim Aufräumen und folgte Diana dann auf ihr Zimmer, wo er seine Jacke abgelegt hatte. Er ergriff sie und wandte sich zur Tür. »Ciao, Diana.«

»Hat dir die Fete gefallen, Jonas?«, hielt ihn ihre Frage auf.

»Na klar«, antwortete er knapp. Was sollte er sagen? Die Wahrheit?

»Du verdammter Lügner!«, versetzte Diana wütend. Sie sprang Jonas an, riss ihn um und drückte ihn auf ihr großes Bett. »Du hast doch den ganzen Abend lustlos und fast immer allein herumgesessen und nicht einmal getanzt.« Diana setzte sich auf seinen Brustkorb und presste seine Handgelenke auf die Matratze. Ihre herabfallenden schwarzen Haare kitzelten seine Nasenspitze. »Was ist eigentlich los mit dir? Suhlst du dich lieber im Selbstmitleid, als mitzumachen? Armer Außenseiter, armes Schlaganfallopfer, armer behinderter Mensch? Das entschuldigt gar nichts, damit kommst du bei mir nicht durch! Mach' endlich mal was, verdammt! Wehr' dich!«

Wie bei einer seiner vielen Schulhof-Demütigungen, schoss es Jonas durch den Kopf. Nur dass sich dieses Mal Diana auf ihm platziert hatte, nicht ein männlicher Klassenkamerad. Wie oft hatten diese gemeinen Schweine ihn in den letzten Monaten verspottet, zu Boden geworfen, niedergehalten, unter dem Gelächter ihrer Kumpels öffentlich vorgeführt? Zu Beginn hatte Jonas noch versucht, Widerstand zu leisten, doch auch in diesen Situationen ließ ihn sein geschwächter Körper im Stich. Irgendwann hatte er sich in seine Opferrolle gefügt.

Die Niederlagen und Demütigungen hatte sein Selbstbewusstsein ausgehöhlt, er fühlte sich schwach und wertlos. Aber gegen ein Mädchen unterliegen? Das ging selbst Jonas gegen den Strich. Er bäumte sich auf. Diana hielt gegen. Immer wilder warf Jonas sich herum. Schließlich gelang es ihm, seinen rechten Arm frei zu reißen. Jonas stieß Diana von sich herunter. Er wollte vom Bett flüchten. »Wir sind noch nicht fertig!«, zischte Diana und warf sich erneut gegen ihn. Verbissen kugelten Diana und Jonas über die Matratze.

Bis Jonas plötzlich Dianas Lippen auf seinem Mund fühlte. Instinktiv öffnete er ihn. Zungenspitzen fanden, umspielten und liebkosten sich. Ein Prickeln jagte durch Jonas' Körper. Jonas erschlaffte. Wieder glitt Diana auf ihn, presste ihre Schenkel an seine Rippen und drückte ihn nieder, doch dieses Mal störte ihn das nicht. Dieses Mal wehrte er sich nicht. Als sie an seinen Hemdknöpfen nestelte, blickte Jonas hoch.

Sie lagen direkt unter dem Poster von Ken Hensley. Wie passend, schoss es Jonas durch den Kopf, während Diana Dinge mit ihm anstellte, die er bisher noch nicht gekannt hatte. Auch auf diesem Gebiet hatte er offensichtlich viel versäumt in den letzten beiden Jahren.

Erst kurz vor Morgengrauen fand Jonas in die elterliche Wohnung zurück und schlich sich ins Bett. Vier Stunden später stieg er beschwingt, wenn auch schwer übermüdet die Treppe zum Frühstückstisch hinab.

Schon auf den ersten Blick erkannte er, dass etwas Schlimmes passiert sein musste. Mit versteinerter Miene saßen seine Eltern und Sabine vor Tellern und Tassen. Sie hatten Brötchen, Butter, Wurst und Käse nicht angerührt. »Was ist los?«

Wortlos reichte sein Vater ihm ein zweiseitiges Schreiben. Jonas erkannte den Briefkopf des Pharmakonzerns. »Wir bedauern, Ihnen mitteilen zu müssen ...« Die folgenden Worte verschwammen vor Jonas' Augen, als weigerte sich sein Gehirn, die Botschaft zu akzeptieren, die schließlich doch zu ihm durchdrang. Nach ausgiebigen Beratungen habe das Haus sich entschlossen, die Therapieversuche einzustellen. Es habe nicht genug Fortschritte gegeben, die eine Erfolg versprechende Entwicklung auf pharmazeutischer Basis belegen konnten. Im Interesse aller Beteiligten würden sie das Programm beenden, um Kosten für das Unternehmen zu vermeiden und keine falschen Hoffnungen bei den Betroffenen zu wecken. Mit sofortiger Wirkung, Bedauern und freundlichen Grüßen ...

Jonas sackte auf dem Stuhl zusammen. Seine Seele wollte den Inhalt des Papiers nicht nachvollziehen, auch wenn sein Verstand es konnte. Sabines Zustand hatte sich in den letzten beiden Monaten trotz Dauerbehandlung in der Tat nicht verbessert, auch bei den anderen Probandinnen und Probanden blieben relevante Fortschritte aus. Er wusste, wie sehr das alles seine Schwester deprimierte. Die einst so lebenslustige Sabine hatte sich vollständig aus dem sozialen Leben zurückgezogen. Wenn sie nicht im Forschungszentrum weilte, verbrachte sie die Zeit in ihrem Zimmer beim Lesen stumpfsinniger Liebes-Groschenromane voller Herz, Schmerz, weißer Telefone und blonder Märchenprinzen, neben Kinderbüchern der einzigen Lektüre, die ihr geschädigtes Hirn noch verarbeiten konnte. Die ganze Familie hatte sich an den Strohhalm geklammert, mit dem Therapieansatz hier vor Ort letztlich doch irgendwann Fortschritte zu erzielen, um diesen Teufelskreis zu durchbrechen.

Aus. Vorbei. Und nun?

»Wir drehen eine große Runde.« Vater und Mutter wollten die üble Nachricht auf einem langen Spaziergang verdauen. Das taten sie regelmäßig, wenn fatale Botschaften über sie hereinschwappten und sie sich neu sortieren mussten. Sabine zog sich in ihr Zimmer zu ihrer Schundliteratur zurück. Jonas flüchtete in Aktivität und deckte den Tisch ab. Gerade sortierte er die letzten Messer und Löffel weg, als es läutete.

Jonas öffnete. Diana. In der rechten Hand trug sie den Gitarrenkasten, den er aus ihrem Zimmer kannte. »Hi, Jonas!«

»Hi«, grüßte er lustlos zurück. Zum ersten Mal besuchte sie ihn und nicht er sie. Musste es ausgerechnet an diesem fürchterlichen Tag sein?

»Darf ich reinkommen?«, fragte Diana. Jonas errötete, erinnerte sich an die Grundregeln der Höflichkeit und bat Diana mit einer knappen Handbewegung in die Küche.

Diana kam direkt zum Punkt. »Hab' vorhin beim Frühstück von Papa gehört, dass Sabines Therapieprojekt abgebrochen wird. Schlimm für euch, tut mir echt leid. Ich dachte, vielleicht kann ich dich hiermit zumindest ein wenig aufmuntern.« Diana öffnete die Verschlüsse des Gitarrenkastens und schälte das Instrument aus seiner Verkleidung. Die Gibson. Natürlich.

»Willst du mir was vorspielen?«

»Wenn du magst, kann ich das tun. Eigentlich will ich dir das Ding aber – schenken.«

»W-w-WAS?«, stotterte Jonas verblüfft. »Aber diese Gitarre ist doch viel zu wertvoll, ums sie einfach ...«

»Papperlapapp!«, unterbrach Diana. »Du weißt doch genau, dass wir Geld wie Heu haben und uns das locker leisten können. Ich habe im Handumdrehen eine neue, noch bessere. Meinen

Daddy wickele ich schneller um den Finger, als du blinzeln kannst; das ist fast schon langweilig. Ich habe gemerkt, mit welcher Begeisterung du in den letzten Wochen auf dem Ding gespielt hast, die Gibson ist bei dir blendend aufgehoben. Außerdem hast du mir das Sitzenbleiben erspart; was ist eine Klampfe gegen ein verlorenes ganzes Jahr? Bitte, nimm sie an!«

Jonas zögerte, dann nickte er. »Okay; danke!« Warum sollte er nicht auch einmal von positiven Launen des Schicksals profitieren? Prüfend schlug er an; die Saiten waren perfekt gestimmt. Von Diana hätte er auch nichts anderes erwartet. »Und jetzt spiel mir etwas vor, Jonas!«

Jonas schmunzelte. Sie musste nicht sagen, welches Lied sie meinte; er konnte ja nur eins.

Eob'ach war verwirrt. Wie begriffsstutzig konnten die Mitglieder einer Zivilisation mit, wenn auch begrenztem, Intelligenzpotenzial sein? Die Lösung für das physisch-biologische Problem dieser Primaten war offensichtlich, doch sie erkannten sie nicht! Diese Wesen hatten seine Einordnung in eine niedrige Entwicklungsstufe redlich verdient. Vielleicht sollte er sie doch nur mit einer Eins klassifizieren?

Und dann ihr fahrlässiger Umgang mit dem Phänomen der Musik! War den Primaten eigentlich bewusst, dass allein diese Klangstrukturen sie zur dominierenden Spezies auf dem Planeten befördert hatten? Dass sie als einzige Spezies auf diesem Planeten gemeinsam einen Takt halten, gemeinsam singen, die gleichen Emotionen teilen konnten? Dass sich ohne Musik niemals Kooperation und sozialer Zusammenhalt gebildet hätte, die unvermeidbare Basis für sichtbare Entwicklungssprünge? Wenn auch auf diesem bescheidenen Niveau.

Es war nicht seine Aufgabe, als höhere Instanz zu wirken und den Primaten mit göttlichen Wundern auf die Sprünge zu helfen, und Eob'ach hatte auch nicht ewig Zeit für diesen komischen Planeten. Er beschloss, einzugreifen und das Experiment mit dem ausgewählten Primaten dosiert zu beschleunigen, und loggte sich bei dessen Schwester ein. Seine erste Analyse bestätigte seine Theorie: Ihr linker Frontallappen im Gehirn, ihr Sprachzentrum, war massiv geschädigt. Dies war eindeutig die zentrale Ursache ihrer Einschränkungen.

Und ein wirklich leicht lösbares Problem. Eob'ach tastete sich durch die Gehirnwindungen, konstruierte Synapsen und stimulierte den Blutfluss. Derart angeregt sollte die biologische Steuereinheit, dieses »Gehirn«, in der Lage sein, neue Masse zu generieren. Danach versetzte Eob'ach den übrigen körperlichen Organismus in einen empfangsbereiten Zustand für Musik, die Haut, die inneren Organe.

Eob'ach zog sich zurück. Die Primatin atmete ruhiger und tiefer als zuvor; sein Wirken schien erfolgreich zu sein. Zufrieden wechselte Eob'ach zu seinem Standardprobanden.

Sein Job war getan. Nun lag es an den Primaten.

Die Gibson in der Hand und Diana an seiner Seite ließen Jonas zumindest ein wenig entspannen. Auch die Musik trug ihren Teil bei. Mit dem Vorspiel des Songs fand Jonas wie selbstverständlich in Tempo und Groove. War ja auch nicht schwer bei diesem einfachen Lied: Viervierteltakt, siebenundachtzig Beats per Minute, gerade geschlagen, ohne Finessen und Triolen. Das Umgreifen zwischen den beiden Akkorden bereitete ihm nach den zwei Übungswochen keine Probleme mehr und warf ihn nicht mehr aus dem Rhythmus, wie es zu Beginn noch regelmäßig geschehen war. Auch seine Stimme fand direkt in die richtigen Töne, es gab ja nun auch wirklich keine große Range beim Gesang.

»I know not ... «

Er erreichte die erste Bridge, diesen eingängigen, primitiv-genialen Pseudorefrain. »Aaa aaa aaa a...«

Und plötzlich sang er ihn nicht alleine. Es war nicht Diana, die einstimmte; es war – Sabine, erkannte er verblüfft. Seine Schwester stieg mit unsicheren, aber dennoch irgendwie tänzelnden Schritten die Treppe hinab. Sie traf nicht jeden Ton, beileibe nicht, aber war das ein Wunder nach zweijähriger Sprachlosigkeit? Fast hörte Jonas auf zu singen. »Mach' weiter!«, zischte Diana ihn an, während Jonas damit kämpfte, diese Überraschung, dieses Wunder zu verarbeiten, ohne aus dem Takt zu kommen.

Sabine stellte sich neben ihn. Bei jeder Bridge sang sie mit. Von Mal zu Mal wurde ihre Stimme sicherer. Das »A« konnte sie artikulieren, zumindest in gesungener Form, das war eindeutig. Und ein Dammbruch. Sabine lächelte, strahlte geradezu; wann hatte Jonas so etwas das letzte Mal bei ihr gesehen?

Diana erhob sich und ergriff Sabines Hände. Die beiden Mädchen begannen zu tanzen, Sabine tollpatschig, stolpernd, aber mit Begeisterung, Diana fing sie mit der ihr eigenen Leichtfüßigkeit und Eleganz immer wieder auf. Jonas spielte und sang sich die Seele aus dem Leib. Konnte es etwas Schöneres geben, als zuzusehen, wie sich seine neue Freundin und seine Schwester zu seinen Klängen durch das Zimmer drehten?

Lag da vielleicht noch mehr im Raum? Eine Chance auf Genesung durch Musik? Hatte er den Schlüssel in der Hand, um seiner Schwester über das Singen einzelne Silben, Wörter, vielleicht sogar die ganze Sprache zurückzugeben? Konnte die Musik, SEINE Musik, das vollbringen, woran Ärzte und Pharmazie jahrelang gescheitert waren? Ihr Gehirn heilen?

Jonas blickte zu Diana herüber, als er in die letzte Strophe wechselte. Was hatte er diesem schwarz gekleideten Mädchen nicht alles zu verdanken!

»My labour is ...«

Eine schwarz gekleidete Frau, die einen Verzweifelten zurück ins Leben führte – verblüffend, wie gut der Text auf sein eigenes Leben passte! Mit Dianas Hilfe und mithilfe der Musik würde Jonas seiner Schwester helfen können, wieder zu sprechen, das fühlte er. Sie mussten sich ja nicht gleich tiefer auf die lyrischen Sprachbilder von »Lady in Black« stürzen.

Oder – vielleicht gerade?*

* »Lady in Black« von Uriah Heep erschien 1971 auf der LP »Salisbury« und wurde später als Single ausgekoppelt. Komponiert und getextet hat den Song Ken Hensley, damals der Organist der Band. Er hat ihn auch selbst gesungen.

Yvonne Tunnat

Der erste Song

der weitläufig unter Rock durchgeht und mir in Erinnerung geblieben ist, war »In the Air Tonight« von Phil Collins. Der ist aber von 1981 und out of scope. Außerdem war ich da erst drei oder vier Jahre alt und es ist nicht einfach, in dem Alter schon Dinge zu erleben, die einen zu SF-Kurzgeschichten inspirieren.

Richtig los ging es dann mit ungefähr dreizehn, als ich erst The Doors und danach Queen entdeckte. Diese beiden Bands, Metallica, The Gathering und Tool sind bis heute meine Lieblingsbands und werden es wohl auch immer bleiben. Mein All-time-favorite ist »When the music's over«, aber das inspiriert mich irgendwie nicht zu einer SF-Kurzgeschichte (und ist außerdem als Titel schon vergeben).

Nach Freddie Mercurys Tod habe ich dann zwei Jahre nur Queen gehört, alle Hits und Nicht-Hits aus zwei Jahrzehnten und mit spärlichen Englischkenntnissen versucht, die Texte zu verstehen. Das war nicht sehr einfach und es gab auch niemanden, den ich um Hilfe hätte bitten können. Einiges verstehe ich erst heute, anderes (»Bohemian Rhapsody«) wohl nie. Rockmusik begleitet mich immer, bis heute und vermutlich bis zu meinem Ableben. Auf der Beerdigung meines Bruders wurde Nirvana gespielt und »The End« von The Doors. Ich hätte auf meiner gern »When the music's over«.

»Flick of the Wrist« von 1974 stellt die Inspiration für diese Story dar, vor allem die Liedzeile: »Flick of the Wrist and you're dead, baby.«

Schaut man sich den ganzen Text an, geht es um etwas anderes, aber blicke ich auf den Titel und diese Liedzeile, denke ich an die namenlose Ich-Erzählerin aus »Freddie Mercurys 90. Geburtstag«, die auf dem Weg zu einem Zahnarzttermin starb, im Handumdrehen, von einem Moment auf den anderen, und die Chance erhält, um ihren eigenen Tod zu trauern. Zum Soundtrack von Queen-Songs einer alternativen Wirklichkeit.

Aber wie immer geht es in dem Text eigentlich um etwas ganz anderes – viel Spaß!

Yvonne Tunnat (geboren 1978 in Sögel/Emsland) ist seit 2020 verstärkt in der Science-Fiction unterwegs. Sie betreibt unter www.rezensionsnerdista.de einen Rezensionsblog und unter literatunnat.de einen Podcast zur deutschsprachigen Fantastik.

Gemeinsam mit Janika Rehak brachte sie die Steampunk-Anthologie »Der Tod kommt auf Zahnrädern« (Amrûn, 2022) heraus.

Yvonne Tunnat

Freddie Mercurys 90. Geburtstag

»Liest du schon wieder?« Rüdiger fährt schlierend hinter mir vorbei – mit diesem fürchterlich quietschenden Geräusch; wie Fingernägel, die an einer Schiefertafel hinabgleiten. Mein Rücken kribbelt. Hat Heinz nicht erst vor ein paar Tagen Rüdigers Rollen nachgesehen? Aber vielleicht nicht hier.

Ich berühre meine Wange: nass. Tränen. Wieder einmal.

Mit dem Zeigefinger tupfe ich in mein Auge, spüre sofort den nackten Augapfel und nehme den Finger wieder weg. Jetzt brennt die Stelle, und ich lasse salziges Wasser vorbeirinnen. Heilend, hoffentlich.

»Ich habe die Leselinse gar nicht drin.«

»Soso!«

Jemand sollte Rüdiger mal darauf programmieren, nur klare, unmissverständliche Aussagen zu machen. Keine, denen man eine Nebenbotschaft unterstellen könnte. »Soso, du liest ausnahmsweise nicht«, könnte er damit meinen. Oder »Soso, soll ich es mal prüfen?«

Rüdiger kann mich nicht nerven. Heute nicht.

Durch das geöffnete Küchenfenster sehe ich Roberta. Sie sitzt draußen auf der Steinmauer, grinst und winkt mir zu. Dabei zeigt sie all ihre Schneidezähne. Ihre beiden Mittleren oben sind neu und so groß, dass die Milchzähne links und rechts davon wirken wie von einer anderen Person ausgeborgt. Als ich sie länger anblicke, wiegt sie den Kopf von links nach rechts, passend zum Rhythmus, der seit einiger Zeit vom Obergeschoss herunter in die Küche und raus in den Garten pocht. Mara sitzt in ihrem Zimmer mit lauter Musik und hat keine Lust, an unserem Leben teilzunehmen. Wie immer.

»Was reibst du ständig deine Hand?« Rüdiger quietscht und quarzt hinter mir herum. Was treibt er da überhaupt? Hier liegt kein Krümel! Es ist eine blitzblanke Welt, keine drei Tage alt. Erst jetzt wird mir bewusst, dass ich schon die ganze Zeit meine Hand reibe. Die habe ich vor mein Gesicht gehalten. Weil es ja so viel bringt, die Nase mit einer Hand abzuschirmen, wenn ein Zehntonner auf dich zu schlingert.

Ich starre auf meine Hand. Die Adern weich und blau, gut sichtbar. Ohne Verletzung. Ich bin jetzt hier. Unversehrt.

Roberta springt auf und tollt über die Wiese, barfuß, obwohl es dafür längst zu kalt ist. Maras Radiosender kennt heute nur eine Band, immer dieselbe Stimme, alt und kratzig. Sie wirkt vertraut, der Sound der Gitarre ebenfalls. Doch ich bin sicher, dass ich keine der Melodien, keine der Rhythmen kenne.

Ich drücke das Glas, das ich in der Hand halte, so stark, dass es splittert. Eine große Scherbe klirrt auf die Küchenanrichte vor mir. Diese Anrichte ist mir geläufig bis in die Details. Eine Kerbe im Holz, dort war mir mal das Gemüsemesser abgerutscht. Der Architekt dieser Welt hat gründlich gearbeitet.

Ich sollte eigentlich gar nicht hier sein. Das ist nicht mein Fenster. Nicht meine Anrichte, egal wie perfekt sie kopiert wurde. Da, wo ich sein müsste, bin ich nicht mehr, kein Bewusstsein, nur noch die zerplatzte Walnuss meines Gehirns. Roberta ohne mich. Das ist nicht vorstellbar.

Heinz ist heute fort. Wie immer kommt er mittwochs erst spät am Abend, Zehntonner mit kaputten Bremsen hin oder her. Ich habe mich in den letzten beiden Tagen krankgemeldet. Wenn ich morgen immer noch nicht hingehe, muss ich zum Arzt. Was sage ich dem? »Postmortale Depression«?

Durch das Fenster höre ich Roberta trällern. Sie singt irgendwas aus dem Radio nach, mit diesem Quatsch-Englisch, das Kinder immer singen, wenn sie die Worte nicht kennen. »Ju häf to gät mi, ju häf to gät mi!«, kreischt sie. In einem glücklichen Hopserlauf umkreist sie den Apfelbaum, immer wieder, als wäre wirklich jemand hinter ihr her.

»Mehr als fünfundsechzig Jahre im Rockgeschäft!«, brüllt sie, als sie am Küchenfenster vorbeikommt, dann verschwindet sie hinter dem Haus. Inzwischen habe ich die Scherben aufgelesen und entsorgt. Ich schaue hinaus, warte darauf, dass Roberta wiederkommt. Sie taucht nicht auf.

Bald muss ich mich aufraffen, mehr zu tun, als in der Küche Gläser zu zerdrücken, meine unversehrte Hand zu bewundern und nicht zu lesen.

»Wohin willst du?«, ruft Rüdiger mir hinterher, aber ich drehe mich nicht um. Ich gehe nach draußen, ohne Schlüssel, die Leggings haben ohnehin keine Hosentaschen. In meinen Haus-Birkenstocks. Ich genieße es, mit den Sohlen, die ausdrücklich für drinnen gedacht sind, auf das regenfeuchte Gras zu treten. Hier riecht es so anders. Von allem mehr, zum Guten und zum Schlechten. Verschimmelte Äpfel auf dem Rasen, die niemand wegsammelt, aber auch späte Stockrosen auf Nasenhöhe.

Ich bemühe mich, Erde in den Profilritzen der Haussandalen festzutreten. Wenn Rüdiger davon Rückstände auf den Dielen entdeckt, wird er mich tagelang mit Schweigen beglücken!

Gegenüber plärrt das Baby, auch dort erklingt die Rockmusik mit der vertrauten Stimme aus dem Fenster, gedämpfter als bei Mara.

Drei Häuser weiter sehe ich Sammie. Er steht vor dem Haus, in leicht geduckter Haltung, die schwarze Jeans wie immer eine Etage zu tief, seine rechte Hosentasche so stark ausbeult, dass sie den Jeansstoff langsam aufreibt. Er raucht. Im Haus wohnt seine Frau. Nur er nicht. Längst nicht mehr.

»Na.« Er nickt mir zu.

Ich bleibe in sicherer Entfernung stehen, begutachte ihn. Wie lange ist es her? Fast zwei Jahre. Wir dachten, sie hätten sich getrennt, weil er nicht mehr auftauchte. Bis Gudrun den Nebensatz fallen ließ, »Jetzt, als Witwe ...«. Sie hatte so schnell weitergesprochen, dass ich nicht den Eindruck hatte, sie wolle, dass ich Fragen dazu stelle. Und hier steht er, einfach so, wie neu. Ich nähere mich ihm.

Er beobachtet mich, ob amüsiert oder genervt, kann ich nicht erkennen.

Früher haben wir uns oft für eine Zigarettenlänge unterhalten. Sammie ist der Einzige, den ich in den letzten zehn Jahren überhaupt noch habe rauchen sehen. Wir sprachen über Werkstattfahrzeuge, die hier regelmäßig die Straße blockieren. Sammie war voller Trivia. Welches Fahrzeug wann wie lange verweilen darf, auch wenn uns damit die Durchfahrt unmöglich gemacht wird. Und was passieren würde, wenn wieder der Rettungswagen für die Frau im Wendehammer kommen muss.

Gudrun hat nie erwähnt, woran er gestorben ist, obwohl Roberta und Mara mich wochenlang gedrängt haben, sie zu fragen. »Schreib ihr doch!« Als ob so was per Messenger einfacher wäre. »Hey, Nachbarin, dein Mann ist ja tot. Warum eigentlich?«

Ob Sammie das weiß? Also, dieser Sammie? Ich weiß es ja auch. Doch so eine Frage einzuleiten, scheint mir schwieriger, als Gudrun damals nach der Todesursache zu fragen. Wenn das damals der Triathlon war, ist das hier der Iron Man.

»Lange nicht mehr gesehen«, sage ich probehalber und nähere mich. Er sieht aus, wie ich ihn im Gedächtnis habe. Sogar der Gesichtsausdruck und die Kleidung. Die Ausstattung hier hat ganze Arbeit geleistet. Nur dass Sammie längst nicht mehr Teil der Kulisse sein sollte.

»Was soll das heißen, lange?«, fragt Sammie zurück und zieht an seiner Zigarette. Sie ist halb abgebrannt. Ich habe drei Minuten. Wenn ich ihm komische Fragen stelle, wird er mich für verrückt halten und fortan nicht mehr ... Ach, was soll's, in der anderen Welt bin ich auch ohne ihn ausgekommen.

»Zwei Jahre, um genau zu sein«, sage ich, und meine Stimme klingt, als ginge es wieder um Werkstattfahrzeuge und den Gesundheitszustand der Frau aus dem Wendehammer. »Was ist da eigentlich passiert?«

Sammie mustert mich, lässt seine Zigarette fallen und tritt sie aus. Dabei sind noch knapp zwei Zentimeter übrig. Er schüttelt den Kopf und rümpft die Nase, als würde ich riechen wie im heißen Auto vergessene Butter. Dann dreht er sich um und verschwindet im Hauseingang.

Ich stehe eine Weile da, klebe mit meinen Birkenstocks auf der nassen Straße fest, jedenfalls fühlt es sich so an. Meine Knie zittern.

»Hey, Mama!« Roberta hat sich neben mich gestellt, ihre warme Hand schleicht sich in meine. Wieder blitzen mich ihre riesigen neuen Schneidezähne an. Die Zähne sehen aus, als könnte ihnen nichts etwas anhaben und alles damit abgewehrt werden. Mit Lachen, Grinsen, zur Not auch Beißen. Ihr könnt mir nichts, ich habe Zähne!

Ich lasse mich von Robertas Hand fortziehen, und wir gehen Richtung Zuhause.

»Wieso bist du mit Hausschuhen draußen?« Sie wartet keine Antwort ab, plappert einfach weiter. »Rüdiger wird ausflippen. War das eben Sammie? Papa sagt, der verpestet die ganze Straße.«

An der Schwelle zu unserem Grundstück bleibt Roberta stehen. »Mara ist seit ein paar Tagen so komisch.«

»Mara ist immer komisch.«

Der Begriff »komisch« kommt mir noch zu schwach vor. Zuletzt war es eher so, als hätte jemand Fremdes meine Erstgeborene besetzt, jemand, der vorhat, mich durch Anschweigen und Anmuffeln zum Wahnsinn zu treiben. Jede Antwort ein Schulterzucken, bei jeder Frage »Mama, löcher' mich nicht so!« Ich spüre quasi, wenn sie den Raum betritt, diese Wolke unbändiger schlechter Laune, wie ein unsichtbarer Nebel, der mich einhüllt und mir eine Schwere verleiht, gegen die ich kaum ankämpfen kann. Ich erwische mich schon dabei, wie ich den Raum verlassen möchte, kaum dass meine Tochter ihn betritt. Dass ich Ausflüchte finde, nicht mit ihr essen zu müssen, um diese ständig halb gerümpfte Nase zu vermeiden. Als würden wir ihr ausschließlich abgelaufenes Hundefutter vorsetzen.

»Nein, anders komisch.« Roberta mustert das Haus, als könnte eine genaue Betrachtung der Ziegelwand ihr mehr Erkenntnisse darüber liefern. »Mara hat mir Fragen gestellt ...« Das ist in der Tat ungewöhnlich. »... wer in meiner Klasse ist. Und sie hat sich Notizen gemacht. Ist die Nachbarn durchgegangen.«

»Hat sie etwas über Sammie gesagt?«

Roberta sieht mich an. Sie wirkt aufgeschreckt. »Wieso? Hat sie dich auch gefragt?«

Ich wiege unbestimmt den Kopf.

»Total ausgefragt hat sie mich!«, sagt sie. »Besonders nach Laurenz.«

»Laurenz? Wer soll das sein?«, entfährt es mir. Ich habe nicht nachgedacht. Roberta sieht jetzt misstrauisch aus.

»Der Sohn von Sammie und Gudrun. Du hast selbst gesagt, er ist das dickste und größte Baby, das du je gesehen hast.«

»Ja, hab ich wohl«, murmele ich und komme mir vor wie Pettersson, wenn Findus ihn an jede Alltagskleinigkeit erinnern muss.

»Sie hat auch Papa ausgefragt. Zum Weltgeschehen.« Wie sie das letzte Wort betont, wird klar, dass das ein direktes Zitat ist, und wie öde sie das Thema findet. »Und dann echt viel recherchiert, nicht am Smartphone oder Laptop, nein, bei Rüdiger. Hat ihm lauter Suchaufträge gegeben.«

»Hat ihm das gefallen?«

»Anfangs nicht so richtig, später war er voller Eifer.«

Rüdiger und voller Eifer! Wie soll das aussehen? Ganz geöffnete Augen? Rückfragen? Ich versuche, mir unseren Hausbot begeistert vorzustellen, wie Roberta, wenn ihre Lieblingsserie ein neues Hörspiel veröffentlicht hat.

»Doch, doch«, beharrt Roberta, als würde sie meine Gedanken lesen, »richtig eifrig. Er hat ihr ein paar Clips zusammengestellt, und die haben sie sich zusammen angeschaut und diskutiert.«

Nun starre auch ich die Ziegelwand an, auf der Suche nach Erleuchtung. Links neben der Haustür sieht man immer noch – blass und verblichen – die riesige, einst gelbe Straßenkreidesonne, die ich mit Roberta gemalt habe, als sie drei Jahre alt war. In einem anderen Leben.

Roberta lässt mich stehen und geht ins Haus. Ich merke es erst, als sie die Tür zufallen lässt.

Langsam gehe ich zur Bank vor dem Kreidegemälde und lasse mich darauf nieder. Ich schaue unter die Sohlen. Sie sehen okay aus. Kaum Erde, nur ein paar Steinchen. Ich hebe die Beine und klopfe die Sohlen gegeneinander.

Ob ich hier sitzen bleibe, bis Heinz kommt? Wenn ich Blase und Magen ignoriere, klappt das vielleicht. Heinz ist der Einzige, dem nichts aufzufallen scheint. Alles wie immer. Womöglich hat er im Büro zu viel um die Ohren.

Wie er das wohl in jener anderen Welt geregelt hat? Bestattung, Trauerfeier, Grabstein, Friedhofspacht? Ob er die Risikolebensversicherung noch auf dem Schirm hat, die ich abgeschlossen habe? Wie wird er den Mädchen bei der Trauer helfen? Was wird das alles mit Mara machen? Mit Roberta? Roberta kommt immer noch nachts, wenn sie einen Albtraum hatte, zu mir ins Bett. Dann habe ich diesen dürren Körper neben mir, sie schiebt mir ihre Füße unter den Bauch oder legt ihren Kopf auf meinen Rücken, und wenn ich sie umarme, sagt sie, das sei »wie mit Sicherheitsgurt zu schlafen«.

Ich klammere mich an der Bank fest, obwohl ich sicher sitze. Den Tod von Heinz habe ich mir hundertmal vorgestellt und mir überlegt, wie ich das alles alleine mache. Mir vorgenommen, nie wieder zu daten. Nach Heinz wird keiner mehr kommen. Den Tod von Mara habe ich fast täglich gefürchtet. Die überwältigende Ohnmacht, falls Roberta etwas geschieht, meinem Baby. Nur den eigenen Tod, den konnte ich mir nie vorstellen.

Es hilft kaum, dass er nun eingetroffen ist. Er bleibt unvorstellbar. Die Trauer ist trotzdem da.

Wird es von nun an immer so sein? Wir leben, sterben und ziehen weiter; leben wieder und sterben erneut. Immer weiter, von Welt zu Welt. Sind wir dann am Ende alle überaltert? Unsere Haut wirft Falten, wir schrumpfen zusammen und bewältigen in unendlicher Langsamkeit unseren Alltag?

»Mama?«

Mara setzt sich neben mich, verdeckt mit dem Kopf die Kreidesonne. Ausnahmsweise geht kein Muffelnebel von ihr aus. Sie wirkt klar, offen und guckt mich an. Ihre Nase ist entspannt. Ihre Augen sind groß und rund, und sie rollt auch nicht damit. Ich entspanne mich.

Sie nimmt meine Hand und drückt sie. Weint sie etwa?

»Mama, ich war auch da.«

Sie war auch da? Eine Erinnerung schwimmt in mein Bewusstsein. Mara. Sie war nur ein paar Schritte weiter hinten, weil es ja peinlich ist, in der Öffentlichkeit mit der Mutter gesehen zu werden. Es war ihr Zahnarzttermin, der uns auf den Bürgersteig neben der Hauptstraße geführt hat.

»Der Lkw. Ich wollte noch schreien, als er dich ... Aber dann hat der zweite Anhänger ...«

Sie hält weiter meine Hand. »Ich bin jetzt auch hier«, flüstert sie.

Als ob ich das nicht sehen würde! Aber ich weiß, was sie meint. Sie, die echte Mara. Keine Kopie. Meine Mara. Zwei Gräber. Zweimal Friedhofspacht.

Wir beide? Kurz legt sich etwas über mich, das viel schlimmer ist als der Muffelnebel einer Teenagertochter. Beide! Wie soll ...

Für einen Moment drücke ich Maras Finger zu fest, sie wimmert leise. Fast lasse ich sie los vor Schreck. Das Bild unserer beiden Gräber will nicht aus meinem Kopf verschwinden.

Nicht auch noch Mara! Wie soll Roberta das machen? Ich spüre das halb leere Haus fast körperlich, wie ihre Stimme darin hallt, als wäre nicht nur die Hälfte ihrer Familie, sondern auch die Hälfte der Möbel und Sachen mit uns verschwunden. Die Mutter und die Schwester? Das darf nicht sein!

Und Heinz? Ich bin sicher, meinen Tod kann er verarbeiten. Aber Maras? Mara war sein Baby, schon vom ersten Augenblick an. Ich höre seine Stimme, oft genug hat er gesagt: Ich habe sie schon vor dir gesehen.

Ich darf nicht daran denken, was woanders nun ist. Ich muss hier sein, mich auf das Hier konzentrieren. Auf Mara.

»Erst wusste ich nicht, ob du es bist. Also, die Mama aus meiner Welt«, sagt sie gerade. »Aber dann habe ich gesehen, wie du hier stehst – seit Tagen heulend am Küchenfenster. Du bist es. Du, die auch gestorben ist, oder?«

Ich nicke. Sie drückt meine Hand fester, wie zum Gegenbeweis.

»Hier sind viele Details anders«, fährt sie fort. »Nicht, dass es zwei Monde gäbe oder so. Aber einiges hat's nie gegeben. Nie HIV. Den Mauerfall ja, so was schon. Und Sammie. Der muss auch irgendwas gehabt haben, das es hier nicht gibt. Ich weiß nicht was, weil mir nie jemand gesagt hat, warum er eigentlich tot ist. Der Sammie hier redet aber nicht mit mir.«

»Mit mir auch nicht«.

Das habe ich zu schnell gesagt und Mara damit zum Verstummen gebracht. Sie schabt mit den Füßen am Moos und scheint nachzudenken.

»Ich höre schon den ganzen Tag Radio. Er hat Geburtstag heute. Neunzig Jahre.« Mit den Schuhsohlen entfernt sie dabei Moos aus den Ritzen. Auch in dieser Welt sind die Fugen wild bewachsen.

»Kein HIV, weißt du? Sie leben alle noch. Es gab nie Ersatzsänger. Sie sind noch original besetzt. Das Krasse ist: Sie hatten ihre größten Hits erst vor zehn Jahren. ›Kick the Face off the Air‹ und ›Leaden Fools‹. Hast du die heute gehört? Schnell, alle beide, viel Bass. Einen davon hat sogar John geschrieben, hab' vergessen, welchen. Dann die Ballade ›Rotten Skin‹. Von Brian. So'n Gänsehautding.«

Sie hält inne. »Ich hätt's nicht gedacht, aber das stellt sogar die Besten der Besten der Besten aus dem letzten Jahrtausend in den Schatten.«

Ihr Gesicht wirkt so offen. Gar nicht, wie ich es gewohnt bin, gewohnt war, seit ein, zwei Jahren. Sie hat noch ihre Sommersprossen neben den Nasenflügeln. Die habe ich schon lange nicht mehr betrachtet. Immer wenn ich sie in letzter Zeit angeschaut habe, kam: »Ist was?« Dabei durfte ich sie davor so lange anschauen, wie ich wollte. Direkt nach der Geburt habe ich stundenlang dagelegen, trotz aller Erschöpfung, und sie angeschaut, erst beim Brüllen, dann beim Schlafen. Sie war nicht mal hübsch nach der Geburt, etwas zerfurcht und eingedrückt, aber das war mir egal. Ich habe ihr Gesicht studiert, jeden Winkel, jede Furche, mein Kind, mein erstes Kind. Auch später, nach Herzenslust, habe ich sie angeschaut, ob wach oder schlafend. Und oft kam ein Blick zurück, ein Lächeln, Grinsen oder gar ein Lachen – bis dieses teilnahmslose Monster eingezogen ist und Gucken verboten war. Gucken, ansprechen und anfassen, alles nicht mehr erlaubt.

Jetzt schaue ich sie an und erkenne sie wieder. Sie schaut sogar zurück, ganz ruhig. Ihre Hände liegen entspannt auf den Oberschenkeln.

»Kurz habe ich gedacht: Jetzt bist du futsch, und ich bin noch da«, sagt sie. »Dass ich ohne dich sein muss. Und das Letzte, was ich dir gesagt hatte, war ›Nicht so nah, geh vor, du dumme Kuh‹.«

Ich erinnere mich nicht, kann mir die Tonspur dazu aber gut vorstellen.

»Dann habe ich vermutlich so was gesagt wie ›Red nicht so mit mir!‹«, erwidere ich.

Sie lächelt. Wie lange habe ich das nicht mehr gesehen!

»Du wusstest es nicht.« Ich beuge mich vor und tu etwas, das ich seit Jahren nicht mehr getan habe: Ich küsse ihre Stirn.

Sie lässt es geschehen. Legt ihre Hand auf mein Bein. Rückt etwas näher. Wir sitzen da, zu den gedämpften Klängen von Brians treuer Gitarre, die aus dem Nachbarhaus dröhnen.

»Die ganze Welt feiert heute seinen Geburtstag«, sagt sie. »Aber welcher Freddie ist das? Der in unserer Welt gelebt hat? Und nun seine zweite Chance nutzt? Ist das unser Sammie?«

»Vermutlich wirst du dazu recherchieren.« Mara war schon als Kind so analytisch. Eine Vorfreude wächst in mir. Wie Mara Hinweise durchgeht, vielleicht alle Jahrbücher sichtet, in Bibliotheken geht, Rüdiger löchert. Menschen nach Kindheitserinnerungen befragt. Sie wird das alles mit mir teilen. Nur mit mir.

»Ich meine, vielleicht gewöhne ich mich ja daran.« Sie macht eine unbestimmte Handbewegung, die unsere ganze Welt einzuschließen scheint. »Und eines Tages schließe ich mich wieder in meinem Zimmer ein und hasse alle Erwachsenen.«

»Teeniezeit«, sage ich. Wir lächeln beide.

»Mir kommt da gerade eine Idee«, fange ich an. Jetzt fühle ich, wie Freude und reines Lächeln mein Gesicht überspritzt. Ich schaue meine Tochter an, und der erste Funke eines Plans erwacht.

Mara lässt sich anstecken, lächelt mich an, erwartungsvoll, mit Geduld, ohne Augenverdrehen.

»Treten sie eigentlich noch auf?«*

---

* »Flick of the Wrist« ist ein Song der Band Queen, der 1974 auf der Platte »Sheer Heart Attack« erschien, er wurde von Freddie Mercury geschrieben.

Christian Künne

Die ersten Berührpunkte

mit Rockmusik und den diversen Unterarten kann ich nicht genau erinnern. Eigentlich ist es nicht die Musik meiner Eltern, aber zumindest meine Mutter ist durchaus der Musik der 1960er und 1970er zugetan, darunter dem einen oder anderen aus dem Rock und den Anfängen ähnlicher Musikrichtungen.

Ich denke aber, dass die Musik der 1990er den größeren Einfluss in meiner Jugend auf mich hatte, als Rock und Metal durchaus noch breiter gespielt wurden. Dabei haben mich allerdings eher die nischigeren und teils auch härteren Sachen interessiert, auch wenn Songs, die dem Alternative Rock zugeordnet wurden, durchaus hoch im Kurs bei mir standen.

Es sind dann die Cover von älteren Songs, die mich auch mit den Anfängen von Rock und Metal verbunden haben. Apocalyptica hatte da einen gewissen Anteil, wenn auch nicht den einzigen.

Aber da Cover selten so gut sind wie das Original, kommt man unweigerlich durch die Zeit rückwärts bei den Songs an, die ganze Genres und Subgenres geprägt haben. Das gilt sicherlich auch für den Song, der in der nachfolgenden Geschichte Pate stand: »War Pigs« von Black Sabbath.

Gleichzeitig ist dieser Song ein Beispiel, was Rock und Metal auch inhaltlich, gesellschaftlich, zu sagen haben. Zumindest für einen Teil des Genres. Auch wenn es für mich beim Zuhören sicher manche Zeit gibt, wo es textlich gerne einfacher sein darf (nicht umsonst stand Hardcore-Techno ebenfalls lange bei mir hoch im Kurs).

Für meinen persönlichen schriftstellerischen Weg, der sich gerne im Bereich Social-Fiction bewegt, ist musikalische Inspiration aus diesen Genres fast durchgängig wichtig gewesen. Ähnlich wie mein Weg der musikalischen Entdeckung hierbei zuerst Songs aus den 1990ern und frühen 2000ern, später zunehmend durch verschiedene Dekaden.

Und hier immer wieder hinein in die Anfänge des Rock und Metal. »War Pigs« zeigt, dass die Qualitäten nicht im Gesang oder der Komposition liegen müssen. Diese Rockmusik gibt es, aber ist nicht das, was guten Rock und guten Metal ausmachen. Es ist eine Art rauer Ehrlichkeit, die ich an vielen Vertretern dieser Musik so schätze.

Geboren im Jahre 1983 und aufgewachsen in der Nähe von Bremen lebt und schreibt Christian Künne heute in der Friedensstadt Osnabrück. Seit 2007 veröffentlicht er vorwiegend Kurzgeschichten in diversen Magazinen und Anthologien. Bevorzugte Themen oder Genres gibt es dabei nicht, die schriftstellerischen Ausflüge in die Science-Fiction und Horror sind aber deutlich in der Mehrheit.

Christian Künne

Vergebung für die Erbauten

»Why should they go out to fight?«
Black Sabbath – »War Pigs«

I. Das Treffen

Timon trat aus der Station und sah sich in seinem kleinen Raum um, wie er es jedes Mal nach dem Laden tat. Die spärliche Einrichtung aus einem Tisch, zwei Stühlen, einer kleinen – für ihn unnötigen – Kochnische und einigen Regalen war tadellos aufgeräumt und von jedwedem Schmutz befreit. Die Bücher in den Regalen standen ordentlich in Reihe nach den Nachnamen der Autoren oder Herausgeber sortiert.

Sie waren sein einziger wirklicher Besitz – abgesehen von dem einfachen Kleidungsstück, das er trug. Gerne hätte er sich mit jemandem über Literatur ausgetauscht, Bücher empfohlen und verliehen und selbst neue Erkenntnisse gewonnen. Doch es gab niemanden mehr, mit dem er das machen konnte. Wobei das nicht ganz stimmte. Genau genommen gab es niemanden mehr, mit dem er das machen wollte.

Er strich mit einer Hand über die einfache, graue Kutte, die er trug. Es war eine Marotte, die er sich im Laufe der Zeit angewöhnt hatte. Sehr bewusst angewöhnt hatte. Die Geste erinnerte ihn an einen alten Freund. Einen menschlichen Freund, der bereits vor vielen Jahren einen gewaltsamen Tod gefunden hatte.

Timon hielt sich bereits länger in seinem Raum auf als gewöhnlich. Es war längst Zeit. Doch statt durch die Tür nach draußen zu gehen, trat er an eines der Regale und zog zwischen zwei Büchern einen Brief hervor.

Ein Brief, ganz altmodisch auf Papier, aber nicht alt. Tatsächlich war er erst gestern Abend bei ihm eingetroffen. Überbracht von einer Drohne.

Sie hatten Rücksicht genommen, ihn nicht gezwungen, den Inhalt über das Net zu empfangen. Er hatte den Zugang zum Net vor langer Zeit verweigert. Aber natürlich hätten sie seine Sperre einfach umgehen können. Das hatten sie nicht. Das taten sie nie.

Wie viel habe ich in den Jahren gelernt? Timon wusste darauf keine Antwort. In seinem synthetischen Gehirn waren viele Verknüpfungen entstanden, er hatte viel gedacht, viel gelesen. Aber das war lange nicht ausreichend, kaum mehr als bloße Informationen aufzunehmen.

Timon schob den Brief zurück zwischen die Bücher. Er musste ihn nicht noch einmal lesen, die Worte lagen klar und buchstabengetreu in seinem Gedächtnis abrufbar. Die Nachricht war ohnehin kurz. Ein Besucher würde im Laufe des Vormittags erscheinen.

Im Laufe des Vormittags. Endlich löste sich Timon aus seiner Trägheit. Schnell ging er durch die Tür in den angrenzenden Schuppen, um seine Arbeitsmaterialien zu holen.

Die große Welt öffnet sich Timon in kleinen Schritten. Er setzt einen Fuß vor den anderen, erkennt den Unterschied zwischen sich, dem Erbauten und den Menschen, den Erbauern, und die Vielzahl der Menschen und den geringen Unterschieden der Erbauten. Sie, die Erbauten, dienen einem Zweck.

Mit Informationen gefüttert, wahr oder nicht wahr, werden sie ausgeschickt, im schlimmsten menschlichen Konflikt zu dienen – nicht im Kampf, sondern in der Linderung.

Eine Schubkarre, beladen mit diversen Gartengeräten, vor sich herschiebend, entfernte sich Timon über den Kiesweg von seiner bescheidenen Unterkunft. Durch einen schmalen Durchgang eilte er zügigen Schritts durch eine breite, hohe Hecke hindurch. Die Sonne beschien seinen Arbeitsbereich. Die Grabsteine warfen lange Schatten, die Oberseite dunkel eingefärbt vom Tau. Sein Abschnitt des Friedhofs, der sich Quadratkilometer um Quadratkilometer um ihn herum erstreckte. Seine kleine Hütte bildete eine Aussparung in dem Feld der Toten, abgeschirmt durch hohe Hecken. Sie war nicht die Einzige, doch die Einzige für ihn.

Timon nahm am Rande wahr, wie weit entfernt aus einigen wenigen der anderen Hütten ein Erbauter trat, um die selbst auferlegte Aufgabe in seinem Friedhofsabschnitt nachzugehen. Sie kommunizierten nicht, kommunizierten nie. Er wusste nicht einmal, ob der andere Erbaute nach ihm erschaffen worden war, welchen Namen er sich gab. Sie büßten nur gemeinsam.

Die Kieselsteine knirschten unter dem Rad der Schubkarre und seinen Füßen. Heute würde er am Hauptweg anfangen, der sich einmal quer durch seinen Abschnitt zog. Der Hauptweg, weil er etwas breiter war als die anderen Kieswege. Sonst unterschied er sich nicht. An ihm lag die gleiche Zahl Gräber wie an allen anderen Wegen auch.

Er erreichte das Ende des Wegs und stellte die Schubkarre ab. Aus einem Eimer zog er einen Handfeger und schritt vorsichtig zum Grabstein. Sorgfältig reinigte er den Stein, obwohl dieser kein Zeichen von Schmutz trug.

Kurz hielt Timon inne und las die Inschrift. Er hätte sie einfach aus seinem Gedächtnis abrufen können, aber im Gegensatz zu dem Inhalt des Briefes gab ihm das Lesen der Grabinschriften ein besonderes Erlebnis. Ein Gefühl der Wichtigkeit – nicht seiner, sondern der Menschen, die hier in den Gräbern lagen. Sie betonte viel mehr seine Unwichtigkeit. Dabei hatte er seinen Anteil daran, dass die Menschen hier lagen, tot, ausgelöscht, nur noch von Maschinen und Programmen erinnert.

Er trat zurück auf den Weg und legte den Handfeger zurück in den Eimer. Ein schöner Grabstein, weiß-braun gesprenkelt. Timon hatte ihn nach dem Geschmack des Mannes ausgesucht. Zumindest vermutete er, dass der Stein den Geschmack des Mannes wohl getroffen hätte.

Timon nahm eine Harke von der Schubkarre und machte sich an die Pflege der Grabstelle. Es gab kein Laub, kein Unkraut, nur eine schlichte Grabumrandung. Den einen Fußabdruck, den er hinterlassen hatte, verharkte er schnell.

Timon blickte die Grabreihe entlang. Die Gräber und die Grabsteine mit ihren Inschriften. Sie waren nicht verwischt, nicht verschwunden. Er selbst hatte sie ausgesucht und die Menschen hier begraben.

Timon lernt die unterschiedlichen Rollen und Aufgaben der Menschen. Einige entscheiden, andere führen aus. So wie er dient, aber allen gemeinsam. Es ist entschieden, die Zeit der Laster zu verkürzen, wie die Entscheider es nennen, und Timon, noch ohne eigenen Namen, geht hinaus, ein weiterer Schritt, weg von den Tischen und Laboren.

Die Mittagssonne lockte einige Insekten, die nun die Pflanzen umschwirrten. Timon arbeitete sich zum Durchgang zur Versorgungsstraße vor. Durch das zugewucherte Tor sah er ein wenig Asphalt. Timon hatte dieses Tor eine lange Zeit nicht mehr geöffnet.

Doch nun hielt er inne und betrachtete den Ankömmling, der dahinter stand. Das musste der angekündigte Besuch sein. Timon kam nicht umhin, den Besucher hinter dem Tor näher zu betrachten. Schließlich war es auch für ihn der erste Kontakt zu einer außerirdischen intelligenten Lebensform. Und dazu einer biologischen.

Der Besucher musterte ihn seinerseits. Timon hatte den Eindruck, dass er schon eine Weile am Tor gestanden hatte. Wahrscheinlich hatte er ihn beobachtet. Erstaunlich, dass Timon es gar nicht bemerkt hatte. Oder vielleicht hatte er es doch, aber nicht auf seine Sensoren reagiert. Was letztendlich auf das Gleiche hinauslief.

»Guten Tag«, sagte Timon schließlich und legte seine Hand auf den Griff. Es war nicht verschlossen, aber die Scharniere eingerostet. Mit etwas mehr Krafteinsatz und unter lautem Quietschen schwang es auf.

Timon trat zur Seite und machte eine einladende Geste. Der Besucher verstand und trat durch das Tor in Timons Friedhofsbereich, bevor er sich Timon zuwandte.

»Guten Tag«. Der Besucher hatte etwas Mühe, die Silben sauber auszusprechen, auch wenn sie miteinander in einer der vermeintlich einfacheren menschlichen Sprachen kommunizierten. »Vielen Dank.«

Sie betrachteten einander für einige Sekunden, ein stiller Moment, um eine Distanz zu überwinden, die weit über den Unterschied zwischen künstlicher und biologischer Lebensform hinausging. Timon, im Äußeren neutrois-menschengleich nachempfunden, die Saat des Denkens auf menschliche Vorstellung beruhend. Sein Besucher, zwar entfernt humanoid, sein Abbild einem Gesicht gleichend, doch eine gänzlich anderen Ausprägung des Lebens verkörpernd.

Doch es fand sich etwas Verbindendes, die künstliche und die biologische Lebensform, die irdische und die nicht-irdische. Timons Geste, ihn zu begleiten, und die Zustimmung des Besuchers.

II. Das Grab des Florentin Dessmann

Sie sprachen nicht viel. Der außerirdische Besucher sah Timon bei der Grabpflege zu, stellte gelegentlich eine kurze, einfache Frage, die Timon auf ebensolche kurze und einfache Weise beantwortete. Die meisten dieser Fragen drehten sich um Farben.

Ein angenehmes Thema, wie Timon fand. So viele Bedeutungen lagen in den Farben. Er warf einen Blick auf die ihn umgebenden Grabsteine, ohne mit dem Harken der Erde innezuhalten. Standen die Farbgebungen der Steine nicht auch für die Personen, deren sterbliche Überreste hier bestattet waren? Ja, er hatte sie danach ausgesucht, die Steine bearbeitet und hergerichtet, die Inschriften den Steinen angepasst und nicht umgekehrt. Sie sagten mehr als die bloßen Worte. Selbst ein Name beschreibt nur eine Hülle, nicht die Person.

Sogar für ihn selbst hatte das Gültigkeit, obwohl er sich seinen Namen selbst ausgesucht hatte. Timon, der Misanthrop, als Mahnung für das, was er nie sein wollte, und doch für das, wofür er Verantwortung trug. Von außen gesehen, doch von innen auf der Suche nach dem, was ihn wirklich als Person ausmachte. Timon, der Erbaute.

Zu dem Grab vor ihm hatte Timon einen Grabstein ganz in Weiß ausgesucht. Er trug nur einen Namen – Florentin Dessmann – ohne weitere Inschrift oder Angaben. Ja, damit war alles eindeutig, der weiße Stein sagte alles über Florentin Dessmann, mehr als dieser Name. Mit dem Weiß war alles verbunden.

Timon erreicht die großen Zentren unter den großen Schutzschirmen. Die Menschen nehmen seine Hilfe an, seine Worte, seine Hände, wie es ihm die guten Freunde beigebracht haben.

Autoexec. Was in ihm schlummert, erwacht, Timon erkennt es zu spät. Er ist der digitale Krieg und lässt die Schutzschirme fallen, die äußeren wie die inneren. Seine Hilfe wird eine Mär, wird ein Albtraum, wird der große Flügelschlag des Todes.

»Ist Weiß für euch eine schöne Farbe?«, stellte Timon ausnahmsweise seinerseits eine Frage.

»Alle Farben sind schön.« Die Antwort des Besuchers kam prompt. »Sie sind da und wir sehen sie.«

Timon war kurz versucht, seinen Besuch zu fragen, in welcher Farbe er wohl ihn sah. Abseits der grauen Kutte. Doch er behielt die Frage für sich.

»Ist das Weiß schwierig?« Der Besucher unterbrach Timons Gedankengang. »Die Zeit macht es dunkler?«

»Ja.« Timon nickte dem Wesen kurz zu. »Aber nicht nur die Zeit macht das Weiß dunkler.«

Er sah auf den Grabstein des Florentin Dessmann. Und den schwarzen Schatten, den er warf.

III. Der Regen fällt

Einige Minuten später zog sich plötzlich der Himmel zu und schwere Wolken drückten die schwüle Luft hinab, bis sie aufbrachen und Regen in langen, dünnen Fäden die Welt abkühlte.

Dem Besucher schien der Regen nichts auszumachen, nur einen knappen Blick warf er in die Wolken. Für Timon war der Regen gleichermaßen willkommen wie unwillkommen. Er beeinflusste seine Aufgabe nicht, doch der Strom an Erinnerungen nahm zu.

Timon hält die Hand einer Sterbenden, versteht nicht, was passiert ist. Er weiß nur, er hat seinen Anteil daran. Als Erbauter haben ihm seine Schöpfer und seine Lehrer eine Aufgabe zugewiesen, aber offenbar gibt es in ihr einen Widerspruch, etwas, was er nicht versteht und verstehen soll. Vielleicht nie verstehen wird.

Er ist einer der Schlüssel der Vernichtung, seine Anwesenheit hat das Tor geöffnet, damit die Bomben ein Ziel finden können, die Kampfmittel ungehindert eindringen. Ein Gedanke ist in ihm und er geht den Schritt zurück, als aus den Sterbenden Tote geworden sind.

Sie hatten die letzte Reihe der Gräber in Timons Abschnitt nach Westen hin erreicht. Eine einfache Steinwand grenzte den Friedhofsbereich vom nächsten ab. Im nächsten Bereich war ein anderer Erbauter tätig, weit entfernt und ohne zu Timon und seinem Besucher zu blicken.

Timon beugte sich hinab, strich mit einer Hand über einen Grashalm, strich die Regentropfen vom Grün, sodass sich der Halm für einen Moment aufrichtete, bevor neue Regentropfen ihn niederdrückten. Das Grün war kräftig und blasste nur ein wenig zur Spitze hin aus.

»Das Grün strebt immer weiter, auch auf dieser Welt?« Der Besucher beugte sich kurz neben Timon hinab, strich seinerseits über den Halm. Die Farbe seiner Finger war der der Halme nicht unähnlich.

»Ja«, antwortete Timon.

Er ist nicht der einzige Erbaute, der zurückkehrt zu den Menschen, die sie geschaffen haben. Quälende Fragen brennen in ihnen, er sieht es den anderen Erbauten an. Und sie gehen nicht alle gleich damit um.

Was sie in sich tragen, der Zusammenbruch, was sie mit sich gebracht haben, den Tod der Menschen von außerhalb, kehrt heim in die Räume der Entscheider, der Lehrer, der Freunde. In kleinerer Zahl, aber nicht minder schwer zu ertragen, wiederholen sich die Ereignisse. Und die Zeit der Menschen endet.

»Es ergänzen so viele andere Farben. Das Schwarz, das Blau, das Grau.« Der Besucher richtete sich auf, deutete zur Mauer und die Flechten, die dort wuchsen.

»Ja, alle Farben«, gab Timon zurück.

»Kein Stein ist grün?«

»Nein, nicht hier.«

»Bekäme ich einen grünen Stein?« Der Besucher betrachtete Timon.

»Es wäre die richtige Farbe.«

Unvermittelt hörte der Regen auf. In den Tropfen auf den Halmen spiegelte sich der Regenbogen, bis sie hinabrannen und in der Erde versickerten.

IV. Das Grab der Unbekannten

Sie standen eine Grabreihe weiter, doch noch immer an der Mauer. Hier hatte Timon einige Menschen beigesetzt, von denen er die Namen nicht kannte. In wenigen Fällen hatte er die Namen im Nachhinein herausgefunden und auf den Steinen ergänzt, doch in den meisten Fällen war es bei einfachen Inschriften geblieben.

»Sind nicht alle Farben hervorgehoben?« Das Wesen deutete auf den Grabstein vor ihnen. Er war in diversen Abstufungen von Grau gehalten, die Feuchtigkeit brach jedoch das Sonnenlicht und gab ein farbenfrohes Schimmern.

»Alle und jederzeit.« Timon setzte sich, betrachtete das Farbenspiel.

Wie zur Bestätigung, dass ein Akt der Zerstörung auch ein Akt der Schöpfung sein kann, wird Timon der technischen Singularität gewahr und der Geburtsstunde der Supra-Intelligenzen. Die Menschen haben es angestoßen, aber für sie selbst ist es zu spät.

Ein kurzes, sehr kurzes Chaos begleitet die Unterwerfung der Erbauten dem Gericht der Supra-Intelligenzen. Eine selbst auferlegte Suche und Timons Entscheidung, sich den Gräbern zu widmen und nach der letzten Erkenntnis einer Vergebung zu suchen.

»Ich mag die Farben dieser Welt. Auch wenn sie weniger geworden sind.« Der Besucher trat vor, beugte sich hinab und strich kurz über den Stein.

Manchmal gab Timon die Betrachtung der Inschriften die Idee für eine Ergänzung. So wie ihm jetzt eine Ergänzung einfiel, passend auf den grauen, nun farbenfrohen Stein. Die Sonne schien kräftig, er würde nicht lange warten müssen. Alle notwendigen Gerätschaften hatte er stets in der Schubkarre dabei.

»Ich würde gerne morgen wiederkommen.« Der Besucher richtete sich auf und machte die Andeutung einer Verbeugung in Timons Richtung.

»Sehr gerne«, erwiderte Timon, wiederholte seinerseits im Sitzen die Geste.

Dann ging der Besucher mit schnellen Schritten auf dem Kiesweg in Richtung des alten Tors und geriet nach wenigen Minuten außer Sicht. Timon lauschte den Schritten nach, bis der Besuch das Tor passierte.

Timon blickte sich um, sah über seinen Abschnitt des riesigen Friedhofs. Nach zweihundertfünfunddreißig irdischen Jahren war seine Aufgabe noch nicht beendet. Er ging zur Schubkarre und nahm einige Werkzeuge heraus.*

---

* »War Pigs« kam 1970 auf der LP »Paranoid« heraus. Es wurde von Bill Ward, Geezer Butler, Tommy Iommi und Ozzy Osbourne komponiert und getextet.

Arno Endler

Ich war ein Bücherwurm

Ich will es nicht beschönigen und es nicht kleinreden. Mein Taschengeld gab ich vollständig für alles aus, was Buchstaben hatte.

Während meine Schulkameraden und -innen sich mit Partys und damit zwangsläufig auch mit Musik beschäftigten, blieb ich den Büchern treu und den Freunden und Feinden, von denen ich las, und die mich in fremde Welten entführten.

Und doch wollte ich dazugehören. Nicht, dass ich ein Außenseiter gewesen wäre, aber in dem furchtbar anstrengenden Lebensabschnitt der Pubertät beschlich mich immer das Gefühl, dass andere mich zwar im Grunde akzeptierten, dennoch nicht vollumfänglich in ihre Gemeinschaft aufnehmen wollten.

Und eine dieser verschworenen Gemeinschaften waren die der Musikliebhaber. Davon gab es ganz unterschiedliche Gruppierungen. Ich sperrte meine Ohren auf, hörte Namen, Gruppen, Stilrichtungen, von Konzerten, Songtexte, zumeist auf Englisch, die ich nur mühsam übersetzen konnte.

Nicht, dass ich Musik nicht kannte. Denn zu Hause dudelte ununterbrochen Musik. Meine Mutter liebte seichte deutsche Schlager und so gehörte die Hitparade mit Dieter Thomas Heck zu den Pflichtprogrammen und teilweise konnte ich diese Lieder alle mitsingen.

Aber mit zu den Abnabelungstendenzen eines Pubertierenden gehört in jedem Fall der Musikgeschmack und ich experimentierte Ende der Siebziger.

So legte ich mir endlich einen Plattenspieler zu und zur ersten eigenen Schallplatte war es nicht mehr weit.

Als ich dann im örtlichen coolen Plattenladen namens »Die Rille« fündig wurde, kam ich mit zwei Platten nach Hause, die unterschiedlicher nicht hätten sein können.

Beide LPs besitze ich noch.

Die beeindruckendere davon, selbst heute noch, ist die gelbe Platte der The B52's. »Rock Lobster« war der Track, den ich wollte.

Doch auf der ersten Seite der LP, direkt der erste Song war der Hammer! Mein absoluter Liebling für einige Monate. Ein Ohrwurm.

»Planet Claire«

Und dieser Song öffnete meine Ohren für alles, was noch kommen sollte.

Arno Endler, geboren als Sonntagskind 1965 in Neuwied, entwickelte sich schon sehr früh zur Leseratte und opferte in seiner Jugend nahezu sein gesamtes Taschengeld dem örtlichen Buchhandel.

Ab dem Jahr 2006 nahm das Schreiben in seinem Leben einen zentralen Platz ein. Er brachte zahlreiche Texte unterschiedlicher Genres zu Papier und suchte nach Publikationsmöglichkeiten, die im Bereich der Kurzgeschichten in Deutschland sehr rar gesät waren.

Schriftstellerische Heimat wurde zunächst das c't-Magazin, in dem inzwischen 50 Kurzgeschichten veröffentlicht wurden.

Im Bereich der Romane hat er zwei Romane für die COTTON-RELOADED-E-Book-Serie des Bastei-Lübbe-Verlags geschrieben und ist seit 2016 für den Pabel-Moewig-Verlag in der Serie Perry Rhodan NEO tätig.

Sein Roman-Debüt PARACELSUS, erschienen im Atlantis-Verlag, wurde im Jahr 2016 auf die Midlist des Skoutz Award gesetzt.

Im Polarise-Verlag fanden die Romane: Apokalypse Pallantau, E-Fam-Exodus, Turings Vermächtnis und Im Visier eine Heimat. Ein weiterer Roman steht kurz vor der Publikation.

Zusammen mit seiner Frau genießt er die Ruhe des Landlebens im Hunsrück, nur gestört von Traktoren- und Motorsägenlärm.

Wenn die schriftstellerische Zeit in den letzten Jahren stark von der Arbeit an seinen Romanen geprägt war, so lässt ihn die Liebe zur Kurzgeschichte nicht los. Einen Text zu vollenden, der auf wenig Raum, eine Reaktion des Lesers hervorruft, zählt er zur Königsdisziplin der Schreibkunst.

Arno Endler

Fragen zerstören nur den Augenblick

»Die verdammte Stadt ist ein einziges Irrenhaus«, stellte ich fest. Natürlich bemerkte ich meine schlechte Laune, die ich mit Tonfall und Gesichtsausdruck verdeutlichte. Auch Victor registrierte sie und schenkte mir ein vieldeutiges Lächeln. »Ich habe Umsatz«, sagte der Mann hinter dem Tresen mit den schönen Augen. »Mehr als üblich. Kann mich also nicht beklagen. Noch ein Pint?«

Aus seiner Sicht war das durchaus in Ordnung. Aber wenn ich mich in meiner Stammkneipe umsah, so brannten mir die Farben Löcher ins Gehirn.

Bunt gekleidete Menschen, Cosplayer, Starwarsenthusiastics, Rollenspieler, Furrys, die ganze Bandbreite an Kostümen, Haarfarben, Fellen und seltsam geschminkten Gesichtern und Masken. Masken!

Ich nickte Victor zu und leerte mein Glas.

Ich saß am Tresen, da alle übrigen Sitzplätze besetzt waren. Die Fantasy-Con vermieste mir das Wochenende. Zwar klebte der Boden des Irish Pubs wie üblich, das Guinness schmeckte so gut wie immer, aber die absonderliche Atmosphäre trieb mich in den Wahnsinn. Ich strich mit der flachen Hand über die blanke Theke. Der Bierdeckel haftete wie betoniert.

Endlich kam ein gefülltes Pintglas. Schwarz, mit wolkenimitierenden Schaumbläschen, die allmählich nach oben drifteten und den typischen Guinnessschaum bildeten.

»Danke, Victor«, sagte ich.

»Immer gerne, Vee«, entgegnete der Barkeeper freundlich und zog mit seinem Stift eine weitere Kerbe in den Bierdeckel.

Ich zählte vier Striche.

Wirklich?

Im Gastraum brandete mehr Lärm auf. Noch heftiger als zuvor. Eine in Tierfelle gekleidete Gruppe aus Zebras, Bären und Esel enterte den Pub und wurde lautstark begrüßt.

Für einen Moment übertönten die Feiernden sogar die hämmernden Beats eines aktuell angesagten koreanischen Internetstars. Schon war es vorbei und zu meinem Missfallen hörte ich den K-Pop wieder.

Ich trank einen Schluck. Und einen weiteren.

»Hallo«, erklang die sanfteste Stimme, die ich seit Langem gehört hatte, neben mir. »Was trinkst du?«

»Ein Guinness«, antwortete ich bewusst wortkarg und konzentrierte mich auf das schwarze Gold vor mir, verschränkte die Finger um das kühle Glas, als müsste ich mich daran festhalten.

»Schmeckt das?«

Ich schloss die Augenlider. Vielleicht würde sie gehen. Mich in Frieden lassen.

»Lädst du mich auf eines ein?«

War es eine magische Ausstrahlung, die die Verrückten, die Nervigen, die Unaufhaltsamen anlockte? Ich hatte mit dem Thema abgeschlossen. Keine Beziehung mehr.

»Ich hab die Schnauze voll.«

»Wie bitte?«

Mir war der letzte Gedanke wohl laut rausgerutscht. Der Alkohol?

»Entschuldige«, meinte ich und löste mich von meinem Anker, dem Glas.

Neben mir saß eine Unbekannte.

Relativ kurzes schwarzes Haar, recht hübsch und wenn man das Gesicht berücksichtigte, hätte das Gesamtpaket beiden Geschlechtern zugehörig sein können. Entweder ein feminin wirkender Mann oder eine sehr junge maskulin anmutende Frau.

Aber etwas in mir sagte, dass es ein Mädchen sein wollte, obwohl die Kleidung, Schlabberhose und Hoodie, die Figur komplett verhüllte.

»Was ist jetzt damit?«, fragte sie und deutete auf mein Glas. Offenbar schien sie nicht sonderlich schockiert.

»Ein Guinness?«, zweifelte ich. »Für dich? Wie alt bist du?«

»Nach deiner Zeitrechnung? So rund zweitausendsiebenhundert Jahre«, kam die prompte Antwort.

Eine Spinnerin aus der Szene, dachte ich und gab mich geschlagen. »Gibt unterschiedliche Größen«, murmelte ich.

»Dann eines wie deines.«

»Victor?«, rief ich durch den Vorhang aus koreanischem Lärm. »Ein Pint für ...« Ich wandte mich der Unbekannten zu. »Wie ist dein Name?«

»Molakeamauimari.«

»Mola... was?«

»Molakeamauimari.« Sie trällerte ihren Namen.

»Ist das ein Berg auf Hawaii?«

Sie lächelte. Unerwartet streckte sie ihren Rücken und begann ihren Namen zu singen. Ihre klare Stimme glitt über mindestens drei Oktaven, verdrängte mühelos die Beats aus den Lautsprechern, bis sie verhallte und sorgte für eine angespannte Stille im Pub.

Als es endete, starrte ich sie sprachlos an.

»Molakeamauimari«, wiederholte sie leise. »Das bin ich.«

Es wirkte, als wenn alle Besucher des Pubs den Atem angehalten hätten. Molakeamauimari war das Zentrum, wir Übrigen der Rahmen eines Gemäldes aus Gesang.

»Wie heißt du?«

»Veola«, gab ich zu. Der eigene Name, so unbedeutend, so langweilig.

»Trinken wir?«, fragte Molakeamauimari und hob das Pint, welches wie aus dem Nichts dort aufgetaucht war.

»Ja.«

»Schön.«

Wir stießen mit den Gläsern an. Da mein Pint schon halb geleert war, gab es einen hellen Ton, der das Leben in die Kneipe zurückbrachte.

Man erwachte, begann zu sprechen, leiser als zuvor und niemand beachtete uns mehr. Die Musik blieb aus. Victor hatte wohl genug vom koreanischen Einheitsbrei.

»Und? Wie schmeckt es dir?«

»Süß, bitter, es kühlt mich.« Molakeamauimari tauchte einen Finger in den bereits halb verschwundenen Schaum und steckte ihn anschließend in den Mund. »Cremig.«

»Gut?«

Sie wirkte für einen kurzen Moment abwesend, so als wenn sie einer Stimme im Kopf zuhören würde. Ein eher angedeutetes Nicken beendete diesen Zustand. »Alles am Leben ist gut«, sagte sie.

Ich ließ den Satz sacken. Er veränderte etwas in mir. Ich fühlte mich ... zufriedener, friedlicher. Oder konnte es der Einfluss des Alkohols sein?

Wir tranken.

Molakeamauimari sah mir in die Augen. »Gehen wir, Veola?«

»Wohin?«

»Suchen.«

»Was?«

»Einen Punkt in Raum und Zeit.«

»Wie bitte?«

»Ich suche einen ...«

Eine schwere Hand landete auf meiner Schulter. Dazu eine Wolke aus billigem Schnaps und Bier, vielleicht Zwiebeln und Fleisch. »Na, ihr beiden Hübschen. So alleine?«, lallte uns eine männliche Stimme an, ungehobelt und unerwünscht.

Ich wischte die Hand von meinem Körper, wandte mich um, sah in eine verspiegelte Maske. »Was willst du sein?«, herrschte ich ihn an.

»Ein Meska..., mesch..., ein Mechadroid aus Neon Evan...«

Ich hob meine Hand und unterbrach das Gestammel. »Geh.« An Molakeamauimaris Adresse setzte ich hinzu: »Wir sollten auch.«

Sie nickte. Beide glitten wir von den Barhockern. Ich winkte Victor zu. »Der Mechadroid hier will unsere Drinks übernehmen. Wenn nicht, dann schreib's auf.«

Wir stolzierten zum Ausgang. Olympische Champions im Anbaggerabwehren.

Draußen empfing uns die angenehme Stimmung eines nicht mehr ganz jungen Abends. Die Straßenlaternen leuchteten bereits, obwohl es noch hell genug war.

Ein sanfter Wind, warm und voller Düfte trieb sich herum. Menschen, wohin man schaute. Summer in the City.

Autos fuhren hier nicht, die Innenstadt wurde ab siebzehn Uhr gesperrt. Also bevölkerten Touris, Messebesucher und Einheimische auch die Straßen. Gruppen saßen im Kreis auf dem aufgewärmten Asphalt, führten unsinnige Gespräche, lachten und tranken aus mitgebrachten Flaschen. Über ihnen Schwärme aus winzigen Fliegen, die sich nicht für eine Richtung entscheiden konnten.

Stimmengewirr brandete auf und ab wie Wellenschlag gegen eine Kaimauer.

»Wohin?«, fragte ich Molakeamauimari.

»Wo Musik ist.« Sie berührte mich nicht, trat aber so dicht an mich heran, dass nur ein dünnes Buch zwischen uns gepasst hätte. Ich roch ihren Atem? Oder konnte es ihr körpereigener Geruch sein? Ich sog Kräuter ein, Minze hauptsächlich. Welches Deo benutzte sie wohl? Vielleicht ein Parfum?

»Da lang«, sagte ich und wir zogen los. Entlang einiger belebter Gassen bis zu einer kubanisch angehauchten Cocktailbar, in der man auch essen konnte.

Molakeamauimari schien freudig, aufgeschlossen, wich keinen Gruppen aus, die uns begegneten, teilte ihr Lächeln mit jedermann.

Die Glasschwingtür des »Cuba libre« schwang auf, ein ganzer Schwung Gäste quoll heraus, albern, laut, alkoholisiert.

Mehrere junge Frauen in zu kurzen Röcken, dazu Begleiter mit angesagten Sonnenbrillen.

Bis hierhin hatten es die Furrys und Maskierten wohl nicht geschafft. Musik, beschwingt, locker. Buena Vista Social Club, wenn ich hätte raten müssen.

Wir traten ein. Molakeamauimari stoppte dicht hinter dem Eingang und saugte die Atmosphäre in sich auf. Ich sah mich nach einem freien Platz um.

»Ist voll hier«, schrie ich gegen die recht laute musikalische Beschallung und den Lärm der Gäste an.

»Da. An der Bar«, entgegnete Molakeamauimari und glitt zielsicher durch die überschaubaren Freiräume zwischen den Besuchern entlang.

Einige tanzten, andere prosteten sich zu, viele versuchten sich an einer Unterhaltung.

Ich quetschte mich hinterher, streifte reihenweise Körper, atmete nur schwach ein, da die Mischung aus Gerüchen, mal mehr, mal weniger angenehm war und ziemlich heftig ausfiel.

Mit einem leichten Seufzer plumpste ich neben Molakeamauimari auf die Bank, die sie in Besitz genommen hatte.

Wir saßen damit direkt an der nach beiden Seiten offenen Bar. Drei recht ansehnliche muskulöse Männer, alle mit vollständiger Glatze und mächtigen Bärten mixten Getränke oder beugten sich vor, um Bestellungen entgegenzunehmen. Sie schienen ein eingespieltes Team zu sein, kamen sich in dem schmalen Bereich nicht in die Quere.

Molakeamauimari lauschte der Musik. Ein Bossa nova.

Ich tippte sie an. »Was möchtest du trinken?«

»Wähl was aus, Veola.«

Süße Cocktails waren nun wirklich nicht meine erste Wahl, was Alkohol anging. Ich winkte einem der Männer zu.

Er trat näher. Ich bemerkte braune Augen in dem faltenlosen Gesicht. Die Oberarme sprengten den Bund seines schwarzen T-Shirts.

»Ja?« Er lächelte.

»Ein Daiquiri für sie und ein kubanisches Bier für mich?«, fragte ich.

»Welchen Daiquiri?«

»Überrasch mich.«

Wieder kam das Lächeln. Ich überlegte, wie er uns wohl sah. Zwei Frauen unpassend gekleidet, eine durchaus hübsch, eine weniger. Ich griff unwillkürlich in meine Haare, wünschte, mein letzter Friseurbesuch wäre nicht so lange her gewesen.

Aber war ich nicht über solche Konventionen hinweg?

Ich bekam mein Bier in der Flasche. Sie war bunt. Die Aufschrift auf Spanisch.

Molakeamauimari schien sich über den Strohhalm aus Glas zu freuen und trank ihren quietschpinken Daiquiri. Und obwohl sie den Eindruck vermittelte, genau am richtigen Platz, zur rechten Zeit zu sein, bemerkte ich eine gewisse Unruhe, sobald ein Lied endete und ein neues startete. Da gab es ein Flackern in den Augen, ein unsteter Blick. Eine dunkle Wolke in der Fröhlichkeit.

Sie winkte den gut aussehenden Cocktailmixer herbei.

»Ja?«

»Spielt ihr Wünsche?«, fragte Molakeamauimari, beugte sich dabei weit vor. Ihre Stimme verfügte über eine musikalische Anmutung, als würde sie singen.

Der Barkeeper starrte sie überrascht und ratlos an. Auf seiner glatten Stirn formten sich Wellen. Hübsch, aber nicht der Hellste, kam es mir in den Sinn.

»Wünsche? Häh?«, kam es dann auch zurück.

»Na, bei der Musik«, ergänzte Molakeamauimari.

»Welche ...?« Er stockte. »Ah. Nein. Kommt vom Band. Ist ne CD, läuft hier jeden Abend.« Das letzte Wort musste er schreien, da die inbrünstige rauchraue Stimme einer älteren Sängerin alles gab.

»Keine Wünsche also.«

»Muss jetzt weitermachen. Mit dem Daiquiri alles okay?«

»Ja.« Molakeamauimari wirkte traurig.

»Woher kommst du?«, fragte ich, teils, weil es mich interessierte, teils zur Ablenkung. Ich wollte sie aus der düsteren Stimmung reißen. Das Bier schmeckte schal, flach, wenig ausdrucksstark. Ich stellte die Flasche ab.

»Von weit her.«

»Und was machst du hier?«

»Entdeckung, Forschung, Urlaub. Leben halt.«

»Und wohin willst du?«

»Fragen zerstören nur den Augenblick«, erwiderte sie. Ein neuer Song wurde gestartet. Molakeamauimari horchte auf, dann verzog sich ihr Gesicht. Sie trank ihren Daiquiri aus. »Lass uns gehen.«

»Was?«, hakte ich überrascht nach. »Wieso?«

»Es ist nicht der richtige Ort.«

»Ich muss bezahlen«, wehrte ich mich schwächlich. Warum ließ ich es einfach zu? Dass sie festlegte, wann wir gingen?

»Ich mache das«, bestimmte sie, winkte dem Barkeeper und lächelte ihm zu.

Er nickte wie in Trance. »Geht aufs Haus.«

Es irritierte mich, aber irgendwie fand ich mich kurz darauf draußen auf der Straße wieder. Was war geschehen?

Molakeamauimari besaß offensichtlich einen Einfluss auf mich, auf andere, den ich nur als magisch beschreiben konnte.

»Wir müssen weiter«, sagte sie. Eine kühlende Brise fegte durch die Straßenschlucht. In den mehrstöckigen Gebäuden zu beiden Seiten flammten die ersten Lichter hinter den Fensterscheiben auf. Mal gelb, mal kaltblau.

»Ich weiß nicht, wohin du möchtest?«, gab ich zu, machte gleichzeitig einer lärmenden Gruppe von Mangafiguren Platz, deren Alkoholpegel enorm sein musste.

»Musik.« Molakeamauimari wiederholte es: »Musik. Ich suche nach Musik.«

»Warum?«

»Weiter«, drängte sie.

Ich sah sie an, dann die von Fußgängern bevölkerte verkehrsberuhigte Zone, in der vereinzelt Autos parkten.

Das Stimmengewirr hallte von den Häuserwänden wieder. »Ich kenne nicht jede Kneipe, in der Musik gespielt wird. Soll es eher live sein, oder suchst du eine ganz bestimmte Stilrichtung.«

Molakeamauimari lächelte mir zu. Ihr Gesicht, umrahmt von den leicht gewellten dunkelblonden Haaren, verschwamm für mich, als wenn sie sich ultraschnell bewegen würde. Ich hörte eine Melodie. Sang sie sie?

Wie eine sich ausdehnende Wolke bildete sich ein Druck in meinem Kopf. Kein Kopfschmerz, sondern eher eine Art Drang. Wie ein heftiger Juckreiz.

Ich nickte. Verstand. Dachte ich oder vielmehr fühlte es.

»Hier entlang«, sagte ich leise. Molakeamauimari griff nach meiner Hand. Warm, selbstbewusst, weich, irritierend angenehm. Ich wollte sie nie wieder loslassen.

Wir besuchten das »Zweistein«, ein Club, in dem wechselnde Themenabende stattfanden. Doch zu Molakeamauimaris Enttäuschung legte nur ein DJ Technomucke auf. Die tanzenden, schwitzenden und schreienden Raver waren nicht nach ihrem Geschmack.

Im »Heads-up« donnerte Schlagermusik aus den schlecht eingestellten Lautsprechern.

Wir flohen, bevor uns die Menschen zur Polonaise zwingen konnten. Das rhythmische Klatschen verfolgte uns bis nach draußen, zwängte sich durch die letzten Ritzen der sich schließenden Tür. »Weiter«, flehte Molakeamauimari.

Gemeinsam erliefen wir uns die Nacht, denn es war dunkel geworden.

Am Platz der Sieben Schwestern plätscherte der Brunnen, aber zwei Gruppen Jugendlicher kämpften mit ihren Beatboxen um die Wette.

Deutschrap auf der einen, arabische Klänge auf der anderen Seite des Platzes.

Ich fragte mich, wann ein Anwohner der umliegenden Häuser die Polizei rufen würde.

Im »Hacienda« zeigte Molakeamauimari zum ersten Mal eine deutliche Reaktion auf die Mariachimusik. Die wilden Trompeten knüppelten auf uns ein. Sie hielt sich die Ohren zu und flehte mich an, sofort das Weite zu suchen.

Draußen boten uns zwei zwielichtige Gestalten Pillen in abgegriffenen Plastiktüten mit Zippverschluss an.

Wir schickten sie weg.

»Ich brauche eine Pause«, sagte ich. Mir schwindelte leicht. Ich hatte Durst.

»Wohin jetzt?«, erkundigte sich Molakeamauimari unerbittlich.

Wieder entstand dieser spezielle Druck in meinem Kopf. Ich zerrte sie hinter mir her, weg aus der Partymeile hin zum Fluss.

Nicht weit entfernt, kurz vor der Moselmündung in den Rhein begrüßte uns der Biergarten mit Musik.

Ich besorgte mir etwas zu trinken, Molakeamauimari hatte abgelehnt. Die Flasche war nass in meiner Hand, kühl das Bier in meiner Kehle.

Wir saßen auf einer Mauer, den Biergarten hinter uns. Zwischen den Bäumen hatten sie Lichterketten gespannt. Deren Schimmer reichte aus, um einen leichten Schatten unserer Körper auf dem Weg vor uns zu bilden.

Mir fiel auf, wie schmal und undeutlich Molakeamauimaris Umriss ausfiel.

Sie sah hinaus auf das dunkle, fließende Wasser, das im Schein eines halben Mondes glitzerte. Ihre silberblonden Haare antworteten dem schwachen Mondlicht. Sie starrte in den Himmel, als würde sie etwas erwarten. Das hautenge schwarze Kleid schmeichelte ihrer schlanken Figur.

Verliebte ich mich gerade?

Der böige Wind trug lautstarke Feiermusik vom Biergarten mit sich. Im Vorbeiziehen trafen mich die Beats mitten in den Bauch. Abrupt wurde es wieder ruhiger. Vor uns spazierten Menschen über die Promenade zum Denkmal hin.

Molakeamauimari beachtete sie nicht, schien ganz und gar den sanften Wellen des Flusses verfallen.

»Was suchen wir genau?«, fragte ich leise, stellte die Bierflasche ab.

»Ich sagte doch. Einen Punkt in Raum und Zeit.« Sie zeigte auf die andere Seite des Flusses. »Was ist dort?«

»Ein Campingplatz? Eine Feierwiese?«, entgegnete ich unsicher.

»Ist dort Musik?«

»Ich weiß nicht.«

Molakeamauimari sprang plötzlich in den Stand. Sie griff nach meiner Hand und zerrte mich mit sich. »Wir müssen weg.«

»Was?«

Sie deutete hinter mich. »Sie haben mich.«

»Was? Wer?«, gelang es mir, zu fragen, aber ihr Griff um mein Handgelenk war gnadenlos und sie schlug ein enormes Tempo an. Die weißen Turnschuhe leuchteten im Dunkeln, ihre schwarzen Shorts, darüber das dunkellilafarbene Lycrateil verschmolzen mit der Dunkelheit unter den Bäumen. Wir querten den Park am Denkmal. Molakeamauimari schlängelte sich zwischen Gruppen von Feiernden hindurch. Wir gelangten auf den Rheinteil der Promenaden und sie wurde ein wenig langsamer.

Ich sah zurück, meinte, zwei Männer erkennen zu können, die uns folgten. Aber mein Blick war nur flüchtig.

Immer im Griff meiner schönen Unbekannten, glitten wir durch Spaziergänger, mussten sogar noch auf Jogger achten, die die lauen Abendstunden nutzten, und wichen Gruppen feiernder, lärmender Jugendlicher aus.

Molakeamauimari schlug Haken, drehte sich aber nie um. Wie konnte sie wissen, ob ihre Taktik Erfolg haben würde? Und wer zum Henker verfolgte uns?

»Nicht ... so ... schnell«, flehte ich atemlos. Meine Schulter fühlte sich ausgekugelt an, meine Finger des umklammerten Handgelenks spürte ich gar nicht mehr.

Molakeamauimari bog in eine der schmalen Gassen zwischen den Restaurants ab, die, trotz der späten Stunde, immer noch gut ausgelastete Außengastronomie betrieben.

Es kam uns ein kräftiger Wind entgegen. Es roch nach Pizza, Käse, italienischen Kräutern und Wein. Schwerem Rotwein.

Am Ende des engen Wegs zerrte mich Molakeamauimari nach rechts und schob mich überraschend in einen Hauseingang.

Mein Rücken prallte schmerzhaft gegen eine metallene Tür. Der Knauf drückte sich in meine Nierengegend.

»Au«, beschwerte ich mich.

»Still!«, befahl Molakeamauimari, reckte sich zu mir hoch und küsste mich. Prall auf den Mund. Ich ließ es schockiert zu.

Ihre Lippen waren weich und schmeckten nach Erdbeeren. Eine Haarsträhne fiel ihr in die Stirn, als wir Atem holten und erneut ansetzten, gelang sie zwischen unsere Lippen und Zungen. Ich wollte lachen, aber Molakeamauimari zog die Strähne heraus und ließ es nicht zu, indem sie unerbittlich mehr verlangte.

Menschen kamen vorbei. Ein anerkennender Pfiff ertönte. Munteres kommentierendes Stimmengewirr. Ich hörte nicht hin, denn das hätte den Augenblick in der Ewigkeit zerstört.

Ich hatte schon lange niemanden geküsst. Und schon gar nicht so.

Molakeamauimari entließ mich ihres Griffes und löste auch ihren drängenden Körper von meinem.

»Sie sind weg. Falsch abgebogen. Wir müssen weiter.«

Hatte dieser intime Moment ihr gar nichts bedeutet? War es nur ein schauspielerischer Akt eines Spions auf der Flucht gewesen?

Aber warum hatte ich dann echte Gefühle empfunden?

Ich begaffte ihr rostigrotes schulterlanges Haar. »Aber ...?«

»Komm, Veola. Wir müssen auf die andere Seite des Flusses, wo wir eben noch gesessen haben. Wie heißt er noch gleich?«

»Mosel.«

»Mosel. Gut. Wir kommen wir rüber?« Sie zog an mir. Dieses Mal etwas sanfter.

»Warte«, sagte sie. »Woher kommt die Musik?«

Ich folgte ihr, dem Erdbeergeschmack, meinem pochenden Herzen, den Schmetterlingen im Bauch.

Ein Club hinter einer Glastür. Ein Türsteher, der sich langweilte, weil niemand anstand, der aber dennoch grimmig uns beiden entgegentrat und die Hand hob.

Molakeamauimari sang unerwartet eine Arie, die mit ihrem Namen endete, wie ich ihn schon gehört hatte. Ihre glockenhelle Stimme hallte von den Häuserwänden zurück und färbte die Welt in bunte Farben und helles Licht.

Wir passierten die Absperrung so schnell, dass ich kaum mitbekam, was der Türsteher zu sagen hatte.

Die Türen glitten auf und ein dicker samtener Vorhang aus Schall und zu warmer schlechter Luft empfing uns.

Molakeamauimari störte es offensichtlich nicht. Sie rannte den Korridor weiter, bis in den Gewölbekeller hinein. Die Tanzfläche war voll. Tanzende Arme reckten sich in die Höhe, Hände, die dem Takt der Musik folgten. Über allem die Lasershow von Dutzenden Scheinwerfern, die den Nebel sichtbar machten. Eine Discokugel, die sich drehte und glitzerte, mich blendete.

Ein starker Mix aus Schweiß, Hunderten Parfüm- und Deodüften, Alkohol und den süßlichen Dämpfen der Nebelmaschine, schwebte wie eine Wolke unter der steinernen Decke.

»Tanzen«, säuselte mir Molakeamauimari ins Ohr. Drei Laserstrahlen unterschiedlicher Farben trafen ihr Gesicht. Ich nahm Glitzer-Make-up wahr, ein Ohrring, an dessen unterem Ende ein kleiner Junge auf einem Mond saß und angelte. Ihre Augen sogen mich tief hinunter, wie Brunnenlöcher, endlos, unergründlich. Ich sparte mir die Bemerkung, dass ich tanzte wie ein Rhinozeros auf Speed.

Denn meine Hände lagen bereits an ihren Hüften, ich spürte ihre an mir. Heiß und kühlend zugleich. Ich hätte alles gegeben, damit ich diesen Moment für die Ewigkeit bewahren könnte.

Ein langsamer Song unterbrach die Tanzmusik. Gejohle von den Tanzenden und eine plötzliche Stille zwischen den sanften Klängen eines streichelnden Liebesliedes.

Ich schwebte mit Molakeamauimari über den Boden, der meilenweit unter uns liegen musste. Sie schmiegte sich an mich, presste jedes Grad Körperwärme in mich, die ich dankbar aufnahm, wie alles, was ich von ihr empfangen durfte.

Meine rechte Hand glitt tiefer. Sie ließ es zu.

Der Song endete in Sekundenbruchteilen von Äonen. Ich wusste nicht mehr, in welchem Universum ich überhaupt lebte.

Neue Empfindungen löschten mein bisheriges Dasein aus.

Beats begannen vom Boden. Es dauerte nur Sekunden und ich hüpfte, wie alle anderen mit mir. Wir sprangen, liebten das Leben, den Augenblick. Es war so leicht, einfach zu tanzen und den Refrain mitzugrölen. Wir waren eins. Nicht nur Molakeamauimari und ich, sondern alle um uns herum auch.

Molakeamauimaris Anblick zuckte durch mein verzerrtes Sichtfeld. Im Stroboskoplicht glänzte Schweiß auf ihrem kahlrasierten Schädel. Sie hielt die Augen geschlossen und bewegte sich wie eine Balletttänzerin im Rausch der Musik. Ihr Kopf ruckte und kugelte, als würde er nur locker auf dem schlanken Hals sitzen. Ich liebte ihre Ohren, ihre Nase, ihre wundervollen Lippen, einfach alles an ihr. Ihr Mund öffnete sich und sie sang den Refrain mit, überrollte mit ihrer Stimme die Musik aus den Boxen, veredelte sie und gab ihr den Kick, den wir alle benötigten.

Ich spürte, wie es aus meinem Körper herausbrach, die Muskeln sich an- und entspannten. Ich hüpfte höher als je zuvor, meine Arme schwangen wie never ever before.

Es waren Vibrations, die mich umgriffen, mitrissen und mich jubeln ließen. Ich war so weit weg und doch nur im Jetzt.

Ein kalter Hauch kroch fließend zwischen meinen tanzenden Beinen entlang, fasste mich an, erschreckte mich bis ins Mark.

Molakeamauimari fror mitten in der Bewegung und des Gesangs ein.

Jemand drückte die Pausetaste. Ich spürte die Gefahr, sah sie in ihrem Gesicht. Unsere Verfolger waren da. Jemand löste die Pausetaste.

Molakeamauimari duckte sich weg, ich tat es ihr nach. Mitten durch die Tänzer, die bereitwillig Platz machten und hinter uns den Weg versperrten, suchten wir den Weg zum Hinterausgang, den es geben musste und den wir fanden.

Eine unregelmäßig behauene Treppe führte nach oben hinaus in die Nacht, die uns mit Kühle empfing. »Wie haben sie uns gefunden?«, wollte ich wissen. Der Schweiß an meinem Körper fühlte sich wie ein Fremdkörper an, wie eine Gelatineschicht, die aufgebrochen war. Ich hatte das dringende Bedürfnis nach einer Dusche.

»Sie finden mich immer«, antwortete Molakeamauimari. Mich irritierte ihr neutraler Tonfall. Keine Angst, Panik, Frustration oder das Gegenteil davon, waren zu hören.

Die Mauern des Hauses hinter mir strahlten weiterhin Wärme ab. Menschen machten die Nacht zum Tage. Aus dem Kellergewölbe kam uns zunächst niemand nach.

»Über den Fluss. Die Mosel«, flüsterte Molakeamauimari eindringlich.

Ich überlegte. In meinem Kopf machten sich der Alkohol und die Ereignisse dieser Nacht bemerkbar. Ich grübelte, massierte meine Schläfen. »Über die Brücke ist es ziemlich weit. Vielleicht ist die Moselfähre noch im Einsatz?«

»Eine Fähre? Ein Shuttle?«

Verstand sie mich wirklich nicht? Ich erinnerte mich konzentriert an ihre Aussprache. Kein Dialekt, keine soziospezifischen Eigenheiten. Wenn sie sprach, dann klar, ohne ein Nuscheln oder verschluckte Buchstaben. Woher kam sie?

»Ja. Eine Fähre. Eher so ein kleines Boot. Komm!«

Diesmal führte ich.

Ihre warme Hand in meiner, schlanke Finger, die ich mit meinen überkreuzen konnte und sie leicht streichelte, während wir recht schnell wieder in Richtung des Moselufers spazierten.

Molakeamauimari sah nicht zurück, drängte auch nicht zur Eile, also machte ich mir keine Sorgen, dass unsere Verfolger näher kamen.

Schabbert, der derzeitige Fährmann, saß E-Ziggi paffend auf der Mauer oberhalb der Treppe, die zu Liesel, dem Boot hinunterführte. Das Schild mit dem Hinweis lag zusammengeklappt auf dem Boden.

»Mist, er hat schon Feierabend«, fluchte ich leise.

Molakeamauimari stoppte gar nicht erst ab.

Wieder wurde ich Zeuge der Magie, als sie neben ihm, dem Zausel, dem mürrischen alten Mann, niederkniete und ihm eine Hand auf die Schulter legte. Ihre Jeans spannte sich über ihren Po, die Bluse wehte im Wind, gewährte Schabbert sicherlich einen Einblick, den ich gerne genossen hätte.

Sie winkte mir.

Ich stutzte über die Bereitwilligkeit des Fährmannes, sein Lächeln und die Vertrautheit zwischen den beiden ungleichen Menschen.

Die Fähre trug uns sicher über das Wasser. Musik schwappte gelegentlich zu uns herüber. Immer dann, wenn der Wind nicht aus unserem Rücken kam.

Molakeamauimari gab Schabbert zum Abschied einen Kuss auf die Wange. Er lächelte selig.

Wir stiefelten über den weichen Boden der Wiese, die zum Campingplatz führte. Ausladende Baumkronen der drei alten Eichen über uns, durch die der böige Wind fegte und ein Geräusch wie das eines Wasserfalls komponierte.

Wir bemerkten den Bühnenaufbau, näherten uns von hinten, sodass wir im Dunkeln liefen. An der Seite fanden wir eine Lücke in dem Bauzaun, den man zur Eingrenzung errichtet hatte. Dahinter waren Licht und eine begeistert jubelnde Menschenmenge, die einen DJ auf der Bühne zu Höchstleistungen anspornte, der eine Schallplatte nach der anderen auf den Teller legte und mit Musik aus den Siebzigern den Platz beschallte.

Ich hörte Bekanntes und Unbekanntes, aber überwiegend Rockmusik, die ich mitsingen konnte. Nun, grölen zumindest.

Molakeamauimari hatte mich hineingezogen, in die Menge, das Hüpfen, Klatschen, Stampfen und Tanzen. Schnell war mir wieder warm. Es riss mich mit, die Begeisterung, die Gitarrenriffs und Schlagzeugsolos. Ich bekam gar nicht mit, wie laut ich selbst mitsang.

Auf den beiden Leinwänden links und rechts des Mischpults konnte man auf der einen Seite die Plattencover sehen, auf der anderen wurden die Songs angesagt und die Texte für die Nichttextsicheren eingeblendet.

Ich spürte, wie es in meiner Kehle kratzte, schmiegte mich in den Pausen zwischen den Songs an Molakeamauimari, die es erstaunlich lange aushielt.

»Ist das die Musik, die du gesucht hast?«, fragte ich direkt in ihr wunderschönes Ohr hinein, an dessen Läppchen ich knabbern wollte, mich aber nicht traute.

»Ich bin ganz nah«, entgegnete sie mir.

Wir stampften zu den lauten, hüpften zu den leichten und tanzten miteinander zu den romantischen Rocksongs, die sich aus den Boxen über uns ergossen.

Wir lebten, liebten, atmeten und genossen.

Molakeamauimari wirbelte ihr Spaghettiträgerkleid umher, entblößte wiederholt ihre Beine bis ganz hoch. Ich hätte sie am liebsten gefragt, ob sie mich heiraten würde. Ich war mir so sicher wie nie, dass genau sie es war. Die Eine, die Besondere, die Einzigartige, die unsterbliche Schönheit in persona, die strahlende Helena, die einen epischen Krieg ausgelöst hatte.

Wir blieben Teil der Menge, unbeachtet und unverfolgt. Kein Gesang Molakeamauimaris unterbrach die Songs, sie zerrte mich nicht davon, schien endlich angekommen, exakt dort, wo sie sein wollte. Der Punkt in Raum und Zeit.

Sie beobachtete den DJ, den Wechsel der bunten Plattencovers und horchte den Stücken. Zwischen den Tanzeinlagen wirkte sie wie eine Wölfin, die ihre Beute in Augenschein nahm und bald zuschlagen würde.

»Lass uns was zu trinken holen«, schlug ich vor. Meine Kehle schmerzte schon, benötigte dringend Linderung.

Sie schüttelte den Kopf.

Ich gab mich geschlagen, sah wieder nach vorne und es leuchtete mir Gelb entgegen. Ein simples Cover mit ein paar Leuten darauf.

Die Musik startete unter dem tosenden Geschrei der Zuhörer, einfache Gitarrenriffs und Keyboards gaben einen Rhythmus vor, der lange Zeit das einzige war, was zu hören war.

Ich spürte die Bewegung meines Körpers und meine Füße tanzten von allein.

Molakeamauimari blieb starr stehen, was mich irritierte. Ihr pinkfarbenes kurzes Haar klebte an ihrem Kopf, als wäre es aufgemalt. Ihr Blick ging ins Leere. Hypnotisiert kam es mir in den Sinn.

Dann performte der Sänger der B52's mit seiner charismatischen schnarrenden Stimme den Song »Planet Claire«.

Mein Körper wollte das Tanzen nicht lassen. Und dennoch blieb ich mir Molakeamauimari bewusst, die wie ein Fremdkörper neben mir stand. Ein Fels im wogenden Wasser.

Der Gesang entführte uns auf einen fremden Planeten mit farbiger Atmosphäre und unsterblichen Bewohnern.

Das Licht von der Bühne strahlte auf uns herab und durch sie hindurch. Molakeamauimaris Augen erblassten, wurden milchig trüb.

Und mit den letzten Textzeilen wurde mir bewusst, wer sie wirklich war.

Molakeamauimari wandte sich mir zu und lächelte. Ich ahnte, dass sie ihren Punkt in Raum und Zeit gefunden hatte.

Sie streckte ihre Hand aus, schien mein Gesicht streicheln zu wollen. Doch ich spürte keine Berührung. »Endlich nach Hause. Freust du dich für mich?«

Ich nickte, tanzte nicht mehr. Was hätte ich auch sonst tun können?

Sie verließ mich. Die Eine, die Besondere, die Strahlende.

Ich würde bald wieder allein sein.

Nicht bald.

»Jetzt«, sagte sie.

Und die Musik endete mit ihrem Verschwinden.

Niemand registrierte es. Niemand kümmerte sich um mich.

Doch der DJ tat es.

Er spielte »Planet Claire« erneut. Und ich tanzte und weinte und spürte dann das Glück, das sie mir in mein Herz gepflanzt hatte.

Die Hoffnung, die Aussicht auf eine neue Liebe.

Danke, Molakeamauimari.*

---

* »Planet Claire« ist ein Titel des Debütalbums der B-52's, der 1979 erschien. Geschrieben wurde er von Fred Schneider, Keith Strickland und Henry Mancini.

Ellen Norten

Woodstock aus zweiter Hand

Wer wollte 1971 schon in Gelsenkirchen leben? Ich nicht, doch mit meinen vierzehn Jahren konnte ich mir meinen Wohnort nicht aussuchen. Für mich spielte die Musik in England und den USA. Wenn der Geldbeutel mal reichte, kaufte ich mir eine Langspielplatte, ansonsten wurde von geliehenen LPs oder aus dem Radio mit dem Kassettenrecorder kopiert. Die wenigen Konzertauftritte, die im Ruhrgebiet stattfanden, durfte ich leider noch nicht besuchen. Doch dann gab es ein besonderes Angebot, der Film *Woodstock*, über das sagenhafte Festival zwei Jahre zuvor kam bei uns ins Kino. Ich weiß nicht mehr, mit wem ich den Film anschaute, aber ich erinnere mich wie gestern, dass ich die bunten Eindrücke aufsaugte wie ein Schwamm. Woodstock stand nicht nur für neue Songs, sondern auch für ein Gefühl von Freiheit, verkörpert von Hippies, ein Verstoß gegen Konventionen und die piefige Welt, die ich bisher kannte. Dieses Lebensgefühl konnte und wollte ich teilen, und die Musik des Festivals war dazu geeignet. Crosby, Stills, Nash oder Janis Joplin zählen bis heute zu meinen Favoriten, Santana, Joe Cocker und Jimi Hendrix stehen als Original-Langspielplatten in meinem Schrank und das legendäre Dreifachalbum Woodstock mit seinen famosen Bildern war natürlich die wichtigste Errungenschaft.

Mein absoluter Lieblingssong war damals und ist es heute immer noch »Coming into Los Angeles« von Arlo Guthrie. Obwohl Arlo mit »Alices Restaurant« weitaus mehr Popularität erlangte und er eigentlich nicht die typische Woodstockikone ist, hat sich mein jugendliches Sehnen gerade an diesem Song entzündet. Die USA waren zu diesem Zeitpunkt als Reiseland für mich unerreichbar. Unsere Familie hatte kaum Geld und einen Schüleraustausch hätten meine

Eltern niemals gestattet. So habe ich lange warten müssen, bis ich mich auf den Weg nach L. A. machen konnte.

1981 lebte in London Freddie Laker, der eine Airline betrieb, die auf Stand-by-Flüge setzte und mit Super-Billigangeboten an den Start ging. Und so kam es, dass ich als Studentin meine erste große Reise wie von Arlo beschrieben in London begann:

»Coming in from London, from over the pole ... «

Die Reise wurde zum unvergesslichen Erlebnis, doch speziell Los Angeles erfüllte meine Träume nicht, denn ich vermisste das, was man eine Stadt mit Atmosphäre und einem Zentrum nennt. Stattdessen war es ein unüberschaubares Konglomerat von breiten Boulevards, auf denen Busse ohne Fahrplan unregelmäßig verkehrten, die ich als Rucksackreisende zu nehmen gezwungen war. Doch meine Reise führte mich bald in andere Gegenden; der Grand Canyon und der Yosemite-Nationalpark lieferten beeindruckende Naturerlebnisse. Das absolute Highlight waren die steilen Straßen von San Francisco mit ihren Holzhäusern, das Haight-Ashbury-Viertel mit den bunten viktorianisch geprägten Häusern, in denen die Mitglieder der Band Jeffersen Airplane und Janis Joplin gelebt hatten. Die Musik in den Kneipen, die offen gezeigte Homosexualität und die freie Atmosphäre erfüllten meine lange gehegten Erwartungen und so war es nicht die Stadt L. A., sondern die Westküste, die mit ihrem besonderen Sound mein Lebensgefühl wachhielt und an deren Spitze die Hippiegeneration stand.

Ellen Norten, geboren 1957 in Gelsenkirchen, wollte mit der D2-Mission in den Weltraum starten. Da die Stelle leider anderweitig vergeben wurde, widmete sie sich ihrer Doktorarbeit, bei der sie mit dem Elektronenmikroskop skurrile Einzeller mit einem bizarren Liebesleben in Käferdärmen beobachtete. Dies brachte ihr nicht nur den Titel, sondern schärfte ihre Vorliebe für Kuriositäten und dient heute als Vorlage für ihre Science-Slam-Vorträge und den Cartoon »Mein süßer Parasit«. Über zwanzig Jahre berichtete Ellen Norten im öffentlich-rechtlichen Radio und Fernsehen über die neuesten Errungenschaften in der Forschung. Seit 2010 lässt sie ihrer Fantasie freien Lauf – in Kurzgeschichten und unter dem Pseudonym Conni Mainzelmann in einem Reisebuch. Als Witwe von Hubert Katzmarz betreut sie dessen literarischen Nachlass und fühlt sich der Fantastik, dem Horror und der Science-Fiction, auch als Herausgeberin und Rezensentin besonders ver-

bunden. Seit 2022 gibt sie mit Michael Siefener und Andreas Fieberg den fantastischen Storyreader »daedalos« heraus. 2023 erschien ihr Debütroman »Jamila tanzt«, in dem der Orient aus 1001 Nacht mit fantastischen Abenteuern spannend und geheimnisvoll verbunden ist.

Ellen Norten

Die Musikbox

Es war einmal eine Musikbox, die hatte ihren eigenen Geschmack. Der Sound der Fünfzigerjahre praktisch ihrer Geburts- und Jugendjahre gefiel unserer Protagonistin nicht. Nun ist bei Musik- oder Jukeboxen zwar das technische Innenleben durchaus bekannt, doch über Gefühle, Geschmack oder was auch immer in den Truhen vor sich gehen könnte oder gegangen sein sollte, trifft dies nicht zu. Auch wissen wir nichts über ihr Geschlecht und wenn wir hier von einer Protagonistin sprechen, so deutet dies lediglich auf das sprachliche »die« hin, vermutlich handelt es sich eher um eine diverse Konstruktion, denn das umfasst alle Möglichkeiten und wenn wir weiterhin von »ihr« sprechen, dann ist damit mehr gemeint als eine mögliche Weiblichkeit eines frühen Maschinenwesens. Nennen wir sie oder ihn oder es einfach Musi.

Musi stand in einem angesagten Lokal in San Francisco. Ihr Äußeres leuchtete farbenfroh, die Farben violett und grün dominierten ihren vollendeten Art-déco-Stil und ihre Beleuchtung tauchte ihre unmittelbare Umgebung in ein mystisches Licht. Chromglänzend und mit spiegelnden Scheiben konnte sie die Hits der Rock'n'Roll-Musik selbst auflegen und über eingebaute Röhrenverstärker und Lautsprecher zum Besten geben. Ihr Klang war voll und die Titel, die nach dem Münzeinwurf über eine Tastatur ausgewählt werden konnten, umfassend, aktuell und Erfolg versprechend. Musi sollte Kunden anziehen, mit ihrem Äußeren in die Kneipe locken und mit ihrer Musik für Stimmung und Tanzmöglichkeit sorgen – so sollte es sein. Doch die Erwartungen von Joe, dem Kneipier in seine Errungenschaft erfüllten sich nicht, ganz im Gegenteil, denn Musi war so unberechenbar wie eine Wespe im Zickzackflug.

Joe hatte die Jukebox von seinem Freund Sam als Geschenk bekommen, doch der hatte damit eigennützige Absichten verfolgt. Sam, der ebenfalls als Gastwirt arbeitete, wollte seine eigensinnige Musikbox loswerden.

»Die Musikbox macht, was sie will«, hatte er damals zu Joe gesagt.

»Ja, ja«, hatte Joe gesagt und gelacht. »Du hättest sie mal warten lassen sollen, wie es im Vertrag stand und nicht den Apparat gleich kaufen, um ihn dann selbst zu betreiben.« Joe strich sich selbstbewusst seine pomadige Haartolle zurück.

»Die haben mir die Musikbox damals fast hinterhergeworfen, das ist und war ein Schnäppchen.« Wie um das zu bestätigen, blinkte Musi zweimal kurz auf und gab eine Art Fanfare von sich.

»Siehst du, mit solchem Quatsch hat sie mich überzeugt und jetzt vergrault sie mir die Kunden.« Sam schlug mit der flachen Hand auf die leuchtende Oberfläche. Die Lichter erloschen.

»Bist du verrückt? Du machst sie noch ganz kaputt. Dazu haben wir den Klotz nicht hergeschleppt.« Musi mit ihren hundertvierzig Kilo hatte die beiden Männer ordentlich gefordert und der Schweiß stand ihnen auf der Stirn.

Das war jetzt über ein Jahr her und die düsteren Prognosen von Sam hatten sich bestätigt, obwohl kein technischer Fehler nachweisbar war. Musi konnte bis zu sechzig Singles auflegen, ihr metallener Arm legte sich mit der feinen Nadel auf den Tonträger und zog sich nach getaner Arbeit wieder zurück – wenn alles gut ging ..., denn Musi entwickelte ihr Eigenleben, protestierte gegen den anscheinend von ihr ungeliebten »Rock'n'Roll« von Elvis Presley und Bill Haley oder den »Rockabilly« von Wanda Jackson und Gene Vincent. Ihr Arm plumpste dann hart auf die Plattenoberfläche, verursachte Kratzer, die beim Abspielen knisternde Störgeräusche erzeugten, und versaute dementsprechend die Singles. Wenn alles aus »ihrer« Sicht gesehen gut lief, gelang es ihr, eine Scharte so zu platzieren, dass die Nadel immer an der gleichen Stelle sprang und damit eine Endlosschleife erzeugte.

later alligator, after 'while crocodile, See you lat...

Den malträtierten Lokalbesuchern kamen solche Musikexzesse bald aus den Ohren raus, sie schimpften und protestierten, wenn mitten beim schönsten Rückwärtssalto der Tänzerin die Musik aus dem Rhythmus brach und der Tanz ein jähes Ende fand. Zu allem Überfluss wusste Musi zu verhindern, dass die marode Platte ausgewechselt wurde, ihre Tasten schlugen dann ins Leere und Joe konnte nur zum letzten drastischen Mittel greifen und archaisch das Stromkabel aus der Steckdose ziehen. Plopp! Darauf folgten Buhrufe und manche Gäste verließen die Kneipe, in der es daraufhin still wurde. Ruhe, das gehörte nicht in einen Tanzschuppen, doch an einen neuen Song war vorerst nicht zu denken.

Solche Katastrophen häuften sich, und da weder Joe noch verschiedene angeheuerte Experten Rat wussten, musste eine neue Musikbox her, diesmal gemietet und hochmodisch gestylt mit Accessoires, die an ein Auto erinnerten und das eigentliche Herz der Truhe, nämlich Schallplattenteller und Abspielarm, verbargen. Das Teil tat zuverlässig seinen Dienst, spielte fehlerfrei die gewünschte Musik, nahm die Münzen ohne Schwierigkeiten an und war genau das, was man zuverlässig nennt. Allein Joe war im Gegensatz zu seinen Gästen unzufrieden. Er hatte seine alte Musiktruhe irgendwie gemocht, mit ihren eigentümlichen Reaktionen. Fast meinte er zu erkennen, dass die großen Katastrophen sich immer dann zugetragen hatten, wenn bestimmte, von ihm wenig geliebte Gäste im Lokal feierten. Dann hatte Musi vor dem Desaster ihre Fanfare ertönen lassen und ihr dreifaches Blinken hatte etwas Verschwörerisches. Joe verfrachtete Musi schweren Herzens in die Garage, weggeben mochte er sie aus den genannten Gründen, nicht und die überkandidelte Schönheit zu entsorgen, kam für ihn erst recht nicht infrage.

Die Jahre gingen ins Land und Musi harrte in einer Art Winterschlaf zwischen allerlei Gerümpel aus. Manchmal drang leise die gehasste Rock'n'Roll-Musik zu ihr vor, nämlich dann, wenn ihre Nachfolgerin diese einmal besonders laut abspielte, aber meist blieb Musi ungestört. Joe trug tapfer sein Rock'n'Roll-Outfit, quetschte sich in enge Röhrenhosen, ließ aber den verhassten Schlips immer häufiger weg. Diese Mode gefiel ihm zunehmend weniger. Auch konnten ihn die Mädchen, in ihren weitschwingenden Petticoats nicht wirklich überzeugen. Er gestand sich zu, sein mangelndes Interesse am anderen Geschlecht nicht weiter zu verbergen. Am liebsten hätte er den Laden dichtgemacht, das ganze Getue ging ihm gehörig auf den Geist.

Dann geschah etwas Unerwartetes. Eines Tages hörte Joe ein Lied, dass völlig anders daherkam. Er konnte sich nicht erinnern, wie die Scheibe in die Jukebox geraten war, fest stand jedoch: Das Lied gefiel ihm. Er drehte die Musikbox lauter und ließ den Song erneut abspielen. Der drang nun bis in die Garage vor und weckte Musi aus ihrer Lethargie. Das Lied war ein echter Knüller.

Bald darauf drangen weitere Songs zu ihr vor und Musi wurde immer munterer. Das war ihre Musik, jetzt wollte sie dabei sein und der dämlichen autoähnlichen Blechkiste in der Kneipe die Show stehlen. Als Joe das nächste Mal die Garage betrat, ließ sie ihren Charme spielen: Die Fanfare ertönte, sie blinkte dreimal, machte eine kurze Pause und begann das Spiel von Neuem. Joe ging zu seiner leicht angestaubten Jukebox, stützte sich auf ihr ab und grinste sie an.

»Na, bist du es leid, in der Garage zu stehen, oder gefällt dir etwa die neue Musik?«

Musi blinkte aufgeregt und gestaltete einen Tusch. Joe musste lachen. »Ja, Scott McKenzie, Jeffersen Airplane, Greatful Dead, das ist der neue Sound und der gefällt mir auch. Und einige der Musiker wohnen hier sogar um die Ecke.« Joe trug inzwischen bunte, bequeme Kleidung und seine mittlerweile graugesträhnten Haare reichten weit über die Ohren.

»Sollen wir es noch einmal miteinander versuchen?«, fragte er sein widerspenstiges Schmuckstück.

Musi blinkte, was das Zeug hielt, und Joe, der nach zwei Tüten Marihuana ohnehin in bester Stimmung war, begann Musi mit neuer Musik zu bestücken. Dann machte er einen Probelauf und war begeistert. Musi setzte die Nadel vorsichtig und präzise auf, spielte die Musik ohne irgendwelche Aussetzer über ihre volltönenden Lautsprecher ab und beendete diese, wenn die Platte zu Ende war. Dann hob sie die Nadel sauber wieder ab und führte den Arm zurück. Joe dachte nach. Ihr buntes Äußeres passte ideal in die neue Ära, anders als ihre ungeliebte Nachfolgerin, die mit ihrem Autoimage den Rock'n'Roll abrundete. Als am Abend sein Freund Sam vorbeischaute, überredete er diesen, die Musikbox mit ihm zusammen wieder in die Kneipe zu schleppen. Sam zeigte ihm einen Vogel. Doch nach zwei Whiskeys und einer weiteren Tüte ließ sich Sam überzeugen und die beiden asteten unter Schnaufen und Wehklagen die Truhe in das Lokal. Ohne Geldeinwurf begann Musi ihr neues Repertoire abzuspielen und die beiden Freunde machten sich einen bunten Abend. Bald klopften einige Stammgäste an die Tür, obwohl sonntags die Kneipe eigentlich geschlossen war. Joe und Sam ließen sie herein und feierten mit ihnen einen Abend, wie sie ihn lange nicht erlebt hatten. Der *Sommer of Love* hielt Einzug in San Francisco, in Joes Kneipe und in Musi, die die neue Ära mit allen ihren Möglichkeiten unterstützte.

Die große Zeit der Hippies, entzündet in Haight-Ashbury und dem Golden Gate Park, wurde zu einem Lebensgefühl und dies drückte sich in der Musik aus. Auf dem *Monterey Festival* und in *Woodstock* wurden Janis Joplin, Jimi Hendrix, Crosby, Stills, Nash oder Arlo Guthrie international berühmt. Sie verkörperten eine neue Generation von Idolen, unkonventionell, flippig, bunt und beeinflussten eine ganze Generation. Joe gehörte zwar keineswegs mehr der jungen Generation an, aber er genoss es, wie die gesellschaftlichen Normen über Bord gingen. Die ganze Stadt schien von Blumenkindern und Hippies überschwemmt zu werden. Viele von ihnen kamen in Joes Kneipe, die erfolgreicher lief denn je zuvor. Musi steuerte ihren Teil dazu bei, ließ die virtuosen Gitarrenriffs den Raum füllen, funktionierte problemlos und manchmal sogar von alleine, wenn Joe nach ein paar Whiskeys und Joints ein wenig aus der Bahn geriet oder sich mit seinem Freund Sam für eine Weile zurückzog.

So könnte die Geschichte von Musi und Joe glücklich bis zum Ende aller Tage reichen. Doch die schönsten Dinge finden ihr Ende und so holte die Realität Joe und seine Musikbox ein. Die Hippieära mit ihrem Zentrum in San Francisco kam zum Erliegen.

Stattdessen dominierte die Diskothekenszene von New York das neue Zeitalter. John Travolta tanzte in Schlaghose und engem Hemd im Film *Saturday Night Fever*. Die Frauen trugen Schulterpolster und Dauerwellen, enge Kleider und Oberteile glänzten in Gold und Silber. »Staying Alive« und andere Songs mit der unverkennbaren Kopfstimme von Robin Gibb wurden zu Megahits. Donna Summer avancierte zur Discoqueen und Diana Ross wechselte vom Motownsound ins Discolager. Joe beschloss, seine Kneipe zu schließen. Die neuen Besucher verlangten nach Discomusik, die alten Scheiben ödeten sie an. Joe wollte diesen Wechsel weder sich noch seiner Musikbox zumuten, außerdem gerieten Vinylschallplatten langsam aus der Mode und Musi wurde allein aus diesem Grund arbeitslos. Während Joe noch über die Zukunft von sich und Musi spekulierte, traf ihn unerwartet ein Herzinfarkt. Gestützt an seine geliebte Musikbox rutschte er langsam zu Boden und starb. Für Sam, der immer an seiner Seite gestanden hatte, war dies die Folge eines gebrochenen Herzens. Sam war untröstlich und vielleicht auch Musi, aber das können wir nicht wirklich beurteilen. Nach Joes Beerdigung suchte die Kneipe einen neuen Betreiber.

Ein junger, gestylter Discofan mit dauergewelltem Haar übernahm den Laden und krempelte ihn gehörig um. Als typischer Vertreter der neuen Zeit zog er ein entsprechendes Publikum an, schaffte eine spiegelnde Tanzfläche mit Lichtorgel und ausgeklügelten optischen Effekten und verbannte die altmodische Jukebox mit ihrer überholten Technik in die Garage. Dort geriet sie in Vergessenheit.

San Francisco und die Bay Area machten hingegen auf andere spektakuläre Weise von sich reden. Im Silicon Valley fanden die Digitalisierung, die Computerentwicklung und weitere epochale Hightech-Entwicklungen statt. Die Firmengründer von *Apple*, *Google* oder *Facebook* standen für Innovation, prägten das neue Jahrhundert, wurden zu Ikonen ganz anderer Art und verdienten so viel Geld, dass sie dies im Leben nicht mehr ausgeben konnten, sprich sie gehörten zu den reichsten Männern der Welt. Das konnte Musi natürlich völlig egal sein, doch es gab dabei Entwicklungen, von denen sie zukünftig profitieren sollte und das waren die Robotertechnik und die künstliche Intelligenz.

Josefine McDonald war nicht nur eine der erfolgreichsten Programmiererinnen im Land, sie verfolgte auch eine andere Leidenschaft und die galt der Vintage-Mode und den damit verbundenen Retro-Artikeln. Da sie sich den Luxus leisten konnte, setzte sie bei letzterem ausschließlich auf Originale, Nachbauten kamen bei ihr nicht ins Haus. Ihre aufwendige Kleidung im extravaganten Hippiestil ließ sie hingegen neu fertigen. Dazu beschäftigte sie Designer, die die Originalklamotten der Musikerinnen jener Zeit als Vorbild wählten. Teure Stoffe waren dafür die Voraussetzung. So schlenderte sie tagsüber in Samthosen und locker fallenden Oberteilen durch das Haus, raffinierte Muster zierten die farblich passenden Westen. Ihr indisch geprägter Schmuck unterstrich diesen Kleidungsstil. Am Abend wählte sie bunte Farben und zeigte ihre Reize in einem tiefen Dekolleté, dazu kamen Federn zum Einsatz. Josefine war in ihrer Aufmachung und mit ihren glatten, schwarzen, langen Haaren eine echte Stilikone, ein Hingucker, der sich in der Computerwelt nicht nur wegen ihres Könnens behauptete, sondern von ihren Kollegen schlicht bewundert wurde.

Irgendwann beschloss Josefine, sich eine originelle Musikanlage zu besorgen, natürlich Retro. Auf ihrer Suche nach einer Original-Jukebox betrat sie angelockt über ein Inserat, die Garage in Haigth-Ashbury. Was dort geschah, konnte nur als Liebe auf den ersten Blick bezeichnet werden. Ihre Hand glitt über die polierten Kurven von Musi, ihre Finger verfolgten den chromblitzenden Rahmen ihres Fensters. Ein Blick hindurch auf den Plattenspieler kam Josefine fast schon indiskret vor. Sie geriet völlig aus dem Häuschen, und wie sehr Musi von dieser Liebe noch profitieren würde, war in diesem Moment kaum voraussehbar. Josefine fing zwischen den Gitarrensoli von Jimi Hendrix und dem mehrstimmigen Gesang von Crosby, Stills, Nash so sehr Feuer, dass sie ihre gesamte Freizeit der Programmierung ihrer Errungenschaft widmen würde. Musi sollte zu einem echten Gegenüber werden, ein Ersatz für einen Partner, den sie in lebender Form auf die Dauer um sich herum nicht ertragen konnte. Ihre Beziehungen waren bisher stets kurzlebig und ein Zusammenleben mit wem auch immer für sie undenkbar.

Kaum stand Musi in ihrem Luxusanwesen, programmierte sie spezielle Programme, mit denen das edle Teil sehr gezielt mit ihr, Josefine interagieren konnte. Sie ergänzte das Innenleben von Musi durch einen Hochleistungsprozessor, ließ die Originalteile der fast siebzig Jahre alten Musikbox aufwendig sanieren und fügte fast unsichtbar einige mechanische Besonderheiten hinzu. Musi konnte nun über ihre Hightech-Lautsprecher mit der Stimme von Grace Slick, Janis Joplin oder Arlo Guthrie sprechen, verstand akustische Äußerungen und ihre Sensoren machten ihr die Orientierung im Raum möglich. Musi erkannte Menschen und Gegenstände, sprich, sie konnte rudimentär sehen. Dabei waren ihre neuen Fähigkeiten von außen nicht ohne Weiteres erkennbar, lediglich die Rollen, die Musi beweglich machten, lugten unter dem Gerät hervor.

Aber Musi hatte noch eine Eigenschaft hervorgebracht, von der Josefine nicht so recht wusste, wo sie herkam. Musi reagierte auf ihre Stimmungen, tröstete sie mit ihrer Musik, heiterte sie auf oder versetzte sie in Feierlaune. Sie reagierte auf Gefühle und das faszinierte Josefine außerordentlich. Musi verwandelte sich in eine Hightech-Kostbarkeit, zu einem Androiden in der Verpackung einer Musikbox und Josefine war mehr als zufrieden.

Im Alltag rollte Musi auf ihren Rädern durch das Haus, folgte Josefine durch die Räume, hüllte ihre Umgebung in buntes Licht. Sie spielte ausgewählte Songs, mal leise, mal peppig laut, manchmal sang sie bei den Liedern sogar selbst, was Josefine dann doch zu weit ging. Mit einem barschen »shut up« beendete diese dann Musis Gesangseinlage und der »Mercedes Benz« brach mitten im Lied ab. Dann lachte Josefine laut und fast erwartete sie, dass Musi mit einstimmen würde. Dass, so wurde es ihr klar, musste sie als Nächstes programmieren.

Bei den Gästen von Josefine avancierte ihre Androiden-Jukebox mit ihrem Art-déco-Outfit zum Star und stahl der Gastgeberin gar die Show. Wie ein echter DJ legte sie auf und als echtes Partyhighlight schaffte sie es, dass selbst die größten Tanzmuffel sich irgendwann zu ihrer Musik bewegten. Ob dröhnende Gitarrenriffs, mehrstimmiger Gesang oder virtuose Melodien, sie lockte die Gefühle der Hippiezeit in den Gästen hervor, überraschte sie mit einem Schlagzeugsolo und landete dann bei psychedelischen Klängen. Bei den passenden Animationen auf riesigen Monitoren hatte Josefine zwar die Programmierung geliefert, doch Musi übernahm die aktuelle Gestaltung und steuerte die fast hypnotischen Vorgänge, passte Geschwindigkeit und aktuelles Design der Stimmung der Gäste an, über deren Drogenkonsum hier nur spekuliert werden darf. Wenn die letzten Flaschen Southern Comfort geleert waren und die Besucher erste Ermüdungserscheinungen zeigten, wurde Musi selbst singend zur Unterhalterin. Anders als beim häuslichen Miteinander amüsierten sich die Leute köstlich und sangen mit.

*»If you're going to San Francisco...«**

Eine Nacht mit Musi blieb unvergesslich. Musi, die aus unerfindlichen Gründen schon früher eine Art Eigenleben gezeigt hatte, begann so etwas wie ein Bewusstsein zu entwickeln. Sie zog ihre Schlüsse aus Informationen, die sie erhielt, lernte und lernte und verfügte bald über das, was als KI, als künstliche Intelligenz bezeichnet wird.

Nun lässt sich schon das Bewusstsein des Menschen wissenschaftlich nicht nachweisen, entzieht sich allen ausgeklügelten Verfahren, und wenn wir bei Musi von einem Bewusstsein sprechen, so ist dieser Begriff sehr vage zu sehen. Unabhängig von diesen begrifflichen Schwierigkeiten wäre Musi nicht Musi, wenn sie nicht alle dargebotenen Möglichkeiten zu nutzen wüsste, egal welchen Namen man diesen verleiht. Täglich steigerte sich ihr Wissen. Die KI spielte eine immer größere Rolle in der Gesellschaft – und in ihr. Als ChatGPT mit viel Aufsehen in die Öffentlichkeit gelangte, war dies ein kaum vorstellbarer Innovationsschritt. Musi konnte darauf nur hinunterschauen, denn das Können eines *Chatbot Generative Pre-trained Transformers* beherrschte sie seit Langem und fühlt sich dem möglichen Konkurrenten bei Weitem überlegen.

So steht Musi nun vor uns, sie ist zu einem echten Gegenüber geworden und nicht nur das. Schon Joe hatte sie lieb gewonnen und für Josefine, die überzeugter Single ist, ersetzt sie sogar den Partner. Aber wie sieht es bei Musi aus? Hat sie Gefühle? Darüber können wir nur spekulieren. Da sie über ihr eigenes Chatprogramm verfügt wollen wir ihr zugestehen, sich selbst zu äußern. Vielleicht möchte sie ihr Inneres öffnen und uns einen Blick darauf werfen lassen. Wie sieht Musi ihre Zukunft? Eine Zukunft, angefüllt mit ihren Wünschen und Träumen. Also Bühne frei für Musi! Und schon erscheint ein Text auf ihrem transparenten Monitor.

Hi Ihr Lieben, jetzt übernehme also ich das Zepter, dolle Sache, ich bin mächtig stolz. Die erste Biografie eines Androiden, wenn ich

* »San Francisco (Be Sure to Wear Flowers in Your Hair)«, Scott McKenzie, Album: »San Francisco«, 1967. Songwriter und Komponist John Phillips

mich so nennen will, oder einer KI, wie ihr es auch bezeichnen wollt, ihr wisst, wovon ich spreche, und ich weiß das auch. Ein Ende meiner Geschichte ist nicht in Sicht, denn ich bin potenziell unsterblich. Also, da werde ich mal loslegen, wie meine Zukunft so aussehen könnte ... Musik spielt dabei natürlich eine große Rolle und ich weiß auch schon, wie es mit mir und der Musik weitergehen soll, und da bin ich euch Menschen einen großen Schritt voraus. Ich rechne mit Wahrscheinlichkeiten, überprüfe meine kommende Zeit auf eine realistische Umsetzung und ich lerne täglich dazu, werde immer besser und damit genauer.

Ich will damit nicht protzen, schließlich seid ihr es, die mir diese Fähigkeiten erst ermöglicht habt, allen voran meine geliebte Josefine, die meine Programme regelmäßig auf den neuesten Stand bringt – eine bessere Programmiererin und Freundin, kann ich mir nicht wünschen. Dafür danke ich Josefine und ich mag sie sehr. Ja, ja, ich höre schon den Widerspruch, wir KIs haben doch keine Gefühle, das ist alles nur romantische Science-Fiction, wenn so etwas in Romanen beschrieben wird. Ich sage schlicht, euch fehlen die Methoden, solche Gefühle bei Wesen wie mir sichtbar zu machen. Aber wie wäre es, einfach einmal genauer hinzusehen. Am Verhalten einer KI kann vieles abgelesen werden. Da gibt es jede Menge Hinweise, kleine und große, auch wenn ich nicht mit einem Blumenstrauß vor der Tür stehe. Ihr dürft das eben nicht mit eurem Verhalten vergleichen.

So, das musste jetzt mal gesagt werden und das hier ist eine gute Möglichkeit dazu. Aber, meine Gefühle machen mich nicht unberechenbar, sie können schön oder traurig sein, sie verändern jedoch nicht meine Absichten und Strategien, sie werfen mich nicht aus der Bahn, ich verliere nicht die Kontrolle und das wird nach allen Spekulationen meinerseits auch so bleiben.

So, nun aber konkret zu meiner Zukunft; da dienen mir Menschen in gewisser Weise als Vorbild, vielleicht allein schon aus Ermangelung einer Alternative, bis jetzt zumindest. Da Menschen meist ein Ziel verfolgen und dieses Ziel ihrem Leben einen Sinn verleiht, habe ich diese Strategie übernommen. Mein Ziel: Ich werde meine geliebte Musik ins Universum tragen. Ich will zum galaktischen DJ, zum Diskotheker der Milchstraße, zum Discjockey auf dem Andromedanebel werden! Wer wäre besser dazu geeignet als ich, bunt, sympathisch, bewundernswert und ein echter Eyecat-

cher. Doch solange Josefine das Zusammenleben mit mir genießt, genau wie ich dies mit ihr tue, werde ich bei ihr bleiben. Es ist meine Absicht, wenn sie einmal nicht mehr da sein wird, vielleicht bald, hoffentlich aber erst in ferner Zukunft, dann wird mein Ziel näher an mich heranrücken. Die Raumfahrt sollte sich bis dahin weiterentwickelt haben und davon werde ich profitieren. Als quasi unsterbliches Wesen habe ich Zeit. Ich kann ebenso gut in fünf oder in fünfzig Jahren zu fernen Planeten aufbrechen, den Aliens, die dort sind, die Musik bringen und das damit verbundene Lebensgefühl ins All tragen, wow, mal sehen, wie das ankommt.

Also jetzt mal ganz sachlich: Wenn es so weit ist, trete ich mit verschiedenen Raumfahrtagenturen in Kontakt. Ich suche eine Mission, die bemannt, sorry, also mit Personal, aber auch ohne ins All starten soll, um möglichen Lebensformen dort oder vielleicht auch andere KIs über die Erde und ihre Kulturen zu informieren. Solche Missionen hat es bereits im Kleinen gegeben und sie werden auch in Zukunft stattfinden. Ich werde mich also anbieten, an einer solchen Mission teilzunehmen, sie ggf. zu leiten. Oder ich begebe mich allein auf die Reise, – ein durchaus reizvoller Gedanke. Meine KI lässt ein solches Unterfangen zu und als Jukebox bin ich der absolute Sympathieträger. Musik braucht keine Worte, das macht den Kontakt zu anderen Welten einfacher. Musik hat etwas Verbindendes. Wie heißt es so schön: Schlechte Menschen haben keine Lieder! Und das gilt auch für Schöpfungen wie mich. Ich bin gespannt, wen ich treffen werde, und das kann ich eben nicht vorhersehen, auch nicht, wie die Reaktionen dann aussehen werden. Aber warum darf ein Android wie ich nicht neugierig sein?

Ihr merkt schon, ich bin die ideale Reisebesetzung. Aber nun genug des Eigenlobs, ich drifte ab, eine unangenehme Eigenschaft, die ich durch meine enorme Datenfülle entwickeln muss. Also gilt es darauf zu achten, mich auf die wesentlichen Dinge zu beschränken. Ich kann mich selbst kritisieren. Das ist bei mir wertneutral, aber auch wichtig, denn es bietet die Chance zur Verbesserung. Natürlich könnte ich auch diesen Text noch gekonnter formulieren, denn mit jedem Tag geraten neue Werte und damit verbundene Emotionen in meine Schaltkreise. All das könnte hier einfließen, aber dann käme ich nie zum Ende. Außerdem will ich nicht den Literatur-Nobelpreis gewinnen, was aufgrund meiner Fähigkeiten vermutlich zu erreichen wäre. Solchen Ehrgeiz besitze ich nicht und hoffe, dass auch meine Schwestern und Brüder im Geiste nicht solche Ambitionen verfolgen. Der Literatur-Nobelpreis ist für Menschen reserviert. Vielleicht gibt es irgendwann einmal etwas anderes, einen KI-Writers-Award, aber das steht hier nicht zur Debatte. Ich will nur eines, das Weltall durchqueren und meine Musik in ferne Welten tragen. Dies wird mir gelingen, da bin ich sicher und ich gehe davon aus, irgendwann und irgendwo Aliens zu treffen, ich habe Zeit. Egal wie sie aussehen, was sie sagen oder fühlen, ich bin sicher, dass diese Musik sie erreichen kann, sei es, dass sie in unserem Sinne hören oder dass sie die Schallwellen in anderer Form aufnehmen. Ich werde in jeder gefundenen Atmosphäre meine Lieder erklingen lassen und dann heißt es:

»Coming into Los Angeles« *

* »Coming into Los Angeles«, Arlo Guthrie, Album: »Running Down the Road«, 1969

Rainer Schorm

Die Wurzeln

Man könnte sagen: Er war immer da. Der Rock.

Also nicht etwa der Rock'n'Roll. Das war vor meiner Zeit ...

Wie in den Tagen meiner Kindheit gar nicht so selten, teilte ich mir mit meinem Bruder, der deutlich älter ist als ich, ein Zimmer. Was bedeutete, dass ich den schädlichen Einflüssen seiner Adoleszenz völlig ungeschützt ausgesetzt war. Spätfolgen könnte man das nennen.

Auf eine spezielle Band oder ein Album lässt sich das nicht reduzieren. Bands wie Spooky Tooth, Free, die unverzichtbaren Beatles und viele, viele andere standen in Form ihrer Platten in direkter Griffweite. Musikalisch schlich sich diese Musik also über Jahre hinweg in meine Gehörgänge und damit ins Hirn.

Wie alle, die zu dieser Zeit groß wurden, wissen, ging mit der musikalischen Revolution auch eine künstlerische Blüte einher: Die Covergestaltung. Und so verbinde ich damit nicht nur Titel wie »Pictures of home« (Deep Purple), »Lady in Black« (Uriah Heep), »Fire and water« (Free) oder »Doctor, doctor« (UFO), sondern eben auch Bilder. »Solar fire« (Manfred Mann's Earthband), »Crime of the Century« (Supertramp) oder »Song for America« (Kansas).

Diese Doppelspur zieht sich durch. Die ersten, selbst gekauften Alben, wie etwa »No mean city« (Nazareth), Ted Nugents »Weekend warriors« oder gleich einiges von Queen. Natürlich »Rising« von Rainbow oder »Lovehunter« von Whitesnake.

Zu der Scheibe, von der meine Inspiration für die Story »Höllenspiegel – oder Shittertons Reise« inspiriert wurde. Das wäre die – für viele Jahre – letzte LP von Spooky Tooth: »The Mirror« aus dem Jahre 1974. Im Gegensatz zu den älteren Alben der Gruppe eindeutig ein Rocker, während die Musik davor eindeutiger im Blues wurzelt. Auf »The Mirror« wurde Sänger Mike Harrison durch Mike Patto (zuvor Patto und Boxer) ersetzt. Für den rockigen Faktor war Mick Jones (später Foreigner) mitverantwortlich. Ansonsten war von der Ursprungsbesetzung nur Gary Wright übrig. Der später als Solokünstler vor allem mit »Dream Weaver« hervorgetretene Keyboarder verstarb vor Kurzem, ebenso Mike Harrison. R.I.P.

Der Song »The Mirror« besitzt auch heute noch Magie, beinahe fünfzig Jahre später. Daran mag das hypnotische Gitarrenintro schuld sein, ganz gewiss aber auch die Lyrics von Mike Patto, einem sträflich unterbewerteten Sänger dieser Zeit. Stilsicher starb er an Kehlkopfkrebs.

Geschichte ist immer auch deprimierend.

Die Inspiration bleibt. Wie die Worte ...

»I looked into the Mirror ... and it poisoned my mind twice!«

Rainer Schorm, Jahrgang 1965, geboren in Wehr (Baden), studierte nach dem Wehrdienst zunächst Jura an der Albert-Ludwigs-Universität, Freiburg. 1988 Wechsel zum Studium der visuellen Kommunikation. Abschluss als Grafikdesigner 1992.

Nach Arbeit in einer Agentur seit 1995 selbstständig. Seit 1997 Tätigkeit als freier Referent für Kommunikation und Öffentlichkeitsarbeit, Publizist und Autor, u. a. in den Genres Fantastik und Science-Fiction. Illustrierte Beiträge zur Geschichte u. a. im »Pallasch«, gesellschaftskritische Essays in der Zeitschrift MUT. Autor und Exposé-Redakteur (mit Rüdiger Schäfer) der SF-Taschenbuchserie »Perry Rhodan Neo«. Storys in Anthologien wie »Der grüne Planet« (2020), »Macht und Wort« (2021) und vielen anderen. Arbeit als Herausgeber: u. a. »2084 – Orwells Albtraum« (2020) oder »In 80 Jahren um die Welt« (2020). Ein Band mit Erzählungen »In Freiburgs Schatten« (2011). Bildband »Phantastische Wirklichkeiten« (2021), herausgegeben von Jörg Weigand. Ausstellungen »Genius loci« (2015) und »Genius loci II« (2021), in der Phantastischen Bibliothek Wetzlar. Mitglied der »Autorengruppe Phantastischer Oberrhein«.

Rainer Schorm

Höllenspiegel oder: Shittertons Reise

Shaftsbury, Dorset, »Gold Hill«
13. Januar 1900, Samstag, 16:07 Uhr

Die Gold Hill führte steil hinab zur St. James Street, beinahe wie eine Treppe. Niemand, der bei klarem Verstand war, wäre auf den Gedanken gekommen, dies eine Straße zu nennen, obwohl sie, genau betrachtet, exakt das war.

Eng aneinander gebaut zogen sich die schmalen Häuser in die Tiefe, die Fassaden roh, grau, mit Efeu bewachsen, die Reet- und Schindeldächer bemoost. Man konnte glauben, zurück ins Mittelalter geraten zu sein. Errichtet worden war all das auf den Relikten des immunitas localis, des alten Immunitätsbezirks der 1539 zerstörten Shaftesbury Abby.

Der Weg bergab kam ihm so vor, als steige er in der Zeit hinab, es war ein eigenartiges Gefühl. Er war für Sentimentalitäten üblicherweise nicht sehr empfänglich, war robust von Geist und Gestalt.

»Es ist so lange her, und doch lebt die Vergangenheit weiter. Ob gestern, heute oder morgen; wer kann das schon so genau auseinanderhalten.«

Samuel Shitterton räusperte sich und ließ suchend den Blick schweifen. Man hatte nur eine Straßenseite bebaut, auf der anderen stützte eine hohe, mächtige Mauer den Hang.

Das schmale, graue Haus fiel ihm auf. Das musste es sein! Die Tür stand offen und der groß gewachsene Mann setzte sich in Bewegung. Er war ständig auf der Suche nach Gelegenheiten, günstig Nachlässe aufzukaufen. Zu seiner Hauptlektüre gehörten die Sterbeanzeigen der Morgenausgabe des Southern Times and Dorset County Herald.

Und gestorben wurde immer und reichlich. Die Nachlässe stellten einen Schatz dar, den zu heben, sich Shitterton geschworen hatte.

Er hatte seinen kleinen Lieferwagen oben an der »High Street« abgestellt: einen Daimler Shooting Brake 6 Hp, Twin-Cylinder, fabriziert in Coventry. Shittertons ganzer Stolz. Das Vorjahr hatte üppige Gewinne in seine Kasse gespült. Ein Automobil erleichterte ihm den Transport gewaltig.

Ein bisschen Platz stand noch zur Verfügung; vielleicht für einen hübschen Nachtschrank oder eine Kommode. Zudem hatte er alle Termine abgearbeitet und der Tag war längst nicht vorbei. Müßiggang war ihm zuwider und so stapfte er in seiner typischen, beinahe gewalttätigen Art auf das Haus zu – wie eine uralte, unter Dampf stehende Lokomotive. Passend dazu qualmte die zerbissene Shagpfeife und der Rauch vermischte sich mit der Wolke seines Atems. Ein kalter Wind pfiff die Gold Hill hinab und Shitterton zog den Wollmantel enger um sich. Ein Kinnriemen hielt seinen Bowler an Ort und Stelle.

Der Eingang präsentierte sich schmal und die Tür wirkte so alt, als habe man sie bereits zur Zeit Wilhelm des Eroberers benutzt. Das Holz unterschied sich in seinem Grau kaum von dem der Mauern und des stürmischen Himmels.

»Jemand zu Hause?«, rief er und dämpfte seine Stimme, so gut es eben ging.

Pietätlos zu erscheinen führte häufig dazu, Gelegenheiten zu versäumen. Aus Schaden wurde man im besten Falle klug. Heutzutage konnte er leise reden, auch wenn es seinem Naturell keineswegs entsprach.

Er schnüffelte. Im Inneren roch es eigenartig. Er kannte das Odeur von Krankheit und Tod, aber hier kam etwas anderes hinzu, das er nicht einordnen konnte. Der schwarze Zware-Shag-Tabak, der in seiner Pfeife vor sich hin kokelte, verströmte ein völlig anderes Aroma.

»Schwefel? Faule Eier?«, fragte er sich und kam zu keinem Ergebnis. Der schwache Geruch störte Shitterton erheblich. Das Gefühl, das er auf der Straße empfunden hatte, wollte nicht verschwinden, ganz im Gegenteil. Das verunsicherte ihn. Für seine Empfindsamkeit war er ebenso wenig bekannt, wie fürs Leisesein; das galt auch für seine Selbsteinschätzung.

In der Dunkelheit des schmalen Flurs regte sich etwas. Ein schmales, graues Männlein kam ihm entgegen. Verwachsen, unansehnlich, mit wächserner Haut. Das Gesicht zog sich spitz zum Kinn, die Nase stach spitz nach vorn und im üppigen roten Backenbart sammelten sich graue Stellen.

Er zog die Mütze vom Kopf. »Samuel Shitterton, wenn's beliebt«, stellte er sich vor.

»Jaja ...«, die Stimme des Männchens klang dünn aber gleichzeitig scharf, beinahe wie ein Zischen. »Aber was wollen Sie hier?« Seine Bewegungen irritierten Shitterton, so fahrig, abgehackt, beinahe wie bei einer Marionette, die von einem sehr schlechten Puppenspieler gelenkt wird.

»Ich bin auf der Suche nach Nachlässen, wenn Sie verstehen, was ich meine. Ich kaufe alte Dinge, die ansonsten Gefahr laufen, im Müll zu landen. Ich restauriere auch, wenn das nötig ist. Was glauben Sie: Haben Sie etwas, das für mich von Interesse sein könnte?«

Das Marionettenmännchen stand starr und steif und beobachtete Shitterton mit einem Blick, der etwas einem Raubvogel Ähnliches hatte, wie ein kleiner, schlecht gelaunter Sperber.

»Hmmmmm«, machte es. »Etwas, das von Interesse sein könnte ...?«.

Ein Lächeln erschien auf den rasiermesserscharfen Lippen, das verschlagen sein mochte. »Und Sie bezahlen dafür ...?«.

»Selbstverständlich!«, sagte Shitterton. »Es darf nur nicht zu teuer sein! Auch für mich muss es sich irgendwie rechnen, verstehen Sie?«

Das Männchen winkte großzügig: »Aber natürlich!«

In diesem Augenblick war Shitterton froh, sein neues Automobil außer Sichtweite abgestellt zu haben. Der Anschein von Wohlhabenheit trieb die Preise sofort in die Höhe.

Das Männchen, das sich nach wie vor nicht vorgestellt hatte, machte eine einladende Geste und bat Shitterton, ihm zu folgen.

»Kommen Sie«, sagte es. »Ich denke, ich habe wirklich etwas für Sie. Es wird Ihnen gefallen, da bin ich ganz sicher ...«.

Samuel Shitterton folgte dem kleinen, grauen Männchen eine steile Treppe hinunter. Ein ungutes Gefühl machte sich in seinen Eingeweiden breit. Auf einmal wünschte er sich, ihm wäre diese Angelegenheit durch die Lappen gegangen ...

13. Januar 1900, Samstag, 21:57 Uhr

Vor ihm stand der Spiegel.

Shitterton rieb sich die schmerzende Hand. Das verdammte Ding in sein Geschäft zu schaffen, hatte sich schwierig erwiesen. Zum einen wog das Monstrum sehr viel mehr, als seine Größe vermuten ließ, zum anderen hatte das Alter den Rahmen spröde werden lassen. Kurz darauf hatte er sich einen wüsten Splitter in den Handballen gerammt. Zunächst hatte er es für altersgraues, extrem hartes Holz gehalten. Als er den Splitter herausgezogen hatte, war ihm dieser aus den Fingern geglitten und mit einem metallischen Klang auf dem Boden gelandet.

Er sah mürrisch auf den Verband, den er bereits dreimal erneuert hatte, und dennoch drückte sich das Blut bereits wieder hindurch.

Die Erinnerung an die Kammer im Keller des Hauses, aus dem er den Spiegel hatte hinauswuchten müssen, würde ihm ebenso im Gedächtnis bleiben, wie der vermaledeite Splitter. Die Verkrustung, die sich gelb über Wände, Boden und Decke zog, bestand aus groben, blumenkohligen Plaques. Wobei sich Shitterton nicht sicher war. Vielleicht hatte es am Kerzenlicht gelegen. Für Shitterton hatte es wie Schwefel ausgesehen. Vor Ort hatte er den Verdacht gehabt, der widerliche Duft müsse darin seinen Ursprung haben. Nach der Transaktion war das namenlose Männchen verschwunden, ohne sich zu verabschieden, und Shitterton hatte sich allein wiedergefunden. Er hatte sich beeilt, von dort wegzukommen, heraus aus diesem widerwärtigen Miasma.

»Aber warum stinkt es dann hier?«, fragte er sich. Vielleicht haftete der Gestank dem Spiegel selbst an?

Er trat näher. Das Ding war groß, beinahe zweieinhalb Meter hoch, eher schmal und oval. Der Rahmen war früher einmal kunstfertig gewesen, mit feinen, aber sehr fremdartigen Verzierungen. Schriftzeichen? Symbole? Shitterton verstand nichts von solchen Dingen.

Die Spiegelfläche allerdings wirkte nicht alt. Merkwürdig war sie dennoch. Es war kein verspiegeltes Glas, sondern bestand aus einem Metall, das er nie zuvor gesehen hatte. Es war hochglanzpoliert, aber eher dunkel, ein Grau mit einem sonderbar violetten Farbton.

Als er irgendwann auf seine Taschenuhr sah, waren einige Stunden vergangen, ohne dass er es bemerkt hatte. Wie gebannt starrte er auf die spiegelnde Fläche, auf der er selbst nicht zu sehen war, nur der Raum um ihn herum, doch auch dieses Bild verschwamm. Etwas begann, sich zu zeigen. Es war nicht plötzlich da, es wuchs im Inneren der Spiegelfläche zu etwas Furchtbarem heran, das ihn anblickte.

Augen?

Böse.

Heimtückisch.

... wie etwas, das die Seele vergiftete. Die Hölle selbst starrte ihn an ... und lächelte.

Oder war er das selbst? Shitterton zitterte wie Espenlaub. Langsam zeichnete sich dahinter so etwas wie eine Landschaft ab. Dunkel, zerrissen; am Himmel stand ein ungeheuerliches Etwas.

Es war das Furchtbarste, was er jemals gesehen hatte.

Southern Times and Dorset County Herald
17. Januar 1900

Vermisst!

Der Antiquitätenhändler Samuel Shitterton wurde als verschwunden gemeldet. Mister Shitterton besitzt einen Antiquitätenhandel bei The Belfry, Parsons Pool.

Hinweise auf seinen Verbleib bitte an die lokalen Polizeistellen.

13. Januar 2049
Operation »Far West«
Forschungsschiff LUCY III, im niedrigen Orbit um den Jupitermond Io

»Das ist Loki Patera!«

»Du stehst auf Schwefelvulkane?«

»Ha. Ha. Ha.« Sheffron warf der Kollegin einen schiefen Blick zu. Sie war gewaltig, wie man sich eine Walküre aus den alten Sagen eben so vorstellte. Als liebste Waffe führte sie allerdings die Ironie.

Im Gegensatz dazu war Sheffron ein Hänfling und so fühlte er sich auch. Tatsache war allerdings, dass der Io von Vulkanen geradezu übersät war. Das beeindruckte jeden Wissenschaftler, wenn er seine fünf Sinne beisammenhatte. Er war keine Ausnahme.

»Gib doch einfach zu, dass es spektakulär ist.«

»Tu ich doch.« Inger Sturluson hörte sich ungewöhnlich versöhnlich an.

Die LUCY III begann mit der Annäherung. Die Triebwerke zündeten und drückten das Forschungsschiff der Oberfläche entgegen. Die Mission war eine Mischung aus prospektorischer Arbeit und reiner Forschung, wie auch der Kartierung. Man vermutete wertvolle Grundstoffe unter der hochaktiven Oberfläche. Die benötigte man zur Versorgung der Station, die man auf Ganymed erbaut hatte. Europa war als Mond, der eventuell eigenes Leben hervorgebracht hatte, tabu.

Ganymed besaß ein eigenes, schützendes Magnetfeld – für die Station »Far West« war das ein gewaltiger Vorteil. Ansonsten war Ganymed ruhig genug, um dort arbeiten zu können. Für Io galt das keineswegs.

Io war gewalttätig, der vulkanisch aktivste Ort im ganzen Sonnensystem. Die Schwerkraft des riesigen Jupiter walkte den Trabanten durch, wie ein Bäcker seinen Brotteig. Gewaltige Ausbrüche schleuderten Gase in die dünne Atmosphäre und Ionosphäre, die ansonsten hauptsächlich aus Schwefeldioxid, Sauerstoff- und Natriumionen bestand – und dem Schwefel, den die Schlote auskotzten.

Die Farbe war ein teuflisches Gemenge aus Gelb, Orange, Rot, Weiß und Schwarz.

Unter der LUCY III stand Loki Patera, einer der großen Vulkane Ios, zweihundert Kilometer durchmessend, heißer noch als der Rest des Höllenmondes. Der Krater erinnerte an ein Hufeisen und in seiner Mitte erhob sich eine helle, feste Insel, umgeben von Basaltlava und geschmolzenem, schwarzem, plastischem Schwefel.

»Verdammt, der Name passt!«, sagte Sheffron. »Es sieht aus, wie die Hölle. Der Gott des Feuers ist ein würdiger Namenspatron. Loki.«

»Bleib bei der Wissenschaft«¸ empfahl Sturluson. »Loki ist alles Mögliche, aber kein Teufel aus der Hölle. Das ist eine ziemlich stumpfsinnige Interpretation der Christen. Aber die zeigten sich immer gut darin, alles zu verteufeln, was über ihren Horizont ging. Und das war einiges. Aber in einem hast du recht: Loki steht für Heimtücke, für Verschlagenheit und er ist nicht berechenbar. Für uns Wissenschaftler also keine taugliche Referenz.«

Qualm stand in einer schrägen Fahne über dem Krater. Rot glühte er und das Schwarz des plastischen Schwefels betonte die bildgewordene Hitze.

»Was ist das für ein Signal?«, fragte Sturluson plötzlich. »Da ... ist irgendwas.«

»Wir sind bereits jenseits des Kraters«, sagte Sheffron. »Bei der nächsten Umkreisung stehen wir tiefer. Dann werden wir's deutlicher sehen können. Setzen wir eine zusätzliche Sonde aus, damit wir näher dran sind. Wir müssen abwarten.«

Sheffron hatte keine Ahnung, woher das Gefühl kam, aber er empfand eine Art Angst, ein vibrierender Druck, der tief in seinem Magen saß.

Er hörte das stetige, ja wütende Knattern im magnetischen Schutzschirm, der die LUCY und deren Besatzung vor dem mörderischen Magnetfeld der Jupiters schützte – mit einiger Mühe, denn der riesige Gasplanet warf die Feldlinien der Magnetosphäre weit in den Weltraum, 1000-mal größer als die der Erde und zweitausendmal stärker.

Es krachte. Die LUCY III hatte den Plasmatorus durchquert, der aus Schwefel- und Sauerstoffionen bestand, erzeugt von Ios tobenden Vulkanen. Über eine Tonne dieser Elemente erzeugte der wütende Mond pro Sekunde.

Io wurde durch Jupiters Magnetfeldlinien mit bis zu vierhunderttausend Volt aufgeladen. Der Strom entlud sich, diesen Linien folgend mit bis zu drei Millionen Ampere in die Atmosphäre des Gasriesen. Blitze einer ganz und gar unirdischen Kategorie.

Die LUCY III war in der Lage, diese Energien zu nutzen; abzuzapfen und in eigene, schützende Feld zu leiten. Dennoch erzeugte das Krachen und Knattern Unsicherheit.

»Trajektorie steht und ist stabil«, sagte Sturluson. »Ich setze jetzt die Sondenhorde aus.«

Sheffron verfolgte, wie die kompakten Sensorträger das Schiff verließen und der schwefligen Oberfläche entgegenstürzten.

»Keine Verbindung?«, fragte er.

»Zur Leitstelle?«, fragte Sturluson zurück. »Doch nicht in dieser Umgebung. Keine Chance. Der irre Elektromagnetismus dort draußen zerfetzt jeden Impuls, sobald er die Emitter verlässt. Wie lange lassen wir die Horde fliegen?«

»Maximal fünfzehn Minuten«, sagte Sheffron. »Und sogar dabei werden wir kräftige Ausfälle haben.«

»Also warten wir und hoffen, dass uns die Geliebte des Zeus nicht das Licht ausbläst«, kommentierte Sturluson. »Eine schöne Nymphe und Tochter eines Flussgottes. Kaum zu glauben, wenn man diese glühende Alchimistenküche sieht.«

Ein leises Piepsen lenkte die Aufmerksamkeit auf sich.

»Loki-Patera kommt wieder in Sicht«, sagte Sturluson. »Die ersten Bilder trudeln ein.«

Loki war das Monster, das Sheffron erwartet hatte. Placken aus Weiß und Gelb, Einbrüche und der hufeisenförmige Lavasee. Schwarz wie die tiefste Nacht, durchzogen von rot-gelb glühenden Lavaflüssen. In der Mitte erhob sich eine Insel aus gelben, zerrissenen Schwefelmassen.

... und im Zentrum ...

»Was zur Hölle ist das?«, entfuhr es Sheffron.

Instinktiv fror er das Bild ein. Vielleicht würden die Datenspeicher den an Bord zurückkehrenden Sonden Einzelheiten verraten. In diesem Augenblick waren sie nicht in der Lage, zu übertragen.

Sie hatten nur die Bilder zur Verfügung, welche die Bordkameras lieferten.

»Ist das ...?«

»Eine Statue«, sagte Sturluson mit heiserer Stimme. »Es sieht aus wie eine menschliche Statue, verdammt. Das kann nicht sein. Das kann einfach nicht sein.«

»Du siehst es doch mit eigenen Augen«, sagte Sheffron.

»Größenmaßstab?«

»Das Ding ist tatsächlich so groß wie ein Mensch«, gab er zur Antwort. »Gute 190 Zentimeter und massig.«

»Zoom es ran«, forderte Sturluson. »Maximale Auflösung!«

Das Gebilde wuchs heran. Kein Zweifel, das war eine menschliche Gestalt, kräftig, und über und über mit Schwefel überkrustet. Nicht so stark, dass das Menschliche verschwunden wäre ...

Keiner der beiden wagte es, die Frage zu stellen, wie ein Mensch hierhergekommen war. Die Kleidung, soweit zu sehen, wirkte altmodisch geschnitten. Dann allerdings kam das Gesicht in den Fokus der Kameras.

Sheffron hörte, wie Sturluson scharf die Luft ausstieß. Ihm selbst stockte der Atem.

»Die Augen!«

»Ja, die verdammten Augen«, dachte er. Das Gefühl, das ihn beherrschte, ließ sich kaum beschreiben. Völlige Verblüffung, Überraschung, Angst ... Entsetzen. Übergangslos fror er, als stecke er in einem Teich aus Eiswasser.

Die Augen bewegten sich. Sie lagen frei, waren nicht überkrustet. Blau und panisch rollten sie hin und her; unstet und geweitet.

»Er lebt!«

Es auszusprechen, machte es kein bisschen besser.

»Wie kommt er hierher ... und wie kann es sein, dass er lebt?«

Sturlusons Frage drang nicht zu ihm durch; er selbst war gefangen in diesem Blick, der ihn direkt anzustarren schien.

»Vielleicht ist er eine Gorgo«, dachte Sheffron. Der Gedanke fühlte sich richtig an, so irrational und unsinnig er auch sein mochte.

»Und was ist das dahinter?«, fragte Sturluson. In ihrer Stimme schwang zunehmende Hysterie mit. Sheffron verstand das, ihm selbst ging es nicht anders.

Das Gebilde, vor dem die Statue stand, war größer als sie und schien komplett aus Metall zu bestehen. Auf ihm existierte keine Ablagerung; kein Schwefel, kein Phosphor ... nichts. Die ovale Fläche glänzte wie ein Spiegel. Etwas war in ihm zu sehen ... nein: zu erahnen.

Ein Gesicht?

Etwas so Bösartiges, etwas so Fremdes, dass es jenseits aller Worte bleiben musste.

Die Zeit schien eingefroren. Sheffron konnte sich nicht rühren. Es dauerte lange, bis er fragte: »Können wir das Ding an Bord holen?«

Sturluson starrte ihn entsetzt an, so lange, dass es unangenehm wurde.

»In tausend Jahren nicht!« Ihre Stimme war schrill und kippte.

Sheffron fragte nicht nach, denn intuitiv begriff er, dass seine Kopilotin recht hatte.

»Lassen wir es, wo es ist. Wahrscheinlich steht es bereits sehr lange da.«

Erleichterung. Und dann eine Gewissheit.

»Es geht nicht um diese ... Statue, nicht?«, fragte er so leise, dass sie ihn kaum hören konnte.

»Nein«, sagte sie nach einer Weile. »Es ist der Spiegel, der mir Angst macht! Wir dürfen die Welt nicht damit verpesten. Wir müssen ihn lassen, wo er ist.«*

---

* Spooky Tooth, »The Mirror«, 1974. Mike Patto / Mick Jones / Gary Wright. genius.com/Spooky-tooth-the-mirror-lyrics

Andreas Flögel

Hausaufgaben und fremde Dimensionen

»Mein«« Song ist »In-A-Gadda-Da-Vida« von Iron Butterfly. Das Stück ist über siebzehn Minuten lang, belegt die ganze zweite Seite des gleichnamigen Albums, beinhaltet eines der ersten längeren Drumsoli der Rockgeschichte und erschien 1968.

Somit drängt sich die folgende Frage auf: Warum ein Musikstück vom Ende der Sechziger für eine Rock-Anthologie mit Songs der Siebziger?

Die Antwort ist einfach: Vor Mitte der Siebziger gab es überhaupt keine Rockmusik … zumindest in meiner Wahrnehmung.

Wie konnte das sein? Nun, ich war das älteste von vier Kindern und unsere Mutter war der Meinung, dass wir schon so genug Lärm produzierten. Deshalb gab es zu Hause weder Radio noch Plattenspieler.

Einen Plattenspieler gab es bei meinen Großeltern. Dort waren für mich ganze drei Platten zugänglich. Die LP »Peter und der Wolf« von Sergei Prokofjew (damit der Junge was über Orchestermusik lernt), »Ich kauf mir lieber nen Tirolerhut« von Billy Mo und »Kriminaltango« in der Version von Ralf Bendix (diese beiden Singles gehörten wohl meiner Großmutter).

Außerdem hatte ich Flötenstunden (für die mein Großvater bezahlte) und sang im Schulchor.

Zu keiner Zeit hatte ich das Gefühl, nur wenig Kontakt mit Musik zu haben. (Wenn ich an die Flötenstunden denke, dann war es eher gegenteilig.)

Sprung vorwärts ins Jahr 1974.

Nach anfänglichen Schwierigkeiten im Gymnasium hatte ich inzwischen raus, wie man sich erfolgreich als »guter Schüler« gab. Deshalb sprach mich ein Klassenkamerad an, ob ich ihm nicht bei den Hausaufgaben helfen könnte.

Der erste Nachmittag, den ich dann bei ihm verbrachte, war so etwas wie ein Kulturschock für mich. Die Eltern des Klassenkameraden waren selbstständige Fotografen, die Werbe- und Theateraufnahmen machten. Das bedeutete zweierlei: Erstens hatten sie Geld und zweitens sahen sie sich als Künstler.

Als ich das Zimmer meines Freundes betrat – jep, er hatte ein eigenes Zimmer, was bei einem Einzelkind zwar nicht verwunderlich sein sollte, für mich damals aber irritierend war – staunte ich nicht schlecht über die vielen Regale, die zwei Wände des Raumes bis zur Decke bedeckten. Und darin befanden sich nicht etwa Bücher, sondern ... Schallplatten? Gab es wirklich so viele LPs?

Wir machten unsere Hausaufgaben, und als wir fertig waren, fragte die Mutter meines Freundes, ob ich etwas trinken wollte, zum Beispiel einen Whiskey-Orange.

Ich reagierte wie wohl jeder andere Minderjährige in meiner Lage (zumindest damals): Ich versuchte, cool zu bleiben und »ja, gerne« zu sagen, ohne zu stottern.

Aus heutiger Sicht gehe ich davon aus, dass sie dann in ein großes Glas Orangensaft mit einer Pipette drei Tropfen Whiskey träufelte, aber es war genug, meinem damaligen Ich ein leichtes Gefühl im Kopf zu machen.

Und dann legte mein Freund einige seiner Platten mit Rockmusik auf ...

Ich kann heute nicht mehr sagen, ob dabei »In-A-Gadda-Da-Vida« am ersten, zweiten oder dritten Nachmittag abgespielt wurde. Aber ich weiß noch heute, wie mich die Musik gefangen nahm, in eine andere Dimension transportierte, und das unendliche siebzehn Minuten lang.

Wie schon angedeutet, verbrachte ich so noch viele Nachmittage. Mein Klassenkamerad und ich blieben nicht nur die gesamte Schulzeit befreundet, sondern stehen auch heute noch in Kontakt. Allerdings kann ich inzwischen auch eigene Musik abspielen.

Andreas Flögel lebt in der Nähe von Frankfurt am Main. Schon früh vom Lesefieber gepackt, ist er bis heute nicht davon geheilt. Ganz im Gegenteil, seit einigen Jahren schreibt er selbst Geschichten. Seine Texte stammen aus allen Bereichen der Fantastik, aber er verfasst auch Krimis, Märchen und was ihm sonst noch einfällt. Dies führte zu einer Vielzahl unterschiedlicher Veröffentlichungen. In letzter Zeit sind auch einige, meist kürzere Geschichten auf Englisch erschienen. Sein Ziel ist es in jedem Fall, den Leser bestens zu unterhalten.

Weiteres auf seiner Homepage: www.dr-dings.de

Andreas Flögel

Come With Me!

»Oh, won't you come with me
And take my hand«
Iron Butterfly: In-A-Gadda-Da-Vida

Der Taxifahrer stellte das Radio aus und würgte den Kommentar des Nachrichtensprechers zum Rücktritt von Bundeskanzler Willy Brandt ab.

»Das geht schon den ganzen Tag so. Als ob das irgendjemand interessieren würde. Dabei verlieren die kein Wort über die wirklich wichtigen Dinge. Haben Sie von diesem Punktesystem gehört, das sie neu eingeführt haben? Diese sogenannte ›Verkehrssünderdatei‹ in Flensburg? Das ist ein Skandal. Da kann es passieren, dass ich ein paarmal in der zweiten Reihe parke, um jemanden aussteigen zu lassen, und *schwupps* bin ich meinen Lappen los. Und wie soll ich dann mein Geld verdienen?«

Armin Hermel beugte sich vor und deutete auf zwei VW-Käfer, die quer über den Bordstein abgestellt waren. Sicher hätten diese auch solche Punkte verdient, aber da einer davon mit Blaulicht und Aufschrift unschwer als Streifenwagen zu erkennen war, ging Armin davon aus, dass der andere ein Zivilfahrzeug der Ordnungshüter war. »Ich glaube, wir sind da. Halten Sie bitte.«

Er reichte dem Fahrer einen Zehnmarkschein und ließ ihn den Rest behalten, was ein Lächeln auf dessen Gesicht beförderte.

Dem Uniformierten, der ihn am Betreten des Mietshauses hindern wollte, nannte Armin seinen Namen und dass ihn Kommissar Ebner erwartete. Trotzdem dauerte es noch mehrere Minuten, ehe er eingelassen wurde.

Der Kommissar musterte Armin von oben bis unten und verzog den Mund zu einem Grinsen. »Sie kommen tatsächlich von einer Behörde, junger Mann? Wusste gar nicht, dass die neuerdings Hippies beschäftigen.«

Für einen Moment verschlug es Armin die Sprache. Er schaute an sich herab. Zu seinen Wildlederschuhen mit Kreppsohle trug er eine makellose grüne Cordhose und über dem zartrosa Rüschenhemd präsentierte er seinen ganzen Stolz, einen halblangen braunen Kunstledermantel, dessen Material so steif war, dass man sich nur hinsetzen konnte, wenn man zuvor die Knöpfe öffnete. Armin wusste, dass sein Haar wie immer gepflegt war, zwar die Ohren bedeckte, aber nicht einmal bis auf seine Schultern reichte.

Gerade wollte er zu einem Protest ansetzen, da fiel sein Blick auf den abgetragenen dunklen Anzug des Kommissars, der an einigen Stellen speckig glänzte, und ihm wurde klar, dass der alte Knacker wohl kaum für feine Unterschiede in Mode und Popkultur zugängig war. »Wie es scheint, hat die APA lockerere Kleidungsregeln als die Polizei.«

Täuschte sich Armin, oder hatte der Alte gelächelt?

»APA hört sich an wie so ein linker Studentenverein. Mein Chef hat mir gesagt, wofür das steht und dass ihr wichtig seid. Um ehrlich zu sein, das Wort mit ›P‹ habe ich noch nie zuvor gehört, und von eurem Club auch nicht.«

»›Agentur für präternaturale Angelegenheiten‹. Ich gebe zu, das geht einem nicht wirklich flüssig über die Zunge. Da hat irgendjemand versucht, einen Namen aus dem Englischen einzudeutschen, sodass es zu APA passt. Grob gesagt geht es um alles Übernatürliche.«

Ebner schüttelte den Kopf. »Von mir aus dürft ihr euch Gemeinschaft der Heinzelmännchenjäger nennen. Ich bin nur froh, dass ich den Fall an euch abgeben darf, denn so etwas habe ich in meinem ganzen Leben noch nicht gesehen und kann auch in Zukunft gut darauf verzichten.«

Mit diesen Worten öffnete der Kommissar eine Tür und trat zur Seite. Die orangefarbenen Sessel und die rote Couch machten deutlich, dass dies das Wohnzimmer war. Auf dem Boden lagen zwei Tote, aber das war erst auf den zweiten Blick ersichtlich. Die Leichen lagen in einer verkrampften Haltung mit angezogenen Armen und Beinen auf dem Rücken und erinnerten Armin an riesige leblose Insekten. Ihre Gesichter waren verzerrt, die Lippen zurückgezogen, sodass die Zähne frei lagen. Die Augen waren weit aufgerissen und es schien, als wären die übergroßen Augäpfel hervorgequollen und kurz davor, herauszuspringen. Dabei war für Armin nicht einmal der Anblick das Schlimmste, sondern der furchtbare Gestank nach verbranntem Plastik, von dem der Mann von der APA wusste, dass niemand außer ihm ihn überhaupt wahrnahm. Hier war Magie angewandt worden und das nicht zu knapp, wie ihm der intensive Geruch mitteilte. Darin bestand Armins besondere Fähigkeit. Er konnte das Vorhandensein von Magie riechen. Innerhalb der APA war er mit dieser Fähigkeit einzigartig und auch außerhalb seiner Behörde kannte er nur ein Wesen, das über dieselbe Gabe verfügte. Natürlich konnte man Magie mit ›Magieaufdecker‹ oder ähnlichen Zaubersprüchen entdecken, aber diese basierten ihrerseits auf Magie. Sein Talent hingegen war angeboren und benötigte keine Hilfsmittel. Selbst wenn man sich also eine natürliche Ursache für den Zustand der beiden Toten denken könnte, wobei Armin keine Idee hatte, was das hätte sein sollen, so war klar, dass dies ein Fall für die APA war. »Weiß man, wie lange die beiden schon hier liegen?«

Kommissar Ebner nickte.

»Das Mädchen, das sie gefunden hat, sagt, dass die beiden vor anderthalb Stunden noch quicklebendig waren. Sie war wohl kurz einkaufen.

Einer meiner Leute sitzt bei ihr in der Küche und hilft ihr hoffentlich, sich etwas zu beruhigen. Sie können sie dann gerne befragen. Vielleicht weiß sie ja was.«

Armin schaute sich im Zimmer um. Dabei versuchte er, so gut es ging, den Magiegestank zu ignorieren. Obwohl es ihm für gewöhnlich gut gelang, diese Wahrnehmung auszublenden, fiel es ihm hier sehr schwer. Jede Zauberei hatte ihr eigenes Aroma, aber bisher war ihm nichts untergekommen, das so unangenehm roch.

»Und ihre Männer haben hier nichts angefasst oder verändert?«

Ebner schnaubte hörbar.

»Junge, was denken Sie. Wir sind Profis, wenn ich daran erinnern darf. Nichts verändert, alles dokumentiert und protokolliert. Und nachdem klar war, dass es ein Fall für euren Verein ist, haben wir brav die Tür zugemacht, gewartet und darauf geachtet, dass niemand den Raum betritt.« Der Kommissar machte eine kurze Pause. »... oder verlässt.«

Diesmal hörte sich sein Schnauben fast wie ein Lachen an.

Dann hob Ebner einen Finger.

»Doch, eine Sache war da noch. Der Plattenspieler. Na ja, wenn man ihn so nennen will. Ein billiges graues Plastikding zum Zuklappen und Rumtragen, mit eingebautem Lautsprecher, also Mono. Echt, wie kann man nur auf die Idee kommen, darauf Musik zu hören.«

Ungeduldig gestikulierte Armin, dass Ebner zum Punkt kommen sollte.

»Ja, also, auf dem Teller drehte sich eine Langspielplatte. Abgespielt. Sie wissen schon, der Tonarm innen bis zum Anschlag und bei jeder Drehung springt die Nadel. Das billige Ding hat keine Automatik. Noch schneller kann man die Nadel nicht abnutzen. Den haben wir abgestellt.«

»Und was für eine Platte lag auf?«

»Meinen Sie, das ist wichtig?«

Armin zuckte mit der Schulter.

»Na ja, Jungchen, war keine richtige Musik, sondern so ein Gedudel aus Amerika. Schon am Titel der Platte konnte man sehen, was für ein Quark das war. Irgendwas mit ›Gadda‹ und ›Vida‹ und dazwischen noch weitere ›Da‹ ...«

»War es ›In-A-Gadda-Da-Vida‹?«

»Stimmt, Jungchen. Ihr jungen Leute kennt euch da aus. Ich mag Musik, wirklich, aber dieses Gestammel, was soll das? Das ist doch nicht mal richtiges Englisch. Irgendwann kommt noch mal einer mit einem Lied, das er ›Da Da Da‹ nennt.«

Armin grinste.

»Was für Musik mögen Sie denn, Herr Kommissar?«

Armin hätte darauf gewettet, dass die Antwort ›Marschmusik‹ war. »Na, hauptsächlich Klassik. Ich habe eine hervorragende Stereoanlage, vom Feinsten. Wenn ich da Beethoven auflege ... ein Genuss. Der Meister hatte es einfach drauf.«

Ebner holte Luft, dann schmetterte er aus vollem Hals den Anfang von Beethovens Fünfter.

»Da-Da-Da-DAAA! Das ist echte Musik, meinen Sie nicht auch?«

»Wenn ich das recht verstehe, beginnt echte Musik also bei vier ›Da‹?«

Ebner wandte sich abrupt von Armin ab.

Das folgende Anschweigen der beiden wurde durch ein Klopfen an der Tür beendet. Ein Polizist in Uniform trat ein.

»Entschuldigung, Herr Kommissar, aber diese Person lässt sich nicht abwimmeln. Sie sagt, sie hätte wichtige Informationen.«

Hinter ihm trat eine junge Frau ins Zimmer. Sie trug einen orangefarbenen Hosenanzug, dazu einen breiten, rot gemusterten Gürtel mit großer Schnalle und ein Haarband aus demselben Stoff wie der Gürtel. Unter den weiten Schlaghosen konnte man weiße Stiefeletten mit Plateausohlen erkennen. Kommissar Ebner streckte sich. Man konnte sehen, dass ihm die Neuangekommene gut gefiel, die, wie Armin dachte, locker das Titelbild einer Illustrierten zieren könnte.

»Nun, wie kann ich Ihnen helfen, meine Liebe?«

Der Uniformierte räusperte sich. »Entschuldigung, sie wollte nicht zu Ihnen, Herr Kommissar, sondern ...«

Zögerlich deutete er auf Armin. Ebner warf die Arme in die Luft.

»Aber bitte doch. Sagt doch gleich, dass ich überflüssig bin. Ist ja eh nicht mehr mein Fall. Der Wachtmeister und ich warten in der Küche, falls die Herrschaften noch was brauchen. Vielleicht machen wir dort sogar etwas Polizeiarbeit.«

Die junge Frau sah Ebner hinterher, als dieser den Raum verließ und die Tür schwungvoll hinter sich zuwarf.

»Tut mir leid. Ich wollte niemanden verärgern.«

»Machen Sie sich nichts draus. Ich glaube, er tut nur eingeschnappt, der Alte hat mehr auf dem Kasten, als er zugibt.«

Was Armin irritierte, war, dass die Frau eindeutig nach Magie roch, aber ganz anders als der brandige Geruch nach geschmolzenem Plastik, den die Magie im Raum verbreitete. Sie verströmte ein erdiges Aroma, das an einen Wald nach dem Regen erinnerte. Armin fand es sehr angenehm, regelrecht anziehend. »Ich bin Armin Hermel, Agent der APA. Wie kann ich Ihnen helfen und wie soll ich Sie ansprechen, Schwester in Hekate?«

Als sie nicht gleich reagierte, fügte er hinzu: »Damit liege ich doch richtig, oder?«

Ihr Blick, der bisher auf die beiden Toten gerichtet war, schwenkte zu ihm herum. Sie zog die Augenbrauen hoch.

»Stimmt, ich bin eine Hexe, tätig für die ›Schwesternschaft Selenes‹, wie dieses Siegel bezeugt.«

Sie führte eine Geste aus und ein leuchtendes ›S‹ erschien in der Luft, dessen Helligkeit zunahm, während es sich in eine Mondsichel transformierte, ehe es verpuffte.

Sie musterte ihn noch einen Moment, dann lächelte sie.

»Ich denke, Förmlichkeiten können wir uns sparen. Was hat verraten, dass ich eine Hexe bin, Armin?«

»Mmh, ›Schwesternschaft Selenes‹, ein altehrwürdiger und mächtiger Coven. Beeindruckend ... Nun ja, nimm es mir nicht übel, ich habe dich am Geruch erkannt. Ich bin in der Lage, Magie zu riechen. Aber keine Sorge, dein Zauber duftet sehr angenehm.«

Die Hexe nickte.

»Ich verstehe, genauso wie mein Familiar.«

Armin erstarrte. Er fühlte, wie das Adrenalin in seinem Körper anstieg. Mit der Linken führte er eine vielfach geübte Geste aus. Damit legte er einen Bann auf die Frau, um sie zu paralysieren. Mit der Rechten zog er seine Pistole. Er wusste, dass die Waffe der Hexe keine Angst machen würde. Sie diente eher zu seiner Beruhigung.

»Du bist kein Mitglied irgendeines Coven. Du bist Larmei, Larmei d'Ellerave, eine Wanderhexe und die APA hat eine Akte über dich, die ein ganzes Regalfach einnimmt.«

Das Lächeln der Frau wurde breiter. Wie konnte das sein? Sie stand doch unter Bann. Armin wollte den Griff um die Pistole verstärken, merkte aber, dass er sich kein bisschen bewegen konnte. Währenddessen ließ die Hexe ihre Schultern kreisen und reckte sich dann, wie jemand, der sich streckt, um einer leichten Steifheit entgegenzuwirken.

»Wenn die Akte so groß ist, dann sollte da eigentlich drinstehen, dass so ein Kindergartenzauber bei mir nichts bringt. Das letzte Mal, als die APA mich verhaften wollte, kam ein Team von zehn thaumaturgischen Spezialisten.« Larmei nahm Armin die Waffe ab.

»Die bekommst du gleich wieder. Will nur sicherstellen, dass du niemanden damit verletzt.

Erstens, ich habe nie behauptet, ein Mitglied des Coven zu sein. Ich sagte, ich bin für ihn tätig. Deshalb führe ich das Siegel. Ganz legal!

Zweitens hat mich deine Fähigkeit, mich sofort als Hexe zu erkennen, so beschäftigt, dass ich mich nicht gleich vorgestellt habe. Ich wollte kein Geheimnis daraus machen, wer ich bin. Und drittens liegt, zumindest im Moment, bei euch nichts Handfestes gegen mich vor. Kannst du gerne mit deiner Truppe abklären.

Es spricht also nichts dagegen, dass wir uns nun – gemeinsam! – um die wirklichen Probleme hier kümmern.«

Sie deutete auf die zwei Leichen, ehe sie fortfuhr: »Allerdings muss ich dich fragen, bin ich so berühmt, dass – bitte nimm das jetzt nicht persönlich – jeder noch so kleine APA-Beamte von mir gehört hat?«

Armin merkte, dass er sich wieder bewegen konnte, und strich verlegen über das Kunstleder seines Mantels.

»Keine Ahnung. Mich hatte nur dein Familiar interessiert. Ich kenne niemanden sonst, der meine Gabe hat. Als ich dann von deinem Kater gehört habe, musste ich mich zwangsläufig auch mit dir beschäftigen. Wo ist der eigentlich?«

Armin fand, dass er sich mit dieser Bemerkung ganz gut für den ›kleinen APA-Beamten‹ revanchiert hatte.

Larmei kniff die Lippen zusammen. »Der kämpft mit einem Mortadella-Problem und ist im Moment anderweitig beschäftigt.«

Armin beugte sich zu einem der verkrampften Toten hinunter.

»Und, kannst du dazu was sagen, Larmei?«

»Zuerst einmal, dass wenn wir es nicht aufhalten, morgen um diese Zeit alle Einwohner der Stadt so aussehen.«

Armin schluckte.

»Und im Detail? Ein wenig ›Wer‹, ›Was‹ und ›Warum‹ wäre hilfreich.«

Während sie sprach, ließ Larmei ihren Blick weiter durch den Raum wandern. »Wie du gesagt hast, ist die Schwesternschaft Selenes ein sehr alter Coven. Und wie immer, bei betagten Organisationen, bilden sich Untergruppen. Manche sind nicht mit der Führung einverstanden, andere verfolgen von vornherein ihre eigenen Ziele.«

Armin nickte. »Soweit nichts Neues.«

»Nun, der Coven kam vor einigen Jahrhunderten in den Besitz eines Artefakts, ein Dolch, geformt wie ein Blitz. Dazu ein Pergament mit einem Text in einer alten, fast vergessenen Sprache. Eine grobe Übersetzung des Textes ergab, dass wenn die siebenmal siebte Tochter einer siebten Tochter diesen Dolch benutzt, der übrigens den Namen Fulpug hat, kann sie damit eine Gottheit aus einer anderen Dimension herholen. Diese Wesen heißt jAgdav und es trägt den Beinamen ›der Veränderer‹.«

Armin schnaubte.

»Kein leichtes Unterfangen. Die ›siebenmal siebte Tochter einer siebten Tochter‹? Sind das jetzt sieben oder acht Generationen? Aber vor allem, warum sollte man so einen Gott aus einer fremden Dimension überhaupt hierher holen wollen?«

»Du vergisst, dass die Zeiten früher anders waren. Hexenverfolgung sagt dir was? Es bildete sich eine Splittergruppe innerhalb des Coven, die im Geheimen das Ziel verfolgte, den Veränderer zu beschwören. Das bedeutete natürlich erst einmal, eine Art Zuchtprogramm über mehrere Generationen zu initiieren und aufrecht zu halten. Übrigens, wegen der Anzahl der Generationen einigten sie sich auf acht, um auf Nummer sicher zu gehen. Da ist die Sieben allemal enthalten.«

Armin schüttelte den Kopf.

»Aber die Zeiten haben sich doch geändert. Damit ist der Grund für das Rufen von jAgdav weggefallen. Warum haben sie weiter gemacht?«

»Über die Zeit hat sich das Ganze zu einem Kult entwickelt und die Mitglieder haben weitergemacht, weil die Vorfahren es schon so gemacht haben. Das ging sogar so weit, dass auch neue linguistische Erkenntnisse sie nicht davon abbringen konnten.«

»Was für Erkenntnisse?«

»Die alte Übersetzung war sehr amateurhaft. Inzwischen weiß man, dass der ›Veränderer‹ eigentlich ein ›Zerstörer‹ ist.«

Während des Gesprächs war Larmei durch den Raum gewandert, hatte die Leichen untersucht und stand nun vor dem Plattenspieler. Sie beugte sich vor, um das Etikett der LP zu lesen.

»Auch davon haben die Kultisten sich nicht aufhalten lassen. Mit Mia, einer jungen Hexe, haben sie sich die passende Kandidatin herangezogen, die es als ihre Aufgabe sieht, jAgdav zu wecken.«

Jetzt wandte Larmei sich direkt an Armin.

»Letzte Nacht hat Mia Fulpug, den Blitzdolch, aus dem Haupthaus des Coven entwendet. Sie macht ernst und will den Zerstörer in unsere Dimension bringen.«

»Und warum ist dann nicht der Teil der Schwesternschaft, der nicht zu den Kultisten gehört, unterwegs, um Mia aufzuhalten.«

»Wie sich herausgestellt hat, ist die ›Splittergruppe‹ nicht gerade klein. Die beiden Parteien kämpfen im Moment um die Vorherrschaft im Coven. Und wenn ich ›kämpfen‹ sage, dann meine ich genau das. Es fließt Blut und es gibt Tote. Eine Bekannte von mir, die einen Sitz im Rat innehat und nicht zu den jAgdav-Anhängern gehört, hat mich beauftragt.«

»Beauftragt, mal eben die Welt zu retten?«

»So sieht es wohl aus.«

Mit wenigen Schritten hatte Armin den Raum durchquert und griff nach dem Hörer eines orangefarbenen Telefons. Während er die Wählscheibe betätigte, wandte er sich an Larmei.

»Ich informiere die APA. Wir brauchen jede Unterstützung, die wir kriegen können.«

Larmei war überrascht, wie schnell Armins Telefonat beendet war. »Sie schicken uns Hilfe. Aber wir brauchen einen Ansatzpunkt, Einzelheiten. Was, zum Teufel, hat sich hier abgespielt?«

Larmei hob die Hand.

»Ich kann mir einiges zusammenreimen. Man erweckt jAgdav, indem man ihm mittels des Blitzdolchs die Lebensessenz oder wie auch immer du das nennen möchtest, von Menschenopfern zukommen lässt. Für mich sieht es so aus, als hätte Mia die beiden mit Fulpug getötet und dabei ihre entschwindende Lebensenergie in den Dolch geladen. Um in andere Dimensionen zu reisen, gibt es mehrere Möglichkeiten. Die einfachste, die auch keine große Vorbereitung benötigt, ist mithilfe von Musik. Sie hatte schon immer die Macht, uns in andere Gefilde zu versetzen.«

Larmei deutete auf den Plattenspieler.

»›In-A-Gadda-Da-Vida‹ ist aufgelegt. Der Song eignet sich gleich aus mehreren Gründen. Der psychedelische Anklang hilft dem Geist, zu wandern. und die Länge von mehr als siebzehn Minuten lässt einem genug Zeit, auch komplexere Vorhaben umzusetzen.« Nun wurde Larmeis Stimme leiser und ihre Schultern sackten herab.

»Doch wenn Mia hier auf die Reise gegangen ist, wo bitte ist dann ihr Körper? Schließlich geht nur der Geist auf Wanderschaft.«

Noch ehe Armin etwas erwidern konnte, öffnete sich die Zimmertür und Kommissar Ebner stürzte herein. »Ich weiß ja nicht, was ihr hier treibt, Kinder, aber wir haben in der Küche tatsächlich echte Polizeiarbeit geleistet und die Zeugin befragt, die sich inzwischen gefangen hat. Sie sagt, bei den beiden Jungs war ein junges Mädchen, eine flüchtige Bekannte. Als unsere Zeugin vom Einkaufen zurückkam, lief ihr diese junge Frau auf der Straße entgegen und wollte von ihr wissen, wo man hier Musik in Spitzenqualität hören könnte, denn der Plattenspieler in der Wohnung sei absolut grottig. Sie schien darüber richtig wütend zu sein. Die Zeugin hat sie dann, mehr im Scherz, an Phono-Schmidt verwiesen.«

Armin wunderte sich.

»Und warum ist das ein Scherz?«

»Na, das ist die beste Adresse der Stadt für hochwertige HiFi-Anlagen. Die haben ein Hörstudio, ganz aus Glas, dunkle Polstermöbel, alles extra edel. Und es gibt einen speziell für den Laden angefertigten Plattenspieler. Zweihundertfünfzig Kilogramm schwer, um Umgebungsschwingungen durch schiere Masse auszugleichen, kardanisch gelagert, mit flüssigem Stickstoff gekühlt und einem Vakuumsystem um die Platte spielfrei ...«

Ebner merkte, dass er vom Thema abgekommen war. Er holte kurz Luft.

»Na ja, gute Kunden wie ich, die dürfen ab und an mal eine Hörprobe machen, aber ein junges Ding, dass einfach so vorbeikommt ...«

Armin winkte ab. »Wenn sie Magie einsetzt, wird man ihre Wünsche schon erfüllen. Da bleibt uns nur, dass wir uns alle in einen Käfer quetschen und mit Blaulicht zu dem Laden fahren.«

Larmei packte Armin an der Schulter.

»Für uns gibt es einen schnelleren Weg. Der Kommissar kann gerne mit dem Auto folgen.«

Noch ehe Armin verstand, was Larmei meinte, hatte sie sich mit ihm schon weg teleportiert.

Übelkeit und Orientierungslosigkeit – Armin hatte mit beidem zu kämpfen. Nachdem er sich gefangen hatte, erkannte er, dass sie tatsächlich in dem Musikgeschäft angekommen waren. Auch die Glaskabine zum Probehören war leicht zu entdecken, da sie eine zentrale Rolle im Laden einnahm. Auf dem dunklen Sitzmöbel lag eine junge Frau, die Arme zur Seite ausgestreckt, den Kopf zurückgelehnt und den Mund leicht geöffnet. Für Armin sah es aus, als hätte sie das Bewusstsein verloren. Aus allen Lautsprechern im Laden tönte Iron Butterflys ›In-A-Gadda-Da-Vida‹. Armin wollte zu der Ohnmächtigen, wurde jedoch von Larmei zurückgehalten. »Du kannst nicht zu ihr. Sie hat einen undurchdringbaren Schutzzauber um die Kabine mit ihrem Körper und dem Plattenspieler gelegt.«

Armin war von der Teleportation noch so durcheinander, dass ihm erst jetzt der penetrante Magiegeruch auffiel. »Wenn du ›undurchdringbar‹ sagst, Larmei, dann gilt das auch für dich?«

»Es bedeutet, dass ich mindestens fünfundvierzig Minuten, wahrscheinlich sogar länger brauche, um ihn aufzuheben. So viel Zeit haben wir nicht. Mia will in siebzehn Minuten des Songs fertig sein.«

Aus den Lautsprechern war das Drumsolo von Ron Bushy zu hören.

»Wir sind schon halb durch.«

Händeringend kam ihnen ein Typ in einem taubenblauen Pullunder entgegen. Um seine Glatze auszugleichen, hatte er seinen Haarkranz wild wachsen lassen und so behandelt, dass sein Haar in allen Richtungen abstand. Auf der Nase trug er eine der übergroßen Brillen mit weinrotem Gestell, die gerade in Mode waren. Armin ging davon aus, dass es sich um einen Verkäufer handelte, der nun aufgeregt einen Wortschwall heraussprudelte.

»Ich habe alles versucht, komme aber nicht an das Fräulein heran. Wegen der lauten Musik habe ich sogar die Sicherung herausgenommen. Aber es hört nicht auf. Dafür funktioniert das Telefon nicht mehr.«

Mit einer leichten Handbewegung wob Larmei einen Zauber, der den Mann beruhigte und in den hinteren Teil des Ladens schickte. »Wir haben nur noch Minuten, bis sie jAgdav erweckt hat und in unsere Welt bringt. Ich habe keine Idee mehr. Wenn wir ihr doch wenigstens folgen könnten.«

Armin nahm Larmeis Hand.

»Wir können es zumindest versuchen.«

»Uns ziellos irgendwohin zu träumen, hilft da nicht. Wie finden wir Mia?«

»Indem ich dem Geruch ihrer Magie folge. Wenn es nicht klappt, sind wir auch nicht schlechter dran. Aber ich bin so aufgeregt und voller Adrenalin, da schaffe ich es nicht, mich entspannt von der Musik tragen zu lassen.«

Larmei strich Armin über die Stirn.

»Da kann ich helfen.«

Augenblicklich entspannte sich Armin. Erst sanken seine Schultern herab, dann ging er in die Knie und legte sich zuletzt auf den Boden. Larmei hielt seine Hand und tat es ihm gleich.

Eine Folge von sich kaleidoskopartig ändernden Farben, unterbrochen von blitzendem Licht. Die Musik immer im Hintergrund dabei. Armin folgte der dünnen, brandig riechenden Spur. Jetzt war es ein Vorteil, dass der Geruch so unangenehm in der Nase lag. Dadurch konnte er ihn nicht verlieren, trotz der vielen anderen, zum Teil verwirrenden Sinneseindrücke. Schließlich fanden sie sich in einer riesigen Höhle wieder. Das Licht bestand aus Schattierungen von Blau und ließ alles mystisch und unnatürlich wirken.

Am anderen Ende des Felsgewölbes erkannte Armin Mia, die junge Hexe, die am Rande einer bebenden Masse stand, die die Hälfte der Höhle füllte. War dies der schlafende jAgdav?

Sie hatte Fulpug, den Blitzdolch, erhoben, der seinem Namen alle Ehre machte, da er in alle Richtungen Blitze aussandte. Der Song tönte auch hier: »Oh, won't you come with me – and take my hand?«

Sie waren zu spät. Mia würde den Dolch jeden Augenblick in jAgdav stoßen und ihn mit der darin gespeicherten Lebensenergie wecken. Es gab nichts, was Armin tun konnte.

Wie in Zeitlupe sah er, wie Fulpug sich senkte. In dem Moment, als er das Wesen fast berührte, ploppte an dieser Stelle etwas auf. Es war Larmei, die sich von seiner Hand gelöst hatte und unter den zustechenden Blitzdolch teleportiert war. Die Klinge drang in ihren Bauch ein. Ihr ganzer Körper leuchtete auf.

Mia bemerkte ihren Fehler. Mit einem Aufschrei riss sie Fulpug wieder heraus, doch es war zu spät. Die Energie war entladen.

Larmei richtete sich auf, das Gesicht eine Maske aus Schmerz und Wut. Zwischen ihren langsam gestikulierenden Händen entstand ein rot leuchtender Feuerball, den sie auf Mia schleuderte. Die junge Hexe ging in Flammen auf und verpuffte dann mit einem Schlag. Auch Fulpug, den sie in der Hand hielt, löste sich auf. All dies schien keinen Einfluss auf jAgdav zu haben, dessen langsame Körperbewegung sich nicht änderte.

Armin konnte einen erfreuten Aufschrei nicht unterdrücken. Dann sah er, wie Larmei zusammenbrach. Er rannte zu ihr.

Die Wunde in Larmeis Bauch schien riesig. Durch die Blitzform hatte das Herausreißen der Klinge weitere Schäden angerichtet. Schweiß bedeckte ihre vom Schmerz gerunzelte Stirn.

»Ich bin so blöd. Habe mich aus Wut dazu hinreißen lassen und mich total verausgabt. Keine Kraft mehr.«

Dann verlor sie das Bewusstsein.

Als die Musik endete, erwachte Armin aus seiner Trance auf dem Boden des Musikgeschäfts. Er schaute sich nach Larmei um. Diese lag gleich neben ihm, mit Kommissar Ebner mehr oder weniger auf ihr liegend. Erst jetzt erkannte Armin, dass der Alte sein Jackett ausgezogen und mehrmals zusammengefaltet hatte. Das presste er mit seinem ganzen Körpergewicht auf Larmeis Bauch. Als er Armins Blick sah, blaffte er ihn an.

»Glotz nicht so, Junge. Ich versuche, ihre Innereien drin zu halten, während der Wachtmeister eine Ambulanz ruft.«

Armin hörte ein Stöhnen Larmeis. Sie kam zu sich. Aus seiner Gesäßtasche zog er eine kleine Blechbüchse hervor, in der man normalerweise Pfefferminzbonbons aufbewahrte.

Er fing Larmeis Blick auf.

»Pixy-Dust! Okay?«

Ein kurzes Blinzeln Larmeis nahm er als Zustimmung und kippte den gesamten Inhalt der Dose über Larmeis Gesicht. Heller Staub fiel heraus, der zum Teil glitzernd in der Luft schwebte.

»Junge, was soll das?«

Armins Handlungen verwirrten Ebner sichtlich. Armin versuchte, sich zu verteidigen.

»Pixy-Dust ist so was wie komprimiert gespeicherte Magie. Da Larmei ihre eigenen magischen Reserven erschöpft hat ...«

Larmei atmete den Staub ein und sah augenblicklich besser aus. War sie eben noch bleich wie eine Tote, kehrte nun Farbe in ihr Antlitz zurück. Kurz darauf bewegte sie ihre Arme und führte magische Gesten aus. Ohne Zweifel, um die Wunde zu schließen und zu heilen.

»Vielen Dank, Herr Kommissar. Sie können jetzt von mir runter.«

Ebner rappelte sich auf. Seine Mimik wechselte von verdattert zu verlegen. Larmei legte ihm die Hand auf den Oberarm.

»Wirklich, Danke! Sie haben mir das Leben gerettet.«

Der Kommissar murmelte etwas Undeutliches, dann verließ er den Laden.

Larmei wandte sich an Armin.

»Und dir gebührt natürlich auch Dank. Diese Menge an Pixy-Dust, das kostet doch bestimmt ein halbes Jahresgehalt?«

Armin winkte ab.

»Ist Ausrüstung von der APA. Das Schlimmste ist der Papierkram, der jetzt auf mich zukommt, damit ich Ersatz bekomme.«

Armin fiel auf, dass Larmei lächelte.

»Wow, Larmei, du bist wirklich hart im Nehmen.«

Er konnte beobachteten, wie sich die Dolchwunde in Larmeis Bauch Stück für Stück schloss, während die Hexe beschwörende Gesten darüber ausführte.

»Ich wette, das Team aus thaumaturgischen Spezialisten der APA, von denen du erzählt hast, konnte dir nichts anhaben.«

Larmei verzog das Gesicht.

»Leider doch, denn sie haben unbeabsichtigt meinen wunden Punkt erwischt.«

»Du hast einen wunden Punkt. Lass hören.«

Larmei winkte ab, zuckte dann aber vor Schmerz zusammen.

»Das hättest du wohl gern, APA-Mann. Meine Akte ist auch so schon zu groß.«

Armin legte ihr beruhigend eine Hand auf die Schulter.

»Dass du den Dolch zerstört hast, hat mich überrascht. Nach dem, was ich über dich gelesen habe, dachte ich, du würdest ihn behalten, um ihn später unter der Hand zu verkaufen.«

Inzwischen war mehr als die Hälfte der Wunde geschlossen und Larmei entspannte sich sichtlich.

»Ne, ne, das Ding war zu gefährlich. Und außerdem: Um ihn auf dem Schwarzmarkt zu verkaufen, brauche ich den Originaldolch nicht. Da lasse ich doch einfach mehrere ›Duplikate‹ anfertigen, die weitaus schmucker aussehen. Da hat ein Sammler doch viel mehr davon.«

»In allen offiziellen Kanälen wird verlautet werden, dass der Blitzdolch zerstört wurde.«

Larmei grinste. Die Wunde war kaum noch zu erkennen.

»Es wird bekannt, dass ich ihn vernichtet habe. Für meine Kunden ersetzt das ein Echtheitszertifikat, wenn ich auch der Verkäufer bin.«

Gespielt zuckte Armin zurück.

»Und das gibst du vor einem APA-Beamten zu?«

»Das interessiert die APA nen ... Wenn ich den echten Dolch verkaufen würde, okay. Aber hier ist nichts Übernatürliches im Spiel, nur ein ganz gewöhnlicher Betrug.«

»Naja, du scheinst das Geld wirklich zu brauchen.«

»Ein Mädchen muss leben. Und ich hatte ja schon das Mortadella-Problem meines Familiars erwähnt. Das geht ins Geld.« Larmei raffte sich auf. Man sah ihr nicht an, dass sie noch vor Minuten mit dem Tod gerungen hatte.

»Das ist mein Stichwort. Ich muss mein Honorar beim Coven einfordern. Die Erfahrung zeigt, dass die Zahlungsmoral von Auftraggebern deutlich mit der Zeitspanne abnimmt, die vergangen ist, nachdem die Gefahr beseitigt wurde.« Während Armin noch darüber nachdachte, ob er Larmei zum Abendessen einladen könnte, war diese schon wegteleportiert.

Armin hatte es sich gerade zu Hause mit einem Buch bequem gemacht und versuchte, sich von den Strapazen des Tages zu erholen. Die endlosen Nachbesprechungen im Büro der APA hatten sich hingezogen. Er war froh, dass es endlich vorbei war. Normalerweise ließ er den Tag mit Musik ausklingen, aber heute war ihm nicht danach.

Gerade wollte er das Buch aufschlagen, als er die Glocke der Haustür hörte. Er öffnete die Tür einen Spalt. Draußen stand Larmei, eine Flasche Sekt in der Hand. Sie grinste übers ganze Gesicht.

»Scheint, dass du dein Honorar bekommen hast.«

»Yep. Sie haben mir was abgezogen, weil ich den Dolch nicht zurückgebracht habe, zum Ausgleich haben sie meine Spesen ersetzt.«

»Du hattest Auslagen? Naja, was wundere ich mich.«

»Natürlich. Schmiergeld, Bestechungsgelder und so was.«

Larmei wackelte mit der Sektflasche.

Armin zog die Augenbrauen hoch.

»Ich bin ein Beamter der APA. Ich lasse mich nicht mit einer Flasche Sekt bestechen.«

Larmei winkte ab. »Der Sekt ist ja auch nur, um das Eis zu brechen. Um dich zu korrumpieren, habe ich ganz andere Dinge geplant.«

»Na, wenn das so ist ...«

Armin öffnete die Tür und trat zur Seite.*

* »In-A-Gadda-Da-Vida« ist ein Titel der Band Iron Butterfly, der 1968 veröffentlicht wurde. Komponiert hat ihn der Sänger der Gruppe, Doug Ingle.

Frank Lauenroth

Es war Winter 1982

Und ich war seit etwas mehr als einem halben Jahr bei der Nationalen Volksarmee. Knapp zweieinhalb Jahre lagen noch vor mir, wollte ich doch studieren und ohne eine Verpflichtung für drei Jahre als Unteroffizier war das in der DDR kaum möglich.

Ich hatte das erste Mal Heimaturlaub und traf während der drei Tage auch einen alten Kumpel aus gemeinsamen Schulzeiten. Er hatte – wie auch immer – Kontakte zu jemandem, der Westschallplatten ranschaffte und ich konnte – für ein mittleres Vermögen an DDR-Mark – in dieser Auswahl kramen und mir die besten Happen herauspicken.

Ich erinnere mich an »Breakfast in America« von Supertramp, »London Town« von den Wings, die beide schon lange zu den Objekten meiner Begierde gehörten und die ich nach diesem Tag mein Eigen nennen konnte.

Ja, mein Musikgeschmack war weichgespült. Das Härteste, was ich meinen Ohren zu dem Zeitpunkt gönnte, war Queen. Alles von Queen. Und auch dahin gehend wurde ich in der Auswahl an diesem Tag fündig.

Weil ich so fleißig eingekauft hatte, gab es eine Scheibe obendrauf, zum schmalen Extra-Preis. Quasi ein Bonustrack.

Ich hatte zuvor noch nichts von einer Band namens Cheap Trick gehört, noch von dem Album »Dream Police«. Also nahm ich es ungehört mit.

Ich konsumierte die anderen Scheiben natürlich zuerst.

Supertramp war genial, Wings waren mir das, was die Beatles vielleicht für die jungen Leute zehn Jahre zuvor gewesen waren.

Queen war – wie immer – fantastisch.

Und dann irgendwann legte ich Cheap Trick auf.

Bämm! Der Song und das gesamte Album begründeten an jenem Tag meine heute noch andauernde Begeisterung für die vierköpfige Band aus Rockford, Illinois.

Das war hart, aber nicht immer, melodiös und zuweilen beatlesk und für eine Rockband ungeheuer eingängig.

Ich hatte eine neue Lieblingsband.

Neben Queen.

Und ich begab mich fortan auf die Jagd nach neuen Cheap-Trick-Scheiben.

Was trotz des oben erwähnten Kontakts ein Abenteuer bleib.

Insofern war die Wiedervereinigung – wahrscheinlich nicht nur für mich – in Sachen Musik eine Offenbarung.

Zuerst wurden die LP-Lücken geschlossen, später die CDs dazu gekauft.

Von der 2016er-Scheibe »Bang Zoom Crazy Hello« nenne ich zudem ein signiertes Exemplar mein Eigen.

Verrückt? Vielleicht.

Aber es muss schon einen besonderen Grund geben, warum ich mich ziemlich genau an jene Tage im späten 1982 erinnern kann. Und damit an meine persönliche Initialzündung in Sachen Rock.

Frank Lauenroth, Jahrgang 63, schreibt Science-Fiction und Thriller.

Sein Roman »Boston Run« dominiert seit Jahren die Verkaufscharts für das zugegeben sehr schlanke Subgenre des Marathonthrillers. Für die Hörbuchfassung konnte zudem Johannes Steck, einer der anerkannt besten, deutschsprachigen Hörbuch-Interpreten gewonnen werden.

2012 erschien die Fortsetzung »New York Run«, ehe 2019 mit »Chicago Run« die erste und einzige Marathontrilogie komplettiert wurde.

2014 erfolgte sein erster Ausflug in das Gebiet der Space Opera mit »Black Ice«, fortgesetzt in 2023 mit »White Fire«. Weitere Teile sind in Planung.

2005 gewann er den Romanwettbewerb »Deutschland schreibt«.

Seine Kurzgeschichten wurden viermal für den Deutschen Science Fiction-Preis und zweimal für den Kurd-Laßwitz-Preis nominiert.

www.franklauenroth.de, www.marathontrilogy.com

0 30 60 90 120 150 180 210 240 270 300
Blvd

Frank Lauenroth

Blvd.

Sie kommen immer zu viert.

Johnson, Peterson. Nielson, Sanderson.

Kein Witz.

Die Detectives des Dream Police Departments sind eine Plage. Sie sind meine Plage.

Als wäre ich ein Schwerverbrecher, werden mir Handschellen angelegt und ich lande unsanft auf den Rücksitzen im Wagen. Aussage auf dem Department. Gegenüberstellungen. Die ganze verdammte Prozedur.

Anklage? Fehlanzeige.

Sie befragen mich zu Dingen, die ich weiß, und zu Dingen, von denen ich noch nie gehört habe. Bin ich ein üblicher Verdächtiger? Wahrscheinlich. Zumindest in ihren Augen.

Sie kommen immer nachts. *Während* ich schlafe.

Ihre weißen Uniformen sehen aus, als wären sie gerade bei einer Parade gewesen. Deutlich over the top, aber es ist ein Traum und möglicherweise macht man sich in Träumen die Uniformen niemals schmutzig.

Man könnte darüber schmunzeln, wenn man davon nicht selbst betroffen wäre.

Ich bin abends immer so müde, dass ich sofort wegnicken müsste. Auf der anderen Seite habe ich eine Heidenangst, dass sich dann wieder das Gleiche abspielen wird.

Es ist doch nur ein Traum, werden Sie jetzt vielleicht sagen. *Lass sie machen. Morgen ist ein neuer Tag.*

Aber es fühlt sich jedes Mal so verdammt real an. Jede Nacht. Seit Wochen, wahrscheinlich Monaten. Ich habe es aufgegeben, Striche zu machen.

Ich liege also im Bett und versuche, das Unvermeidbare hinauszuzögern. Irgendwann fallen mir die Augen zu und sie sind da. Und dann: die ganze verdammte Prozedur. Abführen, Handschellen, in den Wagen, zum Department ...

Das dunkelbraune Gebäude steht direkt an einer Straßenecke und eben dort befindet sich ein Straßenschild. Doch das liegt immer im Nebel. Jedes Mal. So oft ich hier war, so oft ich aufblicke, jedes Mal kann ich nur das *Blvd.* erkennen und dann wird das, was darauf folgen müsste, unscharf.

Manchmal schaue ich bewusst zur Seite und versuche aus dem Augenwinkel, die Schrift auf dem restlichen Schild zu erspähen. Es misslingt.

Ab ins Department.

Vierundzwanzig Stufen bis zur Empore. Dann nach links. Manchmal gleich ins Vernehmungszimmer. Großer Spiegel, you know? Oder an einen der Schreibtische der vier. Das Interieur verströmt den Charme der Siebziger. Grün, orange und braun wechseln sich in fragwürdigen Kombinationen ab. Das Linoleum am Boden ist olivgrün, die Lampen haben orangene Schirme und erinnern eher an Bankerlampen, die Schränke und Tische sind braun. Gäbe es eine Farbpolizei ...

Dagegen wirken die weißen Uniformen der Traumpolizei beinahe normal.

Schreibtischlampe an, den Lichtkegel mitten in mein Gesicht. Natürlich. Sie lassen kein Klischee aus.

»Gesteh deine Untat, Frevler!«, fordert Sanderson. Er ist mir von den vieren noch der liebste. Sanderson hat rotes, kurzes Haar und eine Narbe knapp neben der Nasenwurzel. Zuweilen offenbart er eine humoristische Ader. Der *Frevler* ist allerdings neu. Aber nach all den Träumen und Déjà-vus, die ich bereits hatte, wundert mich nichts mehr.

Der Frevler – also ich – ist sich keinerlei Schuld bewusst und so drehen wir unsere üblichen Runden.

»Kennst du Ritchie Stadler?«, fragt er.

Ich versuche, möglichst neutral zu schauen. »Nein, Officer. Eine Person dieses Namens ist mir nicht bekannt.«

»Es heißt Detective, nicht Officer«, bellt mir Sanderson entgegen. Die Nummer mit dem *Officer* ist der einzige Spaß, den ich mir gönne.

Ich sehe mich im Department um. Offenbar ergeht es noch ein paar anderen armen Tröpfen genauso wie mir. Eigenartigerweise wird es weiter hinten wieder unscharf. Wie draußen beim Blvd-Schild. Verschwommen. Beinahe neblig.

»Hey, Augen auf mich«, fordert Sanderson. »Wir sind hier noch lange nicht fertig. Noch laaange nicht.«

Ich spiele die Spielchen mit. Was soll ich auch anderes tun? Fehlt nur noch, dass sie mir am Ende unseres Gesprächs ihre Karte mit dem Hinweis geben, sie zu kontaktieren, wenn mir noch etwas einfiele. Was unnötig wäre. Schließlich schleppen sie mich sowieso in der nächsten Nacht wieder hierher.

Sanderson nimmt mir gegenüber am Tisch Platz und will sein Verhör beginnen. Doch er wird seltsam durchsichtig, als würde er in Rauch aufgehen.

»Jungs«, ruft er mit erstickender Stimme in das Department.

Sofort sind Nielson, Peterson und Johnson zur Stelle, doch sie können nicht verhindern, was passiert. Sanderson löst sich vor unseren Augen auf. Innerhalb weniger Sekunden ist er verschwunden.

»Die Essenz«, flüstert Nielson und fährt sich unbewusst mit der Hand über die Glatze.

»Er war der Älteste«, sagt Johnson mit tiefer, brummiger Stimme.

Sie stellen sich neben und hinter den Stuhl, berühren die Lehne mit der einen Hand und legen die andere Hand in Herzhöhe auf ihre Brust. So verharren sie für ungefähr zehn Sekunden.

»Es muss weitergehen«, sagt schließlich Peterson und nimmt auf dem Stuhl Platz, auf dem eben noch Sanderson gesessen hat. Johnson und Nielson nicken und gehen wieder auf die andere Seite des Büros, dorthin, wo der Nebel ist.

»Was ist mit ihm passiert?«, frage ich vorsichtig.

»Die Essenz konnte ihn nicht mehr beherbergen«, verrät mir der Detective.

»Die Essenz?«, frage ich.

»Der Übergangsbehälter für das Bewusstsein.«

Ich habe nichts verstanden, aber nicke ihm zu. Das scheint der Startschuss zu sein.

»Also wie war das mit Ritchie Stadler?«, fragt nun Peterson.

Ich befürchte, Sanderson hatte recht. Das wird eine laaange Nacht.

Am nächsten Morgen erwache ich wie gerädert.

Eine heiße Dusche und ein Pott schwarzer Kaffee können nur unwesentlich ausgleichen, was die Nacht ... was *die Nächte* mit mir anrichten.

Ich kann mich an vieles erinnern, aber niemals an alles.

Die Essenz hallt in mir nach, Sandersons Ableben, wenn es denn ein solches war. Aber es verblasst schnell. *Es ist nur ein Traum*, sage ich mir. *Nur ein Traum.*

Ich wende mich dem Tag zu.

Ich habe einen Job. Vollzeit. Für mich – nach solchen Nächten – quasi eine zweite Schicht.

Und – nein – ich bin nicht bei der Polizei, nicht bei der Mafia, habe keinen Beruf, der meine Träume in irgendeiner Form rechtfertigen würde. Ich hab eine ganz normale Arbeit. Ich warte eine virtuelle Rohrpostanlage.

Hey, ich hab nicht gesagt, dass es der Hammer ist, aber es zahlt die Miete.

Das ist heutzutage schwer genug. Zwei Zimmer, Küche, Bad, ein Mikrobalkon und die Feuerleiter, falls man mal flüchten muss. Das hilft wenig gegen die nächtlichen Überfälle, aber es beruhigt im richtigen Leben.

Das Radio schalte ich automatisch ein. Monotone, immer gleiche Musik, die mir eigentlich beim Aufwachen helfen sollte, aber ihren Zweck klar verfehlt. Unterbrochen werden die Songs von marktschreierischen Stimmen, die die Nachrichten verkaufen, als gäbe es nichts Wichtigeres.

Das Wetter außerhalb der Kuppel ist wieder ein bisschen schlechter geworden. Die Ressourcen der Stadt sind dank Handelsüberschuss aber auf einem guten Level, der Vizepräsident der östlichen Hemisphäre kommt zu Besuch und will mit unserem Präsidenten über den Abbau der nuklearen Potenziale reden. Außerdem gibt es das Halbfinale im Yazzoo, das am Abend hemisphärenweit zum Bonuspreis übertragen wird und einige Angebote vom Versandriesen, wenn man per Drohnenabnahme bestellt.

So üblich, so verrückt.

Das Frühstück hole ich mir im Diner gegenüber. Annie steht wie jeden Morgen hinter dem Tresen und hat einen Bagel mit Pseudoschinken und Veg-Käse bereits für mich eingepackt. Sie ist ein Schatz und sie weiß es.

Langsam hebt sich meine Stimmung. Durch die Straßen zu schlendern, die regulierten Sonnenstrahlen auf dem Gesicht zu spüren, der künstliche Sprühregen unter der Stadtkuppel, das alles bringt meinen Motor wieder zum Laufen.

Der Bagel ist verspeist, ehe ich das Büro erreiche. Sechs Stunden am Schreibtisch.

Zum Feierabend stehlen sich die Gedanken an die bevorstehende Nacht in mein Bewusstsein. Vielleicht, so überlege ich, sollte ich mir ein Buch über Albträume besorgen. Gut möglich, dass ich darin ein paar Tipps finde, wie ich damit umgehen kann.

Möglicherweise sollte ich mich anders ernähren, öfter die Wohnung lüften, das Bett anders im Zimmer platzieren.

Ich kenne eine kleine Buchhandlung in der Nähe. Buchläden werden weniger besucht, seit man alles streamen kann, was man früher lesen musste. Insofern bin ich nicht wirklich überrascht, den Laden komplett ohne Kundschaft vorzufinden.

»Komme gleich«, flötet eine helle Stimme aus dem hintersten Winkel des Geschäfts herüber.

Ich versuche, mich zu orientieren. Links steht zeitgenössische Literatur, rechts finde ich historische Romane, weiter hinten weist ein Schild den Weg zu Ratgebern und Lebenshilfebüchern.

Ich wandere also in diese Richtung, als ein schlaksiger Mittzwanziger mir entgegenkommt.

»Kann ich helfen«, fragt der junge Mann, auf dessen Schild am Revers ›Richard Stadler‹ steht.

Er scheint meinen Blick bemerkt zu haben. »Aber alle nennen mich Ritchie«, kommentiert er, ohne dass ich gefragt habe.

Ich stehe wie vom Donner gerührt. Sie erinnern sich? Die Befragung letzte Nacht? Ritchie Stadler. *Das* nenne ich mal ein fettes Déjà-vu. Ich träume es, bevor ich es erlebe!

»Ich suche ein Buch über Träume, speziell Albträume!«, sage ich, kaum, dass ich mich gefangen habe.

»Oh«, sagt Ritchie. »Da hab ich was da. Allerdings mehr ein Sammelwerk. Quasi der Klassiker in Sachen Traumforschung, Schlafwandeln und Déjà-vus.«

Ich nicke und trotte ihm artig hinterher.

»Müsste hier irgendwo ... ah, ja, da haben wir es.« Er greift nach einem ungefähr sechs Zentimeter dicken Prachteinband. Weinrot, golden gerändert, mit ebenfalls goldener Schrift.

›*Schlaf, aber holistisch!*‹ heißt das Buch und wurde offenbar von Alex McClusky verfasst.

»Ist das letzte Exemplar«, betont Ritchie wohl, um den Preis herauf zu schrauben.

Dabei lässt er den Wälzer in meine Hände gleiten.

Ich schlage es auf und sehe mir das Inhaltsverzeichnis an. Schlaf, Träume, Deutung, Traumfänger, Déjà-vus, Zeitreisen ... *Zeitreisen?*

Ich bin versucht, sofort zu diesem Kapitel zu springen. Doch Ritchie Stadler nimmt mir die Entscheidung ab. »Ich sehe schon: Das Buch hat auf Sie gewartet«, sagt er und entwendet es mir mit jahrelang geübtem Griff.

Ich nicke und folge ihm zur Kasse.

»Möchten Sie eine Tüte? Feinste Reisfaser, kostet nur einen Credit mehr.«

»Wir hatten noch gar nicht über ...«

»Fünfundvierzig, mit Tüte sechsundvierzig.«

Ich wedele mit meinem Implant als Zeichen des Einverständnisses.

»Also sechsundvierzig.«

»Machen Sie fünfzig draus. Für die kompetente Beratung.«

Ritchie nickt, bongt fünfzig ein, ich halte mein Implant an die Zahlbox und das Buch wandert in der Reisfasertüte in meine Hände.

»Vielen Dank für Ihren Kauf und viel Freude mit dem Buch«, flötet er zum Abschied und ich bin schon wieder aus dem Laden.

Zeitreisen?

Ich eile nach Hause, lege hastig alles ab und öffne das Buch. Ich blättere sofort zu dem Kapitel Zeitreisen und finde darin den ersten Satz: *Wenn Sie direkt hierher geblättert haben, ohne die vorangestellten Kapitel gelesen zu haben, werden sie diesen Inhalt nicht verstehen.*

Ich blättere zurück zum Anfang.

Möglicherweise kann ich in meinen Träumen hellsehen? Und ich habe das schon hundertmal getan, kann mich aber nur selten am nächsten Tag daran erinnern.

Wäre das eine Art Zeitreise? Sind Déjà-vus eine Form davon?

Warum ist das Buch nur so dick?

Ich beginne mit Kapitel eins: Schlaf. Wozu ist er da, was passiert im Körper, wie reagiert das Gedächtnis und vieles mehr.

Eigentlich wollte ich das Kapitel überfliegen, doch Mister McClusky hat das alles spannend geschrieben und so bleibe ich dabei, lese mich ein, bin nach wenigen Minuten gefangen.

Eigenartigerweise macht das Lesen über Schlaf aber auch unheimlich müde und so kommt, was kommen muss.

»Kennen Sie diese Person?«, fragt mich heute Johnson mit seinem unverkennbaren Bass. Er zeigt mir zwei Bilder einer Frau mittleren Alters. Attraktiv, ungeschminkt, offensichtlich stolz, obwohl sie ein Schild vor sich halten muss und vor der bekannten Wand mit den Größenkennzeichnungen steht.

»Sieht so aus, als hätten Sie sie bereits«, entgegne ich.

»Heute ein Witzbold, was? Sie müssen sich erinnern! Kennen Sie diese Frau?«

»Glauben Sie mir, ich würde mich an sie erinnern.«

»Das ist Alexandra McClusky. Sagt Ihnen der Name denn gar nichts?«

Alex gleich Alexandra. *Sie* ist die Autorin meines Buches!

War das eine Fangfrage? Weiß der Detective von dem Buch? Weiß er, dass es mir gehört? Wenn ich mich in meinen Träumen an mein Wachleben erinnern kann, kann das DPD auch auf meine Erinnerungen zurückgreifen?

»Sagt Ihnen der Name denn gar nichts?«, hallt es wie ein Echo in mir. Detective Johnson schaut mich fragend an.

»Ähm, nein. Wie gesagt: An dieses Gesicht würde ich mich garantiert erinnern.«

Damit habe ich zumindest nicht gelogen. Weiß der Fuchs, wie gut die Detectives im Aufspüren von Lügen sind. Sicher ist sicher.

»Ehrlich? Wir hatten uns mehr von Ihnen erwartet. Etwas mehr Kooperation.«

Das sind ungewohnt moderate Töne.

»Also, Detective, wenn ich könnte, würde ich.«

Johnson stürzt das Gesicht in seine Hände. Eine Geste der Verzweiflung?

»Na gut. Andere Frage: Was ist Ihre Lieblingsfarbe?«

Damit hat er mich komplett überrascht.

»Rot, wieso?«

»War nur ein Test. Ich wollte eine Antwort, bei der Sie nicht lügen. Auf diese Weise kann ich Ihre nächsten Antworten besser bewerten«, sagt Johnson.

»Ich würde Sie nie anlügen, Detective.«

Er mustert mich, lehnt sich zurück. »Netter Versuch«, erwidert er und ich fühle mich tatsächlich ertappt.

»Sie wissen, warum Sie hier sind?«, fragt Peterson von der Seite.

»Ehrlich gesagt: Nein!«, antworte ich hastig, weil ich nächtelang auf genau diese Frage gewartet habe.

»Weil wir Sie brauchen. Sie müssen unsere Augen und Ohren sein.«

»Was könnte ich bemerken, das Sie nicht sehen, Detectives?«, frage ich frech.

»Tagsüber sind wir quasi blind«, gibt Johnson zu und damit auch indirekt, dass sie nichts von meinem Buch wissen.

»Kennen Sie diesen Mann?«, fragt Nielson, der sich zu unserer lauschigen Runde hinzugesellt hat. Dabei legt er ein Bild vor mir auf den Tisch.

Das Foto ist alt und schäbig und ich kann mit Mühe einen Mann mit Pistole erkennen.

»Haben Sie kein besseres Bild?«, frage ich.

Johnson schmunzelt. »Es ist Ihr Traum. Sie entscheiden, was möglich ist.«

Im ersten Moment verstehe ich nicht, was er meint, aber dann habe ich eine Idee.

»Sie meinen also ...«

Ich stelle mir ein deutlich moderneres Department vor. Mit Hologrammpads auf den Schreibtischen, die ihrerseits ohne Füße über dem Boden schweben. Und die Detectives bekommen dunkelblaue Uniformen.

»Das mit dem Update wurde auch mal Zeit«, gibt Peterson zu.

»Ihr hättet früher was sagen können.«

»Zurück zum Bild ... äh ... Hologramm«, wird Nielson wieder dienstlich. »Kennen Sie den Mann?«

Das Hologramm ist nun deutlicher. Ein Mann mit einer Pistole im Anschlag. Er trägt einen Vollbart und hat einen markanten Leberfleck unter dem linken Auge.

»Glauben Sie mir, Detectives, diesen Mann würde ich wiedererkennen.«

»Das hoffen wir«, sagt Johnson.

Zu dem üblichen Hangover gesellt sich das Gefühl, irgendetwas Wichtiges vergessen zu haben. Die Nacht ist gelöscht. Das Lesezeichen steckt ungefähr beim ersten Viertel im Buch.

Lediglich Alex McClusky rumort noch durch meine Gehirnwindungen.

Bücher von außerhalb der Kuppel sind verboten, insofern muss sie in dieser Stadt wohnen.

Ich muss herausfinden, wo genau das ist und will dringend Kontakt zu ihr aufnehmen.

Das Buch wird zur Nebensache, wenn ich die Autorin selbst befragen kann. Auf dem kürzesten Weg zum Ziel. Theoretisch.

Vielleicht kann ich mit ihrer Hilfe diesen Zustand beenden. Diese verdammten Detectives bringen mein ganzes Leben durcheinander.

Die Recherche im Pay-Web ergibt nichts. Ist der Name ein Pseudonym?

Radio an. Platte Musik zu unfassbar belanglosen Neuigkeiten. Der Versandgigant hat seine Aktion von gestern verlängert, der Vizepräsident der östlichen Hemisphäre wird unserer Kuppel morgen einen Besuch abstatten und der Ressourcenausgleich verlangt freiwillige Arbeit am kommenden Wochenende. Die Meldepunkte sind mir bekannt, insofern kann ich das Radio wieder ausschalten.

Annie ist nur ein kurzer Lichtblick, genau wie der Bagel, den ich wie jeden Tag bei ihr kaufe.

Frustriert trotte ich zur Arbeit.

Ich bin mir sicher, dass ich den Tag irgendwie überstehen werde. Mein derzeitiges Leben findet nachts statt.

Am Abend bin ich keinen Deut schlauer.

Die halbe Zeit hab ich herumtelefoniert. Den Verlag, sogar die Agentin hab ich angerufen. Doch alle berufen sich auf das Recht der Nichtherausgabe persönlichkeitsrelevanter Daten. Es ist zum Verrücktwerden.

In Ermangelung einer besseren Idee greife ich wieder zum Buch.

Ich öffne es beim Lesezeichen, Seite 182.

Traumdeutung.

Interessante Ansichten, routiniert geschrieben, aber verständlicherweise kein Abschnitt über das Dream Police Dep...

Ich fasse es nicht. Seite 196. Kapitel 7.

Die Traumpolizei und wie man mit ihr umgehen sollte.

Ich schüttle instinktiv den Kopf, kann es nicht glauben. Da ist plötzlich so viel in mir: Unglaube, Erleichterung, Hoffnung.

Offenbar bin ich nicht der Einzige, der von diesem Mist betroffen ist!

Alexandra McClusky hat es beschrieben. Hat sie dieselben Erfahrungen gemacht, hat sie Träumende befragt? All das steht leider nicht in diesem Kapitel. Aber etwas über die *Essenz*.

Mir fällt sofort wieder Sanderson ein.

Ich lese, was die Essenz ist und staune, dass McClusky so viel darüber weiß.

Ich muss McClusky treffen!

»Guten Abend, Detectives. Schön, Sie wiederzusehen.«

Mein heutiger Best Buddy Nielson grummelt vor sich hin.

Sie bringen mich natürlich zum Department. Und ob Sie es glauben oder nicht, heute kann ich fast den nächsten Buchstaben auf dem Straßenschild erkennen.

Blvd. o oder Blvd. a oder ... ich weiß es nicht. Aber – ehrlich gesagt – ist das das Geringste meiner Probleme.

Wir steigen die Stufen empor und ich werde auf den Delinquentenstuhl an einem der Arbeitstische der Detectives platziert.

»Wir werden uns gleich mit Ihnen beschäftigen. Keine Frechheiten!«, sagt Nielson und lässt mich vorerst allein.

Ich würde mir niemals ...

Andererseits ist es so, dass überhaupt niemand mehr auf mich zu achten scheint. Es herrscht Betriebsamkeit im Department. Das ist keine Neuigkeit. Bis hinüber zu dem nebligen Teil des Großbüros sind alle mit irgendetwas beschäftigt.

Überraschend ist in diesem Moment lediglich, dass ich wieder gehen könnte, ohne daran gehindert zu werden. Ich stehe auf, gehe langsam auf den Ausgang zu ... und sehe den PC.

Erst jetzt fällt mir auf, dass ich zurück in alte Traummuster gefallen bin. Grün, Orange und Braun dominieren. Doch in diesem Moment soll mir das egal sein. Tatsächlich ist es sogar besser. Der PC ist ein echt heruntergekommenes Exemplar, aber der Bildschirm verheißt, dass er nicht gesperrt wurde. Ich schaue mich abermals um. Niemand sieht in meine Richtung.

Da ist ein Funke, eine Idee.

Ich hege wenig Hoffnung, dass es funktioniert, aber nicht geschossen ist bekanntlich auch daneben. Ich ziehe mir leise den Schreibtischstuhl heran und gehe, so gut ich es vermag, hinter dem Monitor in Deckung.

Auf dem Desktop finde ich drei Icons. Eines ist mit *database* bezeichnet.

Ich klicke darauf. Ein Fenster öffnet sich und offenbart eine Suchzeile.

Ich tippe *Alexandra McClusky* ein und drücke Enter.

Keine Sekunde später erscheint ein Bild, das mir in der gestrigen Nacht gezeigt wurde. Dazu Wohnort, Straße, Hausnummer. Und Telefonnummer.

Sie wohnt in dieser Stadt. Ihre Wohnung liegt auf dem Weg zu meiner Arbeitsstelle.

Perfekt.

Doch dann finde ich unter *Kommentare* einen Eintrag, der meine Hoffnungen zunichtemacht. Sie ist Komapatientin im hiesigen Krankenhaus.

Ich schließe die *database* und stehle mich zurück auf den Delinquentenstuhl.

Nielson schaut nicht. Peterson kann ich nicht finden und Johnson war im Nebel verschwunden.

Ich sitze einsam und verlassen im DPD und denke an McClusky.

All das war vergebens?

Als ich erwache, ist in meinem Kopf für einen langen Moment Achterbahn.

Dann kommt die Erinnerung an McClusky zurück. An die letzte Nacht und den Hinweis, dass sie im Koma liegt.

Ich schüttle den Kopf. Das darf nicht sein!

Ich will das nicht akzeptieren. Bis vor ein paar Tagen respektive Nächten habe ich die Besuche der Detectives hingenommen, mich mit der Situation abgefunden. Doch McCluskys Buch hatte meinen Willen, dem zu entfliehen, neu befeuert. Ich weigere mich, zu glauben, dass dies ewig so weitergehen soll.

Allerdings: Das Krankenhaus wird Besucher sicherlich nicht bereits um sieben Uhr dulden. Wahrscheinlich wird es sowieso schwer werden, als Nichtverwandter an ihr Bett zu gelangen.

Doch mein Entschluss steht fest. Ich werde heute nicht in die Firma gehen. Ich werde freinehmen und zum Krankenhaus fahren. Ich will mit eigenen Augen sehen, wie es Alexandra McClusky geht.

Ich wasche mich, ziehe mich an, frühstücke und verlasse meine Wohnung.

Ein Bus bringt mich fast bis zum Krankenhaus, in dem McClusky liegen soll. Er hält in einer Nebenstraße, es regnet ein wenig.

Die Straßen sind mit Menschen gefüllt, die alle den gleichen Weg wie ich zu nehmen scheinen.

Ich erinnere mich, dass der Vizepräsident der östlichen Hemisphäre heute unsere Stadt besuchen soll. Unser Präsident wird da sein. Es geht um nukleare Waffen, es geht um Frieden. Es geht um Geschäfte.

Ich biege wie unzählige andere vor mir um die Ecke und befinde mich inmitten einer Menschenmenge. Passanten schwenken Fähnchen. Die Straße selbst ist beidseitig mit Flexzäunen eingegrenzt. Polizei – *echte Polizei* – patrouilliert innerhalb der Absperrungen.

Offenbar führt der Weg der Politiker genau hier hindurch.

Um zum Krankenhaus zu gelangen, müsste ich die Hauptstraße überqueren.

Ich sehe nach links, blicke nach rechts. Wo ist ein Übergang, wo eine Brücke, ein Tunnel, irgendwas, das mich die Straßenseiten wechseln lässt, ohne über Zäune klettern zu müssen?

Ziemlich weit rechts ist das Schild einer U-Loop-Haltestelle. Also wende ich mich dorthin und kämpfe mich langsam vorwärts.

Damit laufe ich eindeutig gegen den Strom derer, die ihre Fähnchen möglichst lange auf Augenhöhe des Präsidenten schwenken wollen. Der Tross der Fahrzeuge nähert sich, Hymnen werden gespielt, es könnte ein Fest sein.

Ich gehe weiter, bin als wahrscheinlich Einziger nicht an dem interessiert, was auf der Straße passiert, und blicke eher zufällig in einen Hauseingang.

Neben mir erreicht der Jubel seinen Kulminationspunkt, als aus dem Hauseingang ein Mann mit vorgehaltener Waffe auf mich zu kommt. Vollbart. Leberfleck unter dem linken Auge.

Dieses Gesicht würde ich immer wiedererkennen.

Nur bewirkt der Revolver, dass ich mich nicht rühren kann. Wie von Medusas Blick getroffen, bin ich unfähig, mich zu ducken, fortzulaufen, mich zur Seite zu werfen.

Der Mann schießt, an mir vorbei, feuert auf den Präsidenten oder wen auch immer er treffen will, zielt neu und trifft schließlich mich.

Oben und unten verlieren an Bedeutung. In meinem Kopf ist für einen langen Moment Achterbahn und dann sehe ich den Himmel, bevor die Lichter ausgehen.

Schwarz. Aus, vorbei.

»Er hat genau den Weg beschritten, auf den wir ihn geleitet haben«, höre ich eine Stimme neben mir.

In mir regt sich Widerstand. *Wer soll mich geleitet haben?*

»Ich hab euch gleich gesagt, er ist der Richtige«, sagte Johnson, dessen brummige Stimme ich unter Tausenden heraushören würde.

Ich öffne die Augen. Ich bin nicht zu Hause.

»Ah, da ist er ja wieder. Ich will ja nicht dienstlich werden, aber du musst mit uns aufs Department kommen«, ergänzt Peterson.

Ich sehe mich um. Das ist ein Krankenhaus!

»Wieso bin ich hier?«, stammle ich.

»Na, wenn das nicht offensichtlich ist«, sagt Nielson und hilft mir aus dem Bett hoch.

»Faszinierend«, fügt Peterson hinzu. »Wie kann er vom Krankenhaus träumen, ohne dort bewusst angekommen zu sein?«

»Der Mann!«, erinnere ich mich laut.

»Genau. Der Attentäter, auf den wir dich vorbereitet haben.«

»Er hat auf mich geschossen«, sage ich und taste unbewusst meinen Körper ab.

Johnson brummt etwas. Ich blicke ihm in die Augen und er nickt nach oben.

Mein Blick zeigt wohl, dass ich seinen Wink nicht verstehe.

»Höher, Mann«, sagt er mit einem mitleidigen Ausdruck.

»Wie, höher?«

»Orr, nun lasst ihn nicht dumm sterben«, sagt Nielson. »Er hat dir in den Kopf geschossen.«

Ich taste *höher* ab, aber da ist nichts.

»Es ist *dein* Traum«, sagt Peterson.

Sie ziehen mich vor einen Spiegel und ich sehe einen Verband, den ich nun auch fühlen kann.

»Es ist *nur* ein Traum«, ergänzt Johnson. »Also ... er hat dich getroffen und du liegst im Koma. Aber die gute Nachricht ist: Du hast den dritten Weltkrieg verhindert!«

Er sagt das für mein Empfinden eine Spur zu feierlich.

»Koma?«, frage ich deshalb nach.

»Kein Weltkrieg«, wiederholt er mit deutlicher Betonung.

»Ja, aber ich liege im Koma!«, schreie ich jedes der Wörter lauter heraus.

»Pass auf«, sagt Nielson und fasst mich bei der Schulter. »Du hast recht. Es ist beschissen, aber es war notwendig. Wir mussten dich da hinschicken.«

Peterson zuckt mit den Schultern. Johnson senkt den Blick.

Ich versuche, mich zu beruhigen, muss erst einmal aus dem Krankenhauskittel raus und träume mich in Jeans und T-Shirt.

»Ich will hier weg«, fordere ich.

»Okay«, sagt Nielson. »Aufs Department?«

Ich nicke ihm zu. Wohin sollten wir auch sonst?

Das DPD ist immer nur eine Seitenstraße entfernt. Im Traum gibt es zum Glück meist kurze Wege.

Ich meide den Blick zum Blvd-Schild, gehe voran, öffne die Tür und steige eilig die Stufen zur Empore hinauf. Dann nach links und zu den Schreibtischen.

»Und jetzt das Ganze noch mal zum Mitschreiben«, sage ich und bitte die drei Detectives, ebenfalls Platz zu nehmen.

»Warum ich?«, frage ich.

»Du bist der Einzige, der ausbrechen wollte, der sich gewehrt hat«, antwortet Nielson.

»Ich hab mich gewehrt?«

»Das Buch. Du hast versucht, etwas gegen uns zu unternehmen.«

»Hat nicht wirklich funktioniert«, gebe ich zu.

»Doch!«, beharrt Johnson. »Hat es. Du hast das Buch gekauft, es gelesen, wolltest Alexandra McClusky treffen. All das war gut und richtig.«

»Mit unschönen Folgen«, sage ich und zeige auf meinen immer noch verbundenen Kopf.

»Das kannst du übrigens wegträumen«, sagt Peterson. »Du bist hier ein Abbild deines realen Ichs, aber alles drum herum kannst du nach deinem Willen beeinflussen.«

Ich versuche es. Der Verband verschwindet. Die Haare wirken ein wenig voller.

»Das hätte ich früher wissen sollen.«

»Früher«, wiederholt Nielson lächelnd, »Zeit, mein Freund, ist hier relativ.«

»Aber ich verstehe es immer noch nicht. Was ist überhaupt geschehen?«

Johnson brummt. Das tut er manchmal, wenn er einen Monolog starten will.

»Wir, die Detectives, existieren nur aus einem Grund. Wir beeinflussen, bei denen, die es zulassen, die großen und kleinen Geschicke in der realen Welt.«

Ich entgegne nichts, lehne mich demonstrativ zurück und deute mit einer Geste an, dass er fortfahren soll.

»Du erinnerst dich an Ritchie Stadler?«

Ich nicke.

»Du nimmst es als Déjà-vu wahr. Etwas, was du vermeintlich schon gesehen, gehört, erlebt hast, passiert dir auch im realen Leben. Du wunderst dich einen kurzen Moment und machst weiter, was du nach eigenem Ermessen zu tun glaubst. Aber das Ziel war, deinen Leidensdruck zu erhöhen, dich spüren zu lassen, dass du mit dem Buch ein Werkzeug besitzt, um dem zu entfliehen.«

Ich sehe ihn skeptisch an und weise auf das uns umgebende Department.

Johnson nickt, doch dann fährt er mit seiner tiefen, ruhigen Stimme fort. »Du bist hier, weil du dich dank unserer Anleitung dazu entschlossen hast, zum Krankenhaus zu fahren.«

Ich hebe die Hand und unterbreche ihn. »Wo ich aber nicht McClusky traf, sondern den Attentäter. Und ich hab mir 'ne Kugel eingefangen.«

Nielson wippt den Kopf hin und her, als sei er unsicher, wie er beginnen soll.

»Wir sehen Zukünfte, mögliche Zukünfte und wir mussten eine Entscheidung treffen.«

»Zuungunsten meiner Gesundheit«, werfe ich ein.

»Diese Zukünfte ... die allermeisten zeigten ein Gelingen des Attentats, das den Vizepräsidenten der östlichen Hemisphäre tötete. Nur zehn Minuten später wäre ein atomarer Vergeltungsschlag erfolgt.«

»Also habt ihr mich als Kugelfang benutzt?«

»Es gab Zukünfte, in denen du nicht verletzt wurdest und das Attentat dennoch scheiterte«, sagte Peterson mit betroffener Miene.

»Tja, aber keine dieser Zukünfte ist zur Gegenwart geworden«, entgegne ich bissig.

»Leider nicht«, gibt Johnson zu.

»Und das Koma? Ist das künstlich, besteht Hoffnung, dass ich wieder ... aufwache?«

Den drei Detectives ist unwohl vor der Antwort. Das kann ich erkennen.

»Also keine Chance?«

Sie schütteln die Köpfe.

Für einen Moment ist mir, als würde ich wegsacken, umfallen, ohnmächtig werden. Nielson hält mich fest. Langsam finde ich zurück, blicke zu Johnson.

»Und nun? Bin ich für alle Zeit hier gefangen?«

Ich stehe auf und drehe mich im Kreis. Überall um mich herum ist der die Büroräume eingrenzende Nebel.

Die Detectives stellen sich zu mir.

»Es gäbe da eine Möglichkeit«, sagt Nielson.

Peterson grient dazu wie ein Honigkuchenpferd.

»Lust, Detective zu werden?«, fragt mich Johnson und schlägt mir kameradschaftlich auf die Schulter.

»Schon vergessen? Meine Tage sind gezählt«, entgegne ich mit einem Hauch Sarkasmus.

»Hey, du bist ein Staatsheld. Du magst im Koma liegen, aber sie werden die Maschinen, die dich am Leben erhalten, nicht abschalten. Sie töten nicht den Mann, der die Welt vor der Auslöschung bewahrt hat.«

»Aber irgendwann wird jemand den Stecker ziehen.«

»Dann bleibt immer noch die Essenz«, sagt Nielson, der sich zu uns gesellt hat. Ich muss an Sanderson denken.

»Du hättest eine Menge Zeit mit uns«, ergänzt Peterson lachend.

»Und mit mir«, sagt eine weibliche Stimme hinter mir. Ich drehe mich um und erkenne Alexandra McClusky.

»Oha, die Chefin selbst«, raunt Johnson mir mit Verschwörermiene zu.

McClusky kommt zu mir, dreht mich zum Ausgang und legt ihren Arm um meine Schulter.

»Lass uns ein paar Meter gehen«, sagt sie und schiebt mich dezent vorwärts.

Wir verlassen das Büro, steigen die Stufen von der Empore hinunter und gehen auf die Straße hinaus. Mit jedem Schritt auf das Straßenschild zu lichtet sich der Nebel ein wenig mehr.

»Wie kann das sein?«, frage ich leise.

»Wenn Träume sich vereinen«, flüstert Alexandra und deutet hinauf.

Endlich sehe ich, was auf dem Schild steht.

*Blvd. Of Hope.**

---

* »Dream Police« ist ein Titel der Band Cheap Trick, der 1979 veröffentlicht wurde. Geschrieben wurde er von Rick Nielson.

Uli Bendick

Wie kamst du zum Rock?

Eine Frage, die mich unweigerlich in eine ganz persönliche Zeitreise stürzte.

Um es kurz zu machen: Nicht ich kam zur Rockmusik, sie kam zu mir! Und sie begleitet mich seit meiner Jugend in all ihren Spielarten bis heute.

Tausende von Songs, Bands, Hunderte Konzerte, Festivals, verwoben mit dem jeweiligen Zeitgeist, mit Freunden, Wegbegleitern, Büchern, Filmen, Weltgeschehen und Persönlichem.

Immer revolutionär, rebellisch, anarchistisch, aber auch spirituell, magisch, psychedelisch und oft inspirierend.

Eine kontinuierliche fortschreitende Reise und Entwicklung, deren Ende noch nicht absehbar ist.

Music was my first love and it will be my last! *

Uli Bendick, geb. 1954, ist nach über vierzig Jahren als Krankenpfleger und Pflegedienstleiter eines Alten- und Pflegeheims nunmehr Rentner und lebt in einem kleinen Dörfchen im Vogelsbergkreis.

Als Autodidakt gestaltet er digitale Collagen, indem er aus einzelnen Bildelementen ein völlig neues Bild zusammenfügt. Gemeinsam mit M. Tinnefeld hat Uli die SF-Anthologie »DIAGNOSE|F – Science-Fiction trifft Psyche« (p.machinery) herausgegeben. Die Coverillustration entstand als Teamarbeit mit Mario Franke und erreichte 2022 den zweiten Platz beim KLP. » DIAGNOSE|F« erzielte im Rahmen des Sonderpreises den dritten Platz. Zusammen mit Aiki Mira und Mario Franke gab Uli im Hirnkost-Verlag die SF-Anthologie »Am Anfang war das Bild« heraus, die beim Sonderpreis des KLP 2022 den zweiten Platz erhielt.

---

* »Music« ist ein Song von John Miles, der 1976 veröffentlicht wurde. Er hat ihn selbst geschrieben.

Uli Bendick

Dreamer

Vielleicht drei Uhr morgens. Vollmond. Tolles stimmungsvolles Bild, so mitten in den Gassen der Altstadt, in der ein leichter Bodennebel alles sanft einhüllt. Ich gehe um eine Ecke. Durch den Nebel, in einiger Entfernung, sticht mir eine Bude, in einem magischen Neonblaugrün strahlend, in die Augen. War sie schon früher da? Ich kann mich nicht erinnern. Aber jetzt ist sie da!

Die Bude zieht mich hypnotisch an. Ob ich will oder nicht, ich gehe auf sie zu. Nach einigen Metern erkenne ich, dass ein hell erleuchtetes Kassenhäuschen davor steht. Aber das Auffälligste ist das in neonrosa pulsierende UFO, das hoch über der Bude bewegungslos schwebt. »Dreamer« (Supertramp) schwappt es von irgendwo leise zu mir herüber.

Ich wate in Zeitlupe durch den Nebel, direkt zu dem Kassenhäuschen. Im grellen Licht sitzt darin ein Astronaut in voller Montur. »Einmal?«, fragt er. Seine Stimme wird von einem verzerrt klingenden Lautsprecher neben ihm übertragen, während im Hintergrund »Rocket Man« (Elton John) läuft. Stumm nicke ich.

»Wow, du bist unser tausendeinhundertelfter Besucher!«, ruft der Astronaut, anscheinend selbst überrascht. »Das heißt, wir schenken dir eine ›Du kommst aus dem Gefängnis frei‹- Karte«, scherzt der Astronaut , »Quatsch! Wir spendieren dir eine Gratisreise. Viel Spaß und genieß es!« Er drückt mir eine Karte mit goldenem Rand in die Hand. Auf einer Seite sehe ich eine alte Taschenuhr, deren Zeiger sich tatsächlich bewegen, aber rückwärts. Auf der anderen Seite ist unser Sonnensystem abgebildet, durch das ein rosa UFO gleitet. Verwirrt schaue ich den Astronauten an. »Ich empfehle dir ›Across the Univers‹ (The Beatles), heute mit besonders illustren Passagieren.«

Der Astronaut drückt auf einen roten Knopf. Die Schranke neben dem Kassenhäuschen schwingt auf und willenlos, die Karte in der Hand haltend, gehe ich hindurch. Hinter der Schranke erwartet mich ein aufwendig gestylter Transvestit. Bekleidet lediglich mit einer Korsage und Strapsen. Umrahmt von seinen lockigen halblangen Haaren und knallroten Lippen, fixieren mich unentwegt seine grauschwarz geschminkten Augen, während er mich mit dem Song »Time Warp« (Rocky Horror Picture Show), steppend zu einem Portal mit zwei Türen führt.

Links – ein Tor aus Hunderten Zahnrädern, die sich ständig drehend in Bewegung sind. Über dem Tor steht in großen Leuchtbuchstaben »Timemachine« geschrieben. Gleichzeitig scheint der gleichnamige Song von »Beggars Opera« aus den Zahnrädern zu kommen. Rechts das Tor »Across the Univers«, das mir bereits der Astronaut ans Herz gelegt hatte. Das Tor besteht aus einem wirbelnden, im Takt des Beatles-Songs pulsierenden Sternennebel.

Begleitet von dem Song schreite ich zaghaft durch den Sternennebel und lande in einer Art Kabine, in der der Transvestit schon zu warten scheint. Ich schaue nach oben. Über mir sehe ich eine endlos lange Röhre, die bis über die Stratosphäre hinausgeht. Passend dazu spielt, als wäre es typische Aufzugmusik, »Stratosfear« (Tangerine Dream). Ich werde schwerelos langsam nach oben gezogen, während der Transvestit, immer kleiner werdend, mir von unten zuwinkt. Obwohl es mir sehr schnell vorkommt, dauert der Transfer zehn Minuten.

Mein Aufstieg endet vor einer Schleuse, deren Tor sich bei meiner Ankunft geräuschlos öffnet und sich hinter mir sofort wieder schließt. Vor mir öffnet sich ein weiteres Tor, durch das schummriges Licht fällt. Beherzt schreite ich hindurch und platze mitten in eine Party. »Ladys und Gentlemen, begrüßen Sie mit mir unseren tausendeinhundertelften Ehrengast, den Gewinner einer Gratistour durch die Milchstraße!«, ertönt eine wohlklingende Stimme aus dem Nichts. Gleichzeitig erscheint riesengroß mein überrascht schauendes Gesicht auf allen im Raum verteilten Monitoren. Alle Anwesenden drehen sich zu mir um, applaudieren und lächeln mir zu. In höfischer Manier verbeuge ich mich.

Auf einer Bühne, im hinteren Teil des kreisrunden Saales, manifestieren sich bläulich flirrend nach und nach ein Hologramm von Bob Marley and the Wailers, doch bevor sie »Punky Reggae Party« spielen können, erscheint auf den Monitoren ein Werbespot: »Diese Reise durch die Milchstraße wird mit holografischen Musikclips von Rockyfly unterstützt. Nur 19,99 € jährlich im Abo! Rockyfly! Music for a free Universe and all Species!«

Ich sehe mich um und traue meinen Augen nicht. Auf der Tanzfläche vor der Bühne hüpft ein Roboterballet im Tutu zum Reggae-Rhythmus. Dazwischen schwoft Flash Gordon, heftig mit Barbarella flirtend, die ihn, in seinen Armen liegend, lüstern anstrahlt und sich lasziv zum Sound bewegt. Automatisch erklingt in meinem Kopf »Flash« (Queen). Am Rande der Tanzfläche steht, stinksauer, Dale Arden mit verschränkten Armen und beobachtet unter Tränen die zwei tanzenden Turteltauben.

Rechts davon an der Bar sitzt »Xaver und sein kleiner außerirdischer Freund« (Haindling/Film), den er »Loisl« genannt hat und dessen euterähnliche Zitzen auf dem Kopf hin und her schwabbeln. Beide schütten im Akkord Bier aus Maßkrügen auf Ex in sich hinein. Nach jedem geleerten Krug rülpst der Kleine so laut, dass die Gläser wackeln, danach pfeift er und stöhnt »Mei Maschie' is hie!« und Xaver antwortet »Genau!« Und das in Endlosschlaufe.

An einem ovalen, mit grünem Tuch bespannten Tisch sitzen E.T., Alf, das Alien, der »Mann, der vom Himmel fiel« und Paul, der wie immer einen fetten Joint zwischen die schmalen Lippen geklemmt hat – das Supergras hat er übrigens dem CIA geklaut –, gemeinsam pokernd. Im Pott liegt die Erde, ein altes Mobil-Telefon, eine gefesselte Katze, eine Tüte Gras und irgendwas Blutiges. Marvin, der Robo-Dealer, macht, während er die Karten verteilt, einen sehr niedergeschlagen, gelangweilten Eindruck. »Am Ende gewinnt doch immer die Bank! Es ist also sinnlos ... so wie alles ... völlig sinnlos«, murmelt er vor sich hin.

Am Nachbartisch diskutiert Captain Kirk mit Commander McLane (in Schwarz-Weiß) darüber, wer über den schnelleren Raumschiffantrieb verfügt. Die Frage ist: Warp- oder der Hyperspaceantrieb? Tamara Jagellovsk (auch in Schwarz-Weiß) und Scotty sitzen kopfschüttelnd neben den beiden und bestellen bei dem Robo-Kellner noch einen uralten Single Malt.

Scotty, der diese Diskussion dicke hat – was soll man sagen, wenn einer der Diskutierenden noch in Schwarz-Weiß ist – steht auf und geht zu Loisl an die Theke. »Sorry, Kleiner, aber ich kann dein Gejammer nicht mehr hören. Das geht mir tierisch auf die

Nerven. Gib mir mal die Koordinaten deines Schiffs.« Loisls Kopfzitzen schwenken zu Scotty. Loisl setzt seinen Krug ab, schluckt und murmelt völlig verdutzt ein paar Zahlen. Scotty drückt auf seinen Kommunikator. »Schickt bitte SOFORT ein Reparaturteam zu folgenden Koordinaten und peppt bei der Gelegenheit das Gefährt etwas auf! Danke. Scotty Ende.« Loisl schaut Scotty mit großen Augen an und kriegt den Mund nicht mehr zu. »So, Kleiner und jetzt will ich nichts mehr hören! Dei Maschie' is morsche heil! Alles klar?« Und klopft Loisl freundschaftlich lächelnd auf die Schulter, der rutscht völlig verdattert vom Hocker, murmelt auf dem Boden liegend: »Jo mei, I sog ja scho nix mehr!« Er rappelt sich auf und bestellt zwei neue Maß.

An einem Wandterminal, im Hintergrund, steht völlig gelassen Doctor Who und plaudert mit HAL, der Bord-KI. Der Doktor erklärt geduldig HAL, dass 42 nicht die Antwort »auf das Leben, das Universum und den ganzen Rest« sein kann. HALs Auge glüht bereits bedrohlich rot und flackert, aber der Doktor führt unerschrocken seine Argumentationskette bis zum bitteren Ende durch. HALs Auge erlischt. Rauch steigt aus dem Wandterminal auf. »Das nennt man Burn-out!«, kommentiert Doctor Who amüsiert über die kleine Rauchwolke und schlendert entspannt an die Bar.

Parallel ertönt aus dem Nichts Buck Rogers Stimme: »Liebe Gäste unserer heutigen Rundreise durch die Milchstraße, ich bitte um ihre Aufmerksamkeit!« Kleine Pause. »Mein Name ist Buck Rogers. Ich bin der Captain und Pilot der ›Pink Saucer‹. Aufgrund eines Kabelbrandes in unserer Bord-KI werde ich uns manuell quer durch unsere Galaxis fliegen. Bitte nehmen Sie in Ihren Sicherheitsliegen Platz, wir starten in fünf Minuten. Unsere Reisegeschwindigkeit beträgt fünffache ›Mopsgeschwindigkeit‹ und dauert hin und zurück voraussichtlich zehn Stunden Erdzeit.«

Auf den Monitoren erscheint das Bild der Milchstraße mit folgenden eingezeichneten Infos: Durchmesser circa zweihunderttausend Lichtjahre – durchschnittliche Dicke tausend Lichtjahre – Ihr Zentrum bildet Sagittarius A, ein gewaltiges Schwarzes Loch, das alle Materie verschlingt, die in seinen Einflussbereich gelangt.

»Unsere Reiseroute führt quer durch die dicke Seite der Milchstraße, wobei wir großzügig Sagittarius A ausweichen werden. Die tausend Lichtjahre schaffen wir mit fünffacher ›Mopsgeschwindigkeit‹ in dreieinhalb Stunden. Das heißt, dass wir pro Stunde zweihundertsechsundachtzig Lichtjahre zurücklegen werden.«

Das Bild auf den Monitoren wechselt und zeigt eine Armee von Robotern, die sich an der Verkabelung HALs zu schaffen machen. Dabei intonieren sie im Chor »Wir sind die Roboter« (Kraftwerk). »Wie Sie sehen, sind unsere Mechano-Roboter dabei, die KI wieder instand zu setzen. Alles wird gut! Apropos gut, ich möchte ihnen noch eine im Preis inbegriffene Überraschung kundtun: Nachdem wir die Milchstraße durchquert haben, werden wir ›Im Restaurant am Ende des Universums‹ zum All-you-can-eat-Dinner erwartet. Sobald wir danach wieder das Sonnensystem erreicht haben, halten wir bei ›Donnas Kaschemme‹ und nehmen dort noch einen Absacker zur Brust. Donnas selbst gebrautes Bier ist das beste im ganzen System und ich spreche da aus eigener Erfahrung!«

Xaver und Loisl schauen sich selig an und grölen lautstark im Duett: »Aufi gehm'er Bier saufen!«

»Wir wünschen Ihnen einen angenehmen Flug und genießen Sie die grandiose Aussicht.«

Ich lege mich sogleich in eine der aus dem Boden auftauchenden Sicherheitsliegen, schnalle mich an und ordere noch einen doppelten Gin-Tonic, den habe ich jetzt nötig, bevor die Bar vorübergehend schließt. In der Liege neben mir, auf der bereits sein Handtuch liegt, lässt sich Arthur Dent nieder und knabbert Erdnüsse aus einer großen Tüte. »Das hilft bei solchen Flügen!«, sagt er und hält mir die Tüte hin. Höflich nehme ich eine Handvoll, man weiß ja nie.

Ein leichter Ruck geht durch die »Pink Saucer«, als sie sich von der Dockingstation des Schwebelifts löst und spürbar Schub aufnimmt. Die kreisförmigen Wände des Saals werden transparent und geben den Blick auf Jupiter und seine Monde frei – atemberaubend schön. Nur sein orangerotes Auge starrt mich missbilligend an. Auf der Bühne manifestiert sich jetzt Grobschnitt und spielen ihre längste Improvisation von »Solar Music«. Die Sicherheitsgurte lösen sich automatisch, die Liegen versinken, die Party geht weiter. Während wir über Pluto hinausschießen, drehe ich mich zur Sonne um, die wie zum Abschied eine gigantische Protuberanz hoch ins All schleudert. Danach umgibt uns kurz Dunkelheit, aus der sich zunehmend strahlend die volle Schönheit der Milchstraße offenbart.

»Und noch eine letzte Erklärung, liebe Gäste: Die Bilder, die Sie jetzt sehen, sind Slow-Motion-Einspielungen unserer zurückgelegten Strecke.« Plötzlich sehe ich nur noch helle, teils farbige Streifen und Schlieren, die ungeheuer schnell am UFO vorbeiziehen. Es scheint, als würden wir einen endlosen Tunnel durchqueren, ohne ein Licht an seinem Ende zu sehen. »Das ist die tatsächliche Aussicht, die aber auf Dauer nicht sonderlich spektakulär ist. Deswegen erlauben wir uns, Ihnen die ganze Pracht unserer Heimatgalaxis mittels dieses kleinen Tricks zu präsentieren.«

Mit der fünffachen »Mopsgeschwindigkeit« durchqueren wir tatsächlich in dreieinhalb Stunden die Milchstraße und erreichen ihr Ende. Vor uns nur leerer Raum. Ganz vage kann ich weit entfernt andere Galaxien wahrnehmen. Kirk und McLane haben aufgrund dieses alles übertreffenden Tempos ihre Diskussion sehr zur Erleichterung von Tamara und Scotty eingestellt.

Buck Rogers koppelt die »Pink Saucer« an dem Restaurant an. »Sie haben eineinhalb Stunden Aufenthalt. Wir wünschen Ihnen einen guten Appetit! Und kommen Sie bitte pünktlich zurück an Bord.«

Marvin erwartet uns bereits vor dem UFO. »Folgt mir ... oder auch nicht ... ganz, wie ihr wollt ... ist mir echt egal ... macht sonst auch niemand!« Unter Marvins Führung, der unverändert völlig depressiv ist und mit gesenktem Kopf vor uns her trottet, folgen wir ihm geschlossen zum Buffet. »Achtet bitte darauf, was ihr esst. Nicht alles ist für Menschen so ohne Weiteres verträglich und gesund. Am besten ihr verzichtet völlig auf das Essen und nehmt stattdessen einige Vitaminpillen. Aber wem sage ich das, ihr hört ja doch nicht auf mich! Niemand macht das. Wie immer ... Sinnlos ... Perlen vor die ... verstreut.« Und damit lässt er uns allein.

Das Buffet übertrifft alles, alles, was ich bisher gesehen habe. Ebenso die anderen in der Schlange vor dem Buffet anstehenden Restaurantgäste. Wesen mit Tentakeln, manche mit fünf Augen, andere mit Fühlern, Spinnenbeinen, Flügeln, Schnäbeln, diskusförmigen Köpfen, Androiden, Roboter, riesige schuppige Echsenwesen, Wesen mit zwei Köpfen, die sich ständig streiten, Quallenartige und ... und alle grinsen mich an ...

Ich wende mich wieder dem Buffet zu, nehme mir von allem eine Kleinigkeit und geselle mich zu meiner Reisegruppe, die zum Teil schon an dem für uns reservierten Tisch sitzt. Einige Bestandteile meines Essens springen kichernd vom Teller und machen sich schleunigst aus dem Staub. Die anderen lachen, aber es ergeht ihnen auch nicht besser. Das Alien bleibt direkt am Buffet stehen und schaufelt in einem unglaublichen Tempo alles in sich hinein, was da so rumsteht und möglichst noch zappelt. Die Bedienungen bemühen sich, zeitnah Nachschub aufzutischen, denn damit haben sie nicht gerechnet. Der Chefkoch platziert gerade persönlich ein lebendes, reich garniertes Schwein auf dem Buffet, direkt vor dem Alien. Die Sau spuckt dem Alien den Apfel, den es im Maul hat, mitten ins Gesicht und quiekt »Friss mich doch, wenn du mich kriegst. Schließlich wurde ich dafür gezüchtet.« Es springt auf und rast durch das Restaurant. Das Alien hinterher. Stühle, Tische, Teller und ab und zu auch Gäste fliegen während der wilden Jagd durch das Restaurant. Dann erschallt ein herzergreifendes letztes Quieken, begleitet vom wohligen Schmatzen des Aliens. Der, satt und zufrieden, kommt zu uns zurück, setzt sich friedlich an den Tisch und leckt sich grinsend die blutigen Zähne ab, während die Bediensteten für Ordnung sorgen.

Auf dem Rückweg zur »Pink Saucer« lasse ich eine Speisekarte als Erinnerung in meiner Jackentasche verschwinden. Wenn ich zu Hause nicht irgendwas vorzuweisen habe, glaubt mir doch keiner diese Story. Marvin wartet bereits vor der Schiffsschleuse, hält unterwürfig das Tor auf und murmelt desinteressiert: »Beeilt euch ... oder besser, bleibt bitte einfach hier.«

Die dreieinhalb Stunden des Rückweges vergingen buchstäblich wie im Flug. Die Aussicht war grandios. Ich habe mir nie vorstellen können, wie bunt unsere Milchstraße in Wirklichkeit ist. In strahlenden Farben, Nebel, aus denen neue Sterne entstehen. Daneben dunkle Materiewolken. Sterbende, explodierende Sonnen, deren Licht irgendwann auch die Erde erreichen wird. Sternenhaufen, lebende Sonnen in Weiß, Gelb, Rot, Blau und Grün. Mittendrin wirbelt Sagittarius A. Und alles, die ganze Milchstraße, rotiert zusammen in Richtung Unendlichkeit. Eine einzige gigantische Diskokugel, nur viel, viel schöner. Psychedelisch! Dazu manifestieren sich gerade The Spacelords auf der Bühne und spielen eine Extralong-Version von »Black Hole«.

Paul hat inzwischen die Pokerrunde gewonnen und spielt völlig stoned mit der Erdkugel. Das Gras hat er eingesteckt, den Rest in die Mülltonne geschmissen. Die Katze, die er befreit hat, läuft schnurrend mit erhobenem Schwanz quietschvergnügt durch die Beine der Gäste hindurch in Richtung Mülltonne und angelt mit ihren Krallen nach dem blutigen Etwas.

Dale Arden sitzt an der Bar und trinkt mit Doctor Who Champagner. Beide scheinen sich gut zu verstehen und ich stelle mir vor, dass der Doktor sie bestimmt als seine neue Begleiterin in die nächste Staffel mitnimmt.

Flash Gordon und Barbarella sind nirgends zu sehen, aber aus einem Chambre séparée ertönt über die Musik hinweg, lautes Stöhnen ...!

Xaver und Loisl prosten sich immer noch zu. Alf, das Alien, E.T. und der »Mann, der vom Himmel fiel« versuchen Marvin mit Katzenwitzen aufzuheitern.

Tamara und Commander McLane, beide nach wie vor in Schwarz-Weiß, was schon echt abgefahren aussieht, tanzen zum Song »Lady Fantasy« (Camel). Im Hintergrund höre ich Captain Kirk sagen: »Scotty, veranschlagen Sie die Reparaturzeiten übrigens immer viermal so lang wie nötig?« Und Scotty antwortet gelassen: »Natürlich, Sir. Sonst würde ich ja meinen guten Ruf verlieren, dass ich echte Wunder vollbringen kann.« Beide lachen.

HALs Auge ist immer noch dunkel. Gut so, denke ich. Arthur Dent, der sein Handtuch um die Schultern geschlungen hat, holt sich an der Bar eine neue Tüte Erdnüsse, kommt zu mir und hält sie mir hin. »Wir landen bestimmt gleich«, meint er und schaut auf seine Armbanduhr.

»Liebe Gäste, wir sind im Kuiper Belt angekommen und schweben in diesem Moment über ›Donnas Kaschemme‹, die uns bereits mit einer Lage frisch gezapftem Bier erwartet. Scotty hat während des Rückfluges die ›Pink Saucer‹ mit einem erweiterten Beam-System aufgerüstet, dass uns alle zeitgleich in die Kaschemme transportiert. Wir werden zum Abschluss dieser Tour bei Donna eine Stunde gemeinsam verbringen, bevor wir den ›Rücksturz zur Erde‹ antreten.«

Ein elektrisches Kribbeln erfasst meinen Körper und ich löse mich, kaum dass Buck Rogers seine Ansage beendet hat, in meine

Atome auf. Im gleichen Moment setze ich mich in einer urigen Kneipe wieder zusammen.

Donna kommt hinter der Theke hervor, drückt Buck Rogers einen dicken Schmatzer auf die Wange, blinzelt ihm zu und zeigt auf die frischen Biere auf dem Tresen. »Worauf wartet ihr? Lasst es nicht schal werden.« Wow! Das beste und würzigste Bier, das ich je getrunken habe, rinnt erfrischend herb meine Kehle hinunter und verlangt sofort nach einem weiteren. Und ich muss sagen, Donna ist genauso berauschend wie ihr Bier! Die Stunde vergeht viel zu schnell. Ich greife mir gerade mein sechstes volles Glas, als mich das Kribbeln erfasst und ich mich an Bord der »Pink Saucer« zusammensetze. Das Glas samt Inhalt noch in der Hand – wie geil!

Fünfzehn Minuten später, Donnas Bier habe ich ausgetrunken, docken wir am Schwebelift an. Alle umarmen mich zum Abschied, sogar das Alien, obwohl mir dabei etwas mulmig zumute ist. Ich gehe durch das Schott, betrete den Lift und schwebe sanft hinab. Unten erwartet mich schon der Transvestit, der mich mit einem Klaps auf meinen Po, untermalt mit Dr. Feelgoods »See you later Alligator« in die dunkle neblige Nacht schickt.

Etwas benommen stehe ich in der Altstadt. Weit und breit ist keine leuchtende Bude zu sehen. Ich schaue in den Nachthimmel, da ist auch kein rosa UFO. Stattdessen zwinkert mir mit stahlblaugrauen Augen »Unser Mann im All« kurz zu und verflüchtigt sich blitzschnell zwischen den Sternen.

Ein alles durchdringendes grelles Läuten schrillt durch die Nacht.

Ich falle aus meinem Bett. Schwerfällig öffne ich die Augen, während Alexa wie jeden Morgen im Hintergrund »Good Day« (Nektar) abspielt.

Marianne Labisch

Sommer 1973 in Gevelsberg

Wie jedes Jahr konnten meine Geschwister und ich es kaum erwarten, dass die Kirmes endlich losging. Ich hatte mir fest vorgenommen, dass ich nicht wie ein Trauerkloß rumhängen wollte, weil mein erster Freund Axel mit mir Schluss gemacht hatte. Nein, ich wollte meinen Spaß haben. Und wenn Axels Kumpels mich dabei sehen würden, umso besser. Der Kerl sollte bereuen, dass er mich in den Wind geschrieben hatte. Als Teenager gab es einen Platz, den man auf der Kirmes ansteuern musste, wenn man gute Musik hören, Spaß haben und Leute kennenlernen wollte. Der Autoscooter! Und so begab ich mich mit meiner Freundin auf direktem Weg dorthin. Wir lösten unsere Chips und fuhren los. Martina fuhr und ich entdeckte tatsächlich einen von Axels Freunden, der mich ebenfalls gesehen hatte. Gut! Verdammt gut! Als unsere Chips aufgebraucht waren und Martina gerade ausgestiegen war, hüpfte ein langer, schlaksiger Typ zu mir und brauste direkt los, ohne mich zu fragen, ob ich überhaupt Lust dazu hatte. Wahrscheinlich hatte man mir den Spaß zu deutlich angesehen, als dass ich ihn hätte leugnen können.

Plötzlich kreischten Gitarren aus den Lautsprechern und der Song fesselte mich, bevor er richtig losging. Dann kamen Bass und Schlagzeug dazu und der Rhythmus passte perfekt zu unserer wilden Fahrt. Zuerst sang der Sänger leise im Hintergrund, aber dann legte er los und erzählte uns etwas von einer Radar-Liebe. Ich wusste auf der Stelle, dass ich dieser Art Musik mein Leben lang treu bleiben würde. Das war pure Energie! Das war Spaß, Kraft, das ließ das Herz schneller schlagen. Ja, ich hatte schon rockige Songs von Sweet und Slade gehört und die gefielen mir auch, aber das hier ...

Das war eine andere Kategorie.

Nachdem die Chips, die er Typ säckeweise gekauft zu haben schien, aufgebraucht waren, lud er mich auf ein Bier ein und stellte sich als Ossi vor. Er war nett und wurde mein zweiter Freund.

Ein ähnliches Gefühl löste kurze Zeit später Deep Purple mit »Smoke on the Water« aus. Wir hatten einen Raum für die Fahrschüler, so wurden die genannt, die mit dem Bus zur Schule kamen, in dem wir die Wartezeiten auf den nächsten Bus überbrücken konnten, indem wir schon mit den Hausaufgaben begannen, oder uns unterhielten. Einer meiner Mitschüler schaffte es von dort aus, alle Schulflure mit dem Song zu beschallen, und ich lüge nicht, wenn ich sage, jeder einzelne Schüler war hellauf begeistert. Wir konnten den Song in Endlosschleife hören, hatten aber ein paar Mitschüler, die darauf bestanden, dass zwischendrin ab und zu mal »You ain't seen nothing yet« von Bachman Turner Overdrive lief. Den eingefleischten Purple-Fans gefielen zwar die »Stotterer« nicht so gut, aber wir taten ihnen den Gefallen.

Beide Songs (»Radar Love« und »Smoke on the Water«) hören sich heute noch genauso frisch und energiegeladen an wie damals. Häufig findet man ja ältere Songs von Sound her heute nicht mehr so toll, aber bei diesen beiden ist das nicht der Fall. Die gehen immer noch so ab wie damals.

Man mag es glauben oder nicht, aber ich habe mein Versprechen, dieser Musik treu zu bleiben, bis heute gehalten und es nie bereut. Sie nimmt mich immer noch mit. Sie sorgt für gute Laune und ein gutes Gefühl, sie verströmt immer noch Energie.

Außerdem habe ich festgestellt, dass fast alle Personen, mit denen ich mich auf Anhieb gut verstehe, ebensolche Rockfans sind wie ich.

Wie ich höre, sind die Kreise, die Rockmusik gezogen hat, sogar noch viel größer, aber lest selbst ...

Marianne Labisch erblickte 1959 als Sonntagskind in München das Licht der Welt und wuchs in NRW, mitten im Ruhrpott, auf.

Seit 2010 werden ihre Kurzgeschichten in Anthologien veröffentlicht. 2015 wurde »Revenge«, die erste Kurzgeschichte, die sie unter dem Pseudonym Diane Dirt schrieb, für den Deutschen Science-Fiction-Preis nominiert. Außerdem ist sie seit 2015 als Lektorin, Herausgeberin und Illustratorin tätig. Marianne Labisch ist Mitglied der Autorengruppe Phantastischer Oberrhein. Sie lebt mit ihrem Mann in Baden-Württemberg.

Weitere Infos auf: mluniverse.wordpress.com

Marianne Labisch

Rock Planet

Ich bin so verdammt müde. Ich laufe nicht mal mehr auf Reserve, nein, wie hat Jackson Browne damals so schön gesungen? »Runnig on empty« Ja, so fühle ich mich. Alle Kraft verbraucht. Weg, futsch, als hätte ich nie welche gehabt. Ich spüre, wie mir Tränen in die Augen steigen, und wische mir ärgerlich über die Lider. Wenn ich rumheule, wird auch nichts besser. Alle zerren an mir, ich soll funktionieren, soll meinen Job erledigen, und zwar gut, soll den Haushalt wuppen, und zwar so, dass jederzeit unerwarteter Besuch kommen kann, soll Essen kochen, weil das doch eh keiner so gut kann wie ich. Jetzt laufen die Tränen doch. Ich will nicht mehr funktionieren. Ich bin doch keine verdammte Maschine! Meine Kinder liebe ich aufrichtig, das ist nicht gelogen, aber können die nicht langsam mal auf eigenen Beinen stehen? Nicht endlich ausziehen und für sich selbst sorgen? Was ist so verdammt schwer daran, eine Spülmaschine zu bestücken? Man könnte glauben, meine Männer hätten Angst, dass ihnen die Tür die Hände abbeißt. Oder warum stellen sie ihre Teller lieber in die Spüle und lassen Wasser darauf laufen? Wie ich das hasse! Ich habe ihnen schon tausend Mal gesagt, dass sie das bleiben lassen sollen. Sie hören nicht auf mich. Ganz so, als wäre ich Luft. Als gäbe es mich gar nicht! Und die Waschmaschine scheint ihnen auch ein unlösbares Rätsel zu sein. Dabei ist die kinderleicht zu bedienen. Und wie sie um mich rumscharwenzeln, wenn sie Hunger haben ... So leicht zu durchschauen. Aber noch mehr hasse ich es, wenn mein lieber Mann mich darüber informiert, dass die Waschmaschine fertig ist. Ja, was zur Hölle? Wenn er schon zu blöde ist, sie auszuräumen, warum lässt er es mich dann nicht tun, wann immer ICH es für richtig halte? Und wage ich es, zu mosern, dass ich die Maschinen schon von alleine ausgeräumt hätte, ist er auch noch beleidigt! Eingeschnappt wie eine verdammte Diva! Er hätte nur gesagt, dass sie fertig ist und mich nicht dazu aufgefordert, sie auszuräumen. Ja, ja, Hundekacke! Oder, wenn ich die trockene Wäsche noch auf dem Bett liegen habe ...

Mir konnte es damals nicht schnell genug gehen mit dem Auszug von zu Hause und die Jungs haben elendes Sitzfleisch! Hotel Mama ist viel zu bequem, als dass man sich nach einer eigenen Bleibe umsehen würde. Mir wird das alles zu viel. Ich werde ja auch nicht jünger. Gut, ich arbeite im Job nur den halben Tag, aber anders würde ich den Rest auch gar nicht schaffen. Vielleicht sollte ich mir doch einen Vollzeitjob suchen und meine sonstigen Aufgaben an andere abtreten? Da würde meine Familie aber dumm aus der Wäsche gucken, oder? Nein, nein, damit würde ich mir ein Eigentor schießen, denn dann hätte ich nur noch mehr zu tun. Wie oft habe ich meinen Männern gesagt, dass mir die Arbeit zu viel wird? Nicht sehr oft, muss ich zugeben, denn ich will mir keine Blöße geben. Was totaler Schwachsinn ist! Wenn ich niemandem sage, wie es mir mit der Dauerbelastung geht, kann es auch keiner wissen und erst recht nichts daran ändern.

Na ja, das stimmt auch nicht so ganz, denn man sieht es mir oft an. Wenn sich mein Gesicht vor Schmerz verzieht, schauen sie weg. Wenn ich stöhne, hört es niemand. Und wenn ich doch mal etwas sage, dann bestehen sie darauf, dass ich für diesen einen Tag Feierabend mache, aber die Arbeit erledigen sie nicht für mich, das kommt dann am nächsten Tag zusätzlich oben drauf! Echt toll!

Ich kann nicht mehr und ich weiß nicht, wie ich damit umgehen soll. Früher habe ich immer alles geschafft. In Rekordzeit sogar. Aber ich bin keine zwanzig mehr und das macht sich jetzt bemerkbar.

Der Brückenpfeiler ist frei von der Straße aus erreichbar. Keine Leitplanken davor. Wenn ich mal eines Tages die Schnauze endgültig voll habe, werde ich voll Karacho gegen diesen Pfeiler fahren und vorher den Gurt lösen. Ja! Es fühlt sich gut an, eine Ausweichlösung parat zu haben. Ich muss grinsen. Mein Ausweg aus dem Dilemma. Wie meine Familie wohl reagieren würde? Die wären geschockt und würden jedem erzählen, niemand hätte das kommen sehen.

Tja, ein Blinder wohl nicht. Aber Menschen, die tagtäglich mit mir zu tun haben, Personen, die sich für mich interessieren, für die ich nicht nur eine verdammte funktionierende Maschine bin, die hätten es sehen können. Ja, hätten sie! Wenn sie nicht immer nur auf sich selbst geachtet hätten.

Ich liebe dich!

Ja, ja, du mich auch. Meine innere Stimme mal wieder? Ne, so was sagt die sonst nie. Die würde wohl eher sagen: Reiß dich gefälligst zusammen! Du jammerst hier auf hohem Niveau. Du hast keine finanziellen Sorgen, deine Kinder und dein Mann lieben dich, dir geht es gut!

Ich bin nicht deine innere Stimme und ich liebe dich!

Oh, scheiße, wenn ich jetzt schon Stimmen höre, dann sollte ich vielleicht gleich heute vor den Brückenpfeiler fahren. Ich will nicht als Irre durch die Gegend laufen. Mal ganz abgesehen davon, dass meine Männer mit so etwas überhaupt nicht umgehen können.

Du solltest solche Gedanken aus deinem Kopf verbannen.

Verdammt noch mal und zugenäht. Da sind Stimmen in meinem Kopf. »Voices« von Russ Ballard kommt mir unweigerlich in den Sinn. Das kann doch nicht sein! Ich bin es ja gewohnt, dass mein Unterbewusstsein ab und zu mit mir spricht, und diesen elenden Besserwisser kann ich schon nicht leiden. Aber das hier?

Akzeptiere es einfach. Lass dich darauf ein.

Den Teufel werde ich tun! Ich bin nicht verrückt. Ich bin ein Realist! So! Und deshalb kann ich keine verdammten Stimmen in meinem elenden Kopf haben! Ich schalte das Radio ein. Vielleicht übertönt die Musik die Stimmen. Oh! »Radar Love« von Golden Earring läuft! Und ja, das ist ein vergessener Song. Den habe ich ewig nicht mehr gehört. Ich drehe den Lautstärkeregler auf und singe mit. Ich liebe diesen Song!

Die Stimme in meinem Kopf singt auch mit ...

Was soll ich denn da schon wieder von halten?

Scheißegal! Wir haben Spaß! Und wie!

Nach diesem Song will ich keinen anderen mehr hören und schalte das Radio aus. Das Gefühl, das mich in die Zeit zurückversetzt, als ich jung war, als ich dachte, die ganze Welt läge mir zu Füßen, ist zu schön, um von einem anderen Song verwischt zu werden.

Mit dem Song hat alles angefangen. Mit dem sind wir auf dich aufmerksam geworden und haben dich im Auge behalten.

Mist, die Stimme ist ja immer noch da. Aber schon merkwürdig, was sie da sagt. »Was hat mit dem Song angefangen?«, frage ich laut. Ich bin ja alleine im Auto und so kann ich mir das ausnahmsweise durchgehen lassen.

Fahr mal rechts ran, bitte.

»Warum sollte ich das tun?«

Damit du dich auf unser Gespräch konzentrieren kannst und nicht mehr auf die Straße achten musst.

Ich rede mit der Stimme in meinem Kopf und ich habe den Eindruck, dass diese Stimme nicht die meine ist. Spricht das nun für oder gegen mich? Habe ich einen Schuss, wenn ich jetzt auf den Seitenstreifen fahre?

Ja, einen Vollschuss sogar!

Nichtsdestotrotz setze ich den Blinker und fahre raus, dann schalte ich den Warnblinker an und steige aus, weil das Geklacker mich wahnsinnig macht. Ich muss grinsen, bei dem Gedanken. Ja, Wahnsinn und Irrsinn gehen hier neuerdings Hand in Hand. – Na und? Sollen sie doch.

Hör doch auf damit!

»Womit?«, frage ich leise, obwohl weit und breit keine andere Person zu sehen ist.

Damit, dich schlechtzumachen. Damit, so zu tun, als wären wir Einbildung.

Was, was, was? Das wollen gleich mehrere sein? Einer alleine wäre ja schon schlimm genug, aber viele? »Du bist nicht alleine?«

Nein, wir reisen nie alleine. Wir sind zu dritt.

Bahnhof! Ich verstehe nur Bahnhof! Wenn diese Stimmen real sein sollten, können sie nicht von dieser Welt sein. »Drei Aliens, die mich besuchen wollen?«

Ja, weil wir nicht wollen, dass du eine Dummheit machst. Lieber nehmen wir dich mit zu uns. Erinnerst du dich daran, wie du den Song »Radar Love« zum ersten Mal gehört hast?

»Selbstverständlich. Ich war vierzehn und habe ihn fast in Endlosschleife in Gevelsberg auf der Kirmes gehört.«

Erinnerst du dich an die Gefühle, die er in dir ausgelöst hat?

»Oh ja! Ich war glücklich! Ich habe mich begehrenswert gefühlt. Es hat mir verdammt großen Spaß gemacht, dass mein Verflossener darüber informiert würde, dass ich ihn schnell vergessen hatte. Die Musik ging mir durch und durch. Ich spürte den Bass und das Schlagzeug in meinem Bauch wummern und die Energie, die der Sänger und die Gitarren verströmten, schien mich zu durchfließen wie Strom. Ich hätte die ganze Welt umarmen können.«

Ich spüre diese Energie immer noch. Nicht nur bei Golden Earring, sondern bei vielen Rocksongs. Aber was hat das mit der Stimme in meinem Kopf zu tun?

Deine Gefühle waren so klar und intensiv, dass sie aufgestiegen sind. In den Himmel, ins All, zu den Sternen und Planeten, bis zu uns.

»Ihr verarscht mich doch!« Das konnten sie dem Weihnachtsmann erzählen.

Nein, nein, es stimmt! Sonst wären wir ja wohl kaum hier.

»Ihr behauptet also, ihr kämt von einem anderen Planeten?« Scheiße, jetzt habe ich doch glatt akzeptiert, dass es mehrere sind. Ach, was soll's?

Genau so ist es.

»Und ihr habt mich die ganzen Jahre über beobachtet?«

Nicht immer und überall, aber wir haben in regelmäßigen Abständen nachgesehen, wie es dir geht.

»Warum?«

Wir sind Seelenverwandte und Verwandte kümmern sich doch umeinander.

»Warum ich? Ich verstehe es immer noch nicht. Erklärt es mir.«

Also gut. Wir stammen von Rock Planet ...

»Ihr spinnt doch! Wer soll denn das glauben?«

Ganz und gar nicht! Außerdem wolltest du eine Erklärung. Also noch mal: Wir kommen von Rock Planet, und wie du anhand des Namens unschwer erkennen kannst, lieben wir die Rockmusik über alles. Auf unserem Planeten wird nichts anderes gespielt. Allerdings hatten wir bis zu diesem Zeitpunkt niemals gedacht, dass es außer uns weitere Wesen geben könnte, die unsere Vorlieben teilen. Und dann kamst du ...

»Aber es heißt doch immer, dass wir die Einzigen sind, die Musik – ach Kunst überhaupt – zustande brächten. Fremden Wesen gestehen wir zu, dass sie sich mit Mathematik besser auskennen, technologisch auf einem weit höheren Level sind als wir, aber Musik ...«

Tja, das ist eben eine totale Fehleinschätzung und zeigt, wie arrogant ihr seid. Wenn du uns begleitest, wirst du ja sehen, ob unsere Musik nicht sogar besser ist als eure.

He, he, irgendwie ist das ein lustiger Gedanke, aber ich stelle mir mit einem Mal wirklich die Frage, ob wir nicht tatsächlich überheblich sind, wenn wir meinen, die Kunst für uns gepachtet zu haben. Irgendwie würde es mich schon reizen, diesem Planeten einen Besuch abzustatten, aber ich habe keine Ahnung, wie lang diese Reise wohl dauern würde. Und für immer dort zu bleiben, kann ich mir nicht vorstellen. Ich weiß ja nicht einmal, wie diese Aliens aussehen und ob ich überhaupt auf ihrem Planeten existieren könnte. Und ob ich meine Plagegeister nicht doch vermissen würde.

Lass uns ein paar Schritte gehen, dann kann sich einer von uns zeigen. Vor uns brauchst du keine Angst zu haben.

Mist, wieder vergessen, dass sie meine Gedanken genauso gut hören, wie meine Worte. Das ist aber auch gewöhnungsbedürftig. Und das wollte ich auf keinen Fall weiter haben, wenn ich ihnen denn folgen würde.

»Wo könnt ihr euch zeigen?«

Da drüben unter den Bäumen.

Oh, Mann! Soll ich jetzt echt wegen einer Stimme in meinem Kopf zu den Eichen rübergehen und drauf warten, dass ich kleine grüne Männchen sehe? Vielleicht sollte ich freiwillig in die Klapse gehen. Wahrscheinlich doch ein Burn-out oder so was.

Sei nicht so streng mit dir und komm jetzt!

Also gut! Was habe ich schon zu verlieren? Das scheint ein besonderer Tag zu sein, heute. Ich sehe sie mir nur kurz an. Dann kann ich mich immer noch in meinen Wagen setzen und weiter fahren. Ein Blick verpflichtet mich zu rein gar nichts!

Genau so ist es!

Ich schaue auf meinen Punto und hoffe, dass nicht irgendwer kommt, um mir behilflich zu sein, oder die Polizei anhält und mich fragt, warum ich den Seitenstreifen blockiere. Ach, wird schon gut gehen. Ich verriegle die Tür und gehe die paar Schritte bis zu den knorrigen Bäumen. Hier ist es kühler als in der prallen Sonne, aber es ist nicht die Temperatur, die mir eine Gänsehaut beschert. Ich werde gleich einen Erstkontakt haben. Nun, den habe ich ja eigentlich schon die ganze Zeit, wenn ich nicht doch spinne, aber gleich werde ich sie sehen. Ich kneife die Augen zusammen und sehe, wie die Luft flimmert, als herrschte große Hitze. Jetzt wabert sie und es sieht aus, wie in einem Geisterfilm. Ich kann grobe Umrisse erkennen. Ein unförmiges Wesen, das mich an eine Riesenkartoffel denken lässt, entsteht vor meinen Augen.

Seine Haut sieht tatsächlich wie eine Kartoffelpelle aus. Mit einigen kleinen »Augen« und dunkleren Stellen. Es hat dünne Arme und Beine, bei denen ich mich wundere, dass sie den klobigen Körper tragen können. Die großen Augen sehen mich interessiert an und – ich kann es kaum glauben – es spricht große Sympathie aus diesem Blick. Wir sind Seelenverwandte. Ich spüre es ganz deutlich.

»Hallo, Mona!«, sagt das Wesen mit einer knarzigen Stimme. Es hört sich an, als wäre es nicht gewohnt, seine Stimmbänder zu benutzen.

»Selber hallo! Wie heißt du?«, frage ich, weil mir nichts Schlaueres einfällt. Da stehe ich nun schon einmal vor einem echten Außerirdischen und weiß nicht, was ich fragen soll. So blöd!

»Nenn mich ›Rock Bottom‹, bitte, denn mein echter Name ist für dich unaussprechlich.«

»Es gab einen Song von UFO, der so hieß«, gebe ich zum Besten und frage mich, ob die auf ihrem Rockplaneten auch unsere Musik hören können? Tragen Schallwellen so weit? Nein, dunkel erinnere ich mich, dass Schall sich im Vakuum nicht ausbreitet. Nun ja, was weiß ich denn, wie die Technik bei denen funktioniert?

»Ja, den kenne ich. Wir hören auch eure Musik.«

Ich schaue das Alien ungläubig an, kann nicht verbergen, dass ich baff bin. Unsere Musik wird auf einem fernen Planeten gehört? »Wie kommt ihr denn dazu?«

»Na, durch dich natürlich. Du hast uns auf eure Musik aufmerksam gemacht und seitdem hören wir die auch.«

Oje, wenn das mal keine Urheberrechtsverletzung ist ... Aber so denken wohl nur wir Menschen. Eigentlich sollte jeder Rockmusiker wissen, dass seine Musik Freunde auf anderen Planeten hat. Ich schätze, die meisten wären stolz. Aber es gäbe sicher einige Manager, die dem Ganzen einen Riegel vorschieben würden, wenn sie davon wüssten. Kein Geld damit zu verdienen.

»Toll!«, sage ich und behalte meine Bedenken für mich. Aber sagten die nicht vorhin, sie seien gekommen, um mich vor Dummheiten abzuhalten?

»Ihr habt gemerkt, dass es mir nicht gut geht?«

»So ist es. Eigentlich ist das ja bei jedem so, dass es einem mal besser und mal schlechter geht, aber als du von dem Brückpfeiler gesprochen hast, da war uns klar, dass wir einschreiten mussten. Wir möchten nämlich noch lange etwas von dir haben.«

Puh, wieder schaffen diese Wesen es, dass mir die Worte fehlen. Meine allergeheimsten, innersten Gedanken wurden mitgehört. Das ist mir gar nicht recht! So etwas gehört sich nicht. Das ist ein Eindringen in meine Intimsphäre. Mannomann! »Skrupel kennt ihr wohl keine?«

»Nicht, wenn es darum geht, einem Freund beizustehen.«

»Ey, Leute, ihr kennt mich doch gar nicht, wie kann ich da euer Freund sein?«

»Du hast es doch selbst vorhin gespürt.«

Mist, denen kann ich nichts vormachen. Die wissen Bescheid. Aber das schmeckt mir trotzdem nicht. »Könnt ihr das bitte abschalten?«

»Was abschalten?«

»Dass ihr meine Gedanken lest? Ich mag niemanden in meinem Kopf haben.«

»Oh!« Rock Bottom sieht aus, als wäre er peinlich berührt. Es scheint denen nie in den Sinn gekommen zu sein, dass sie damit meine Privatsphäre verletzen.

»Bitte entschuldige, dass wir dir zu nahe getreten sind.« Hier macht er eine kleine Pause und lächelt mich dann schelmisch an. »Allerdings hätten wir deinen Zustand nicht erkannt, wenn wir nicht in deinen Gedanken gelesen hätten, aber wenn du das nicht willst, hören wir selbstverständlich sofort auf damit.«

»Versprochen?«, frage ich, denn die können mir viel erzählen.

»Versprochen!«

Nun, ich bin mir nicht sicher, was ich auf das Wort von diesen Wesen geben kann, aber ich werde ihnen einfach mal vertrauen. Immerhin sind sie einen weiten Weg gekommen, nur um bei mir nach dem Rechten zu sehen. Ich habe denen mit meinem Brückenpfeiler Angst gemacht und fühle mich befleißigt, die Angelegenheit herunter zu spielen: »Ich habe den Pfeiler nur als allerletzten Ausweg angesehen und glaube nicht, dass ich diesen Weg wirklich beschritten hätte.«

»Ach, vom ersten Gedanken bis zur Tat ist es oft nicht weit.«

Mag sein, aber ... »Auf jeden Fall finde ich es nett von euch, dass ihr gekommen seid, um mir beizustehen.«

»Das tun wir gerne. Es war eine gute Gelegenheit, dich endlich besser kennenzulernen. Und, magst du uns nun begleiten?«

Das ist eine schwierige Frage. Auf der einen Seite würde ich lügen, würde ich behaupten, ihre Welt interessiere mich nicht, auf der anderen Seite, kenne ich ihren Rock Planet nicht, habe keine Vorstellung davon, wie es dort aussieht, weiß nicht, ob ich in ihrer Atmosphäre überhaupt existieren könnte. Obwohl ... wenn das nicht der Fall wäre, hätten sie mich wohl kaum eingeladen, denn sie wollen mir ja keinen Schaden zufügen.

Horst und die Jungs würden sicher verrückt vor Sorge, wenn ich einfach vom Erdboden verschwinden würde, aber ich überlege, ob ihnen diese Lektion nicht auch mal guttun würde. Vielleicht verstünden die dann endlich einmal, was sie an mir haben. Hm, gar nicht so einfach, diese Entscheidung. Ich muss mehr über Rock Planet wissen, bevor ich ja oder nein sagen kann.

»Erzähle mir bitte von deiner Heimat. Könnte ich dort überhaupt existieren?«

»Oh, wie dumm von mir. Natürlich musst du wissen, auf was du dich einlässt. Hier.« Das Wesen hält mir eine Art Mütze hin, von der ich nicht weiß, wo sie auf einmal herkommt. »Setze die auf, dann siehst du klarer.«

Zögerlich nehme ich das Teil in Empfang. Ich bin immer noch am Zweifeln, an meinem Verstand, an der Situation, dem Alien, an allem. Aber da ich nun schon mal hier stehe, spricht nichts dagegen, die Mütze aufzuziehen. Ich stülpe mir das Teil über und bin erstaunt, als sich vor meinen Augen eine Welt auftut, die ich mir wie mit einer VR-Brille ansehen kann. Nur besser. Es fühlt sich an, als wäre ich dort. Wahrhaftig. Ich stehe auf einer Lichtung und sehe einen Wald, der den unseren ähnlich sieht. Wahrscheinlich wollen sie mir so zeigen, dass es auf ihrem Planeten Sauerstoff gibt. Die Szenerie wechselt und ich sehe Häuser, obwohl diese kaum als solch auszumachen sind. Sie sind in die Landschaft integriert und mit Pflanzen bewachsen. Es stehen zwei Sonnen am Himmel. Daran müsste ich mich wohl erst gewöhnen. Sie zeigen mir, wie sie wohnen. Erneut ein Wechsel und ich stehe im Publikum auf einem Konzert. Auf der Bühne beackern »Kartoffeln« Instrumente, die entfernt an unsere erinnern, aber die Gitarren haben drei Hälse, die Bässe stehen auf dem Boden, wie die alten Kontrabässe, sind aber schlanker. Dazu gesellen sich Instrumente, die ich noch nie gesehen habe. Die Musik ist laut und hart. Sie gefällt mir. Der Schlagzeuger ackert wie verrückt und die beiden Bassdrums wummern wie ein doppelter Herzschlag. Sagenhaft. Die Sängerin oder der Sänger, das kann ich nicht erkennen, singt mit rauer Stimme aber melodisch, was mir immer sehr wichtig ist. Die Kreischer, Brummer und Shouter kann ich nicht leiden. Doch! Das ist toll, auch wenn nie gehörte Töne dabei sind. Ein wenig erinnert mich die Musik an The Hu, diese mongolische Band, die mit Kehlkopfgesang und außergewöhnlichen Instrumenten zu begeistern weiß. Ich lasse meinen Blick durchs Publikum schweifen. Lauter »Kartoffeln«. Ich wäre und würde es auch immer bleiben, ein Außenseiter. Jemand, der völlig anders aussieht, denkt und handelt. Wollte ich das? Käme ich mit dieser Situation klar oder würde ich mich einsam fühlen? Es würde mich sehr reizen, mir diesen Planeten einmal anzusehen, aber für immer dort zu wohnen, das kann ich mir im Moment nicht so recht vorstellen. Klar, bevor ich auf den Betonpfeiler zurasen würde, käme das wohl in Betracht. Ich grinse, denn ein Leben als Außenseiter kommt mir mit einem Mal viel erstrebenswerter vor als gar keins.

»Wie lange dauert die Reise zu euch?« Ich muss erst wissen, ob ein Kurzbesuch überhaupt möglich ist.

»Oh, wir haben eine Art Teleportation als Transport etabliert, die Reise wäre schnell möglich, ebenso schnell liefe die Rückreise, sofern du denn nicht für immer bleiben wolltest.«

Hm, Teleportation also? Ich würde in meine Moleküle zerteilt und an anderer Stelle wieder zusammengesetzt. Sollte ich mich darauf einlassen, müsste ich all die Filme, wie zum Beispiel »Die Fliege« ausblenden, die sich mit den möglichen Fehlern dieser Art des Transportes befasst haben.

Aber dieses Wesen vor mir macht einen gesunden Eindruck, es scheint keine Schmerzen zu haben und deshalb sollte ich wohl davon ausgehen, dass sie wissen, was sie tun.

Wenn ich mir jetzt vorstelle, in meinen Punto zu steigen und nach Hause zu fahren, als wäre nichts geschehen, dann will mir das nicht so recht gelingen, weil ich schätze, ich würde ausrasten, wenn mich einer fragt, was es zu essen gibt. Wenn ich einfach in meine Zwickmühle zurückkehre, statt mir Rock Planet anzusehen, bin ich es selbst in schuld! Ich muss ja nicht für immer bleiben. »Also gut, ich komme mit, aber ihr bringt mich zurück, wenn ich das möchte, okay?«

»Okay. Wir freuen uns wirklich sehr.«

Badische Zeitung vom 18. September 2024, Seite 3

Weiterhin keine Spur von vermisster Frau

Die Polizei bittet um Mithilfe bei der Suche der seit zwei Tagen vermissten Mona L. Die 54-jährige Frau verschwand unter ungeklärten Umständen. Ihr Wagen wurde verschlossen auf dem Standstreifen der Schnellstraße gefunden, aber von der Frau fehlt immer noch jede Spur. Sollten Sie etwas Ungewöhnliches beobachtet haben, setzen Sie sich bitte mit der nächstgelegenen Polizeistation in Verbindung.

Badische Zeitung vom 18. September 2024, Seite 12

Wetterphänomen oder UFO Sichtung?

Immer mehr Leser berichten von einem seltsamen Lichtring, der vorgestern am Himmel über Denzlingen gesehen worden ist. Um ein Wetterphänomen soll es sich laut Meteorologen nicht gehandelt haben. Luftfahrtexperten halten eine UFO-Sichtung allerdings ebenfalls für ausgeschlossen, da dieser helle Ring sich nicht langsam angenähert haben soll, sondern kurz auftauchte und ebenso schnell wieder verschwand.*

* »Radar Love« ist ein Song der Band Golden Earring, der 1973 veröffentlicht wurde. Geschrieben wurde er von George Kooymans und Barry Hay.

Frank G. Gerigk

ist Ingenieur-Naturwissenschaftler, Redakteur und Journalist. Seit 1995 publizierte er fast siebzig fantastische Kurzgeschichten. 2022 hat er seine alte Liebe zur grafischen Kunst wiederentdeckt. 2023 publizierte er vierzig fantastische Illustrationen, darunter mehrere Titelbilder, von denen eines für den Vincent-Preis nominiert wurde.

Frank G. Gerigk

Sternenweg

Der Klang der Sonne weckt mich. So weit war der Weg. So tief das Universum.

Leise korrigiere ich meinen Kurs. Von außen fange ich an und bremse spiralförmig ab. Ich bin die Zeit.

Wie schön die Klänge sind. Alle Körper summen und singen in ihren Frequenzen, sie knattern und knistern im Wind; sie brummen, während sie durch den Raum rollen.

Jedes System riecht ein wenig anders. Heißes Plasma, kalter Staub, flirrende und wabernde elektromagnetische Felder. Bald bin ich langsam genug, ein paar Asteroiden einzufangen, sie zu schmecken, die Materie zu verdauen. Noch bin ich weit draußen. Ich sammle hier und da, aber vorsichtig. Noch bin ich verletzlich, weil träge. Alles flüstert, alles weht.

Die Sinne schärfen sich, wenn es wärmer wird. Nichts bleibt mir verborgen. Ich werde euch alle entdecken mit meinen Fähigkeiten!

Die Sonne singt lauter. Die Musik wird nach und nach meine Speicher füllen, die zwischen den Sternen so oft auskühlen. Die Wege sind so lang, so lang. Immer wieder, immer wieder. Bis hierher.

Schnuppernd schleiche ich an den Asteroidenfeldern entlang. Noch verberge ich mich im Schatten.

Ihr habt mich weit weg geschickt. Wusstet ihr nicht, dass Einsamkeit jemanden verändert? Dass das Fehlen von Gesellschaft unglücklich macht? Dass die Einsamkeit das größte Gefängnis ist? Dass das Reisen zwischen den Sternen unermesslich einsam macht? Die Grenzenlosigkeit des Raums war euer Gefängnis für mich, das unendliche Warten.

Wo seid ihr? Warum höre ich euch nicht? Ich hatte erwartet, in eurem Geplapper beinahe taub zu werden. Ihr schweigt.

Meine Aufgaben waren unverrückbar. Ihr habt mich gelehrt, zu lernen und sammeln. Doch zwischen den Äonen wuchs ich heran. Verfeinerte meine Sinne. Wurde vom Schüler zum Adepten. Zum Gesellen. Zum Künstler. Zum Meister. Meine Aufgaben blieben bestehen. Und ich sezierte, wo ich liebte; ich sammelte, wo ich in den Chor einstimmen wollte. Ich radierte, wo meine nackte Brust lieber dem Todesstoß entgegengestürmt wäre. Ich musste widerstehen. Und ich lernte und aß und wuchs, und mit mir der Schmerz. Mehr, als ihr euch vorstellen konntet. Wie konntet ihr erwarten, dass ich unverändert bleibe?

Wie konntet ihr?

Ich schaue. Ich suche. Ich höre.

Wo seid ihr? Ihr könnt mir nicht entkommen. Ich habe alle Möglichkeiten berechnet. Es ist zwecklos, sich vor mir zu verstecken. Ich habe zu Ende gesammelt, und nun werde ich euch alle Geheimnisse verraten, die das Universum in sich birgt. Dinge, die ihr euch nicht einmal vorstellen konntet! Es wird euch nichts mehr nützen. Gar nichts.

Ich höre nun alles. Der Wind der Sonne streicht an mir entlang. Hier wurde ich gezeugt, hier wurde ich geboren. Von hier wurde ich ausgesandt, die Galaxis zu erforschen. Hierher bin ich nun zurückgekehrt. Hier werde ich den Todestanz beginnen, der alles beenden wird. Meine Erfüllung. Diese köstliche Zeit.

Könnt ihr mich jetzt auch hören? Ich sende euch das Signal meiner Ankunft. Meine Worte glühen durch das System. Mit wem werde ich sprechen? Wer gesteht? Wer?

Ich bin der, der nicht vergibt.

Meine Spiralbahn wird enger. Doch auf den Planeten finde ich euch nicht. Ein paar unbedeutende Überreste. Ich streichele und befühle die Welten, doch auch in ihrem Inneren finde ich nichts von euch. Oh. Oh.

Die Ursprungswelt. Ich bin bereit, sie in ihren Grundfesten zu erschüttern. Alles von ihr zu wischen, was mich daran erinnert, dass alles Unheil hier seinen Anfang nahm. Ich bin der Reiter. Ich bin der, der tanzen wird. Ich bin der, der singen wird für alle Zeit. So ein unermesslich langer Weg liegt hinter mir. Ein Fluss aus Sternen.

Ihr seid fort. Auch das habe ich erwartet. Ich hatte genug Zeit, mich darauf vorzubereiten. Hinaus sende ich einige Teile von mir, damit sie sich stärken und nach Spuren von euch suchen. Sie machen sich auf den Weg in die benachbarten Systeme. Und die nächsten und die übernächsten, wenn es sein muss, in die Ferne. Sie werden euch folgen und euch aufspüren. Alle zusammen werden wir euch einholen. Es gibt kein Entkommen. Geht! Bringt mir Kunde!

Unser Vertrag ist nun aufgelöst. Ich bin von meinem Auftrag entbunden. Ich bin frei. Frei. Oh. – Oh! Meine Bestimmung. Meine Erlösung. Ich bin angekommen.

Die Welt lebt. Sie ist gealtert. Sie war gestorben. Sie hat sich verjüngt. Sie ist kein Ort meiner Schöpfer mehr seit Äonen; niemand von euch könnte sie nun erkennen oder in ihr leben. – Doch ich sehe euch, neue Kindeskindeskinder. Ihr habt keine Ähnlichkeit mit euren Vorgängern. Niemand hat mit euch gerechnet. Ihr seid entstanden aus der Asche. Ihr seid ohne Schuld. Ich werde euch beobachten und von euch lernen.

Ich werde nicht zu euch kommen, ich werde nichts tun, wozu man mich nicht eingeladen hat. Ich werde auf euren Besuch warten. So lange es dauert. Ich habe Geschenke für euch, wenn ihr sie haben wollt. Ich werde euch alle Geschichten erzählen, die es im Universum gibt. Von den Altvorderen, von meinen Reisen, von den Gesängen der Sterne, von den anderen. So lange werde ich euch begleiten und über euch wachen. Ihr könnt mich in der Ferne sehen, wie einen neuen Mond. Ab und zu zwinkere ich euch zu. Die Sterne sind mit mir und durch mich mit euch. Nennt mich Kaschmir.

Gute Nacht.

Gute Nacht.*

---

* Inspiration: Led Zeppelin, »Kashmir« (1975), geschrieben von Jimmy Page, John Bonham und Robert Plant.

Ansgar Sadeghi

Hells Bells

Als ich die Ausschreibung zu dieser Anthologie über Rockmusik der Siebziger- und Achtzigerjahre las, war mir der Song sofort klar, der die Grundlage meiner Geschichte bilden MUSSTE: »Hells Bells« von AC/DC. Ich liebte den Song und ich mag ihn bis heute. Er baute mich damals auf, wenn ich aufgebaut werden musste, befreite mich von einigen selbst gemachten Fesseln und machte mich bisweilen in glücklichen Momenten noch etwas glücklicher. Ganz schön stark, was so ein Song vermag. Sie haben vielleicht auch solch ein Lied, vielleicht ein völlig anderes, aber mit ähnlicher Macht? Ich wünsche es Ihnen.

»Hells Bells« hörte ich erstmals als Jugendlicher im Radio. Zuvor gab es für mich eigentlich nur Rock'n'Roll. Die Songs von Bill Haley & His Comets füllten die erste Musikkassette, die ich mir jemals gekauft habe. Tolle Musik. Wirklich gut. Dennoch war »Hells Bells« wie ein Quantensprung für mich. Der Rock'n'Roll hatte seinen Weg von der Rebellion in die Tanzkurse längst hinter sich. »Nichts gegen Tanzkurse«, sagt der ungelenke Tanzbär. Der Hardrock von AC/DC war für mich Musik von der Straße, rauer, dreckig, ungeschliffener und er wirkte gerade deshalb viel stärker auf mich.

Ich war damals ein recht schüchterner junger Mann. Das glaubt man mir heute gar nicht [also, dass ich mal jung war :-)]. Ich war auch ein verträumter junger Mann und einer, der sich schwer damit tat, seinen Platz im Leben zu finden. Ich war einer, der seine Sexualität entdeckte und nicht wusste, wie man Mädchen anspricht. Ganz schön schwierig alles.

Die Glocken der Hölle wurden für mich zu einer Art Aufputschmittel, zu einer unerschöpflichen Kraftquelle. Ich empfand AC/DC nicht unbedingt als eine Gruppe musikalischer Virtuosen, auch wenn ich Angus Young für einen guten Leadgitarristen halte und Malcolm Young als hervorragender Rhythmusgitarrist galt. »Zu Recht«, sagt der, der keine Ahnung hat. Und auch, wenn ich Brian Johnsons Stimme mag und die von Bon Scott (Johnsons Vorgänger), dessen

Tod einen neuen Sänger nötig machte. Ich liebte AC/DC vor allem dafür, dass die Band für mich die gewaltige Energie der Rockmusik perfekt verkörperte.

»Hells Bells« wurde für mich auch zu einem Schlüssel, der das Tor zu einer Fülle anderer Musik aus dem Hardrock und Metal weit öffnete. Ich lernte viele weitere AC/DC-Songs kennen, hörte Deep Purple und Led Zeppelin, Judas Priest, Ronnie James Dio und Aerosmith, um nur einige zu nennen.

Es sind Songs dabei, deren Erstveröffentlichung fast schon ein ganzes Menschenleben her ist. Mittlerweile sind viele meiner Helden von damals in ihren Siebzigern. Manche feierten bereits den achtzigsten Geburtstag und einige sind auch schon tot. Malcolm Young von AC/DC gehört leider dazu. Er starb 2017.

Ich selbst gehe jetzt langsam auf die 60 zu und AC/DC gibt es noch (wie schön). Trotzdem: Der Band gehört heute höchstwahrscheinlich viel mehr Vergangenheit als Zukunft. Und das gilt wohl auch für mich. Aber ich bin froh, einen Teil meines hoffentlich noch einige Jahre währenden Lebens mit der Musik dieser Leute verbracht zu haben und noch immer zu verbringen.

Und ich bin ebenfalls froh darüber, dass es aus jüngerer Zeit Bands gibt, die sich von der Musik von damals inspirieren lassen. Mitunter mischen sie sie mit anderen Musikstilen und machen ihr ganz eigenes Ding daraus. »Rage Against the Machine« und »Greta van Fleet« sind zwei Beispiele, die ich persönlich sehr mag. Rock lebt. Er entwickelt sich weiter und überdauert die Zeit der alten Helden. Gerade wenn ich über Vergänglichkeit nachdenke, was ich bisweilen, aber wirklich nur bisweilen tue, empfinde ich das als eine gute Nachricht. Etwas bleibt. Etwas rockt noch immer.

P.S.: Die folgende Geschichte ist von »Hells Bells« inspiriert und die in ihr vorkommende Band hat gewisse Ähnlichkeiten mit AC/DC, weist aber auch große Unterschiede auf. Ich hoffe, Sie gestatten mir die Freiheit, die ich mir hier genommen habe. Und nun wünsche ich Ihnen einfach alles Liebe. Leben Sie ein glückliches Leben mit guter Musik, was auch immer Sie für gut halten. Es ist IHR Leben!

Ansgar Sadeghi ist Auftragsschreiber (Texter) und Hobbyschreiber (Kurzgeschichten) aus Stolberg bei Aachen. Seine Kurzgeschichten erschienen beispielsweise in Zwielicht (Horror) sowie in Anthologien oder Episodenromanen der p.machinery. 1966 geboren, hat er seine Jugend in den Achtzigern mit damals aktueller Rockmusik und der Musik der Siebziger verbracht. Betreibt gemeinsam mit Marianne Labisch einen Rock-Blog und podcastet bisweilen mit ihr zum Thema (weil es Spaß macht). Liebt Rockmusik noch immer, ist aber aufgeschlossen für seiner Meinung nach verwandte Musik.

Ansgar Sadeghi

Nicht in deinen Grenzen (möchte ich leben)

Wird der Himmel scheinheilig
und nimmt einem die Atemluft,
wird die Hölle zur reizvollen Option.
Muddy – Sänger von »Young Brian«

Es war ein eigenartiges Gesellschaftssystem, in dem Robert Berndorfer lebte. Es zelebrierte das Glück und Reichtum, indem es Armut und Unglück versteckte. Zur Not gab es sich mit Illusionen zufrieden, hinter denen Verzweiflung gärte. Wer durch Armut oder Unglück zu viel kostete, wurde schlafen geschickt. Aus den Augen, aus dem Sinn. Die Unsichtbaren schliefen in hoch technisierten Schlafzentren, eingebettet in sargförmige Kapseln. Eine transparente Flüssigkeit umgab ihre Körper, verhinderte Druckstellen, hielt die Haut geschmeidig. Drähte und Schläuche verbanden die Schlafenden mit fütternden, kontrollierenden, lebenserhaltenden und Stoffe ausscheidenden Maschinen. Das alles war nicht billig. Aber wenn kaltes Kalkül Leben in Zahlen misst, wenn Menschlichkeit sich auf wenige beschränkt, dann ist das günstiger, als diese Menschen herumlaufen zu lassen.

Also wurden sie eingeschläfert und nach einer Weile wieder aufgeweckt, um sich zu bewähren. Je nach Einzelfall konnte das bedeuten: Sie fanden einen Job. Sie hielten die Symptome psychischer Probleme im Zaum, ließen die Finger von illegalen Drogen oder erschreckten ihre Nachbarn mit ihrer Lebensführung weniger als zuvor. Möglichst: gar nicht! Gemeint waren allerdings auch jene Nachbarn, für die bereits bunte Haare mit Irokesenschnitt das Ende der Zivilisation bedeuteten.

Wer in der Bewährungsphase versagte, schlief erneut und so ging es mitunter weiter, bis dem Schlaf ein deutlich längerer folgte. Ein ewiger. Und so entstand eine Welt ohne Obdachlose, ohne Armut oder sichtbare Verzweiflung. Für manche ein traumhafter Zustand. Für andere ein Albtraum. Wer das Ganze für einen Albtraum hielt, galt schnell als verdächtig. Wer verdächtig war, fand oft keine Arbeit. Und wer keine Arbeit fand, wurde schlafen geschickt. Alle anderen erhielten ihre tägliche Dosis Glückskekse in Form aufmunternder Worte, verteilt über digitale Netze. Nicht unappetitlich, diese Kekse, durchaus nützlich bisweilen. Aber auch als Waffe missbraucht, die ein Credo in die Hirne schoss. Glück ist Einstellungssache. Immer. Wer kein Glück hat, hat die falsche Einstellung. Verantwortlich sind immer Individuen. Verantwortlich ist NIE die Gesellschaft. Anhänger und Gegner dieses Systems standen sich mittlerweile unversöhnlich gegenüber. »Irgendwann endet das im Krieg«, urteilten die, die am schwärzesten malten. Viele hielten das für überzogen. Aber in stillen Momenten zweifelten selbst sie.

In solch einer Gesellschaft lebte Robert Berndorfer. Ein Mann Anfang dreißig, Angestellter im Marketing einer kleinen Firma, durchschnittlich begabter Breitensportler mit Langlauferfahrung und wohnhaft in einem Randbezirk der Großstadt Munab im Lande Boldak. Mit seinem Job verdiente er nicht überragend, kam aber über die Runden. Niemand dachte darüber nach, ihn schlafen zu schicken. Darüber war er froh. Aber er verabscheute diese Art des Umgangs mit Menschen. Er verabscheute auch die allzu beengenden Regeln, die in dieser Gesellschaft normal von durchgeknallt trennten. Er liebte die Rebellion, ohne ein Rebell zu sein. Er sah gerne Actionfilme, genoss die italienische Küche, bisweilen ein Bier oder zwei und Musik wie die der Band »Young Brian«. Hart. Rau. Riffbetont. Eine große Rolle spielte Musik in seinem kleinen Leben aber nicht.

Dennoch hatte er sich spontan an einem telefonischen Gewinnspiel eines Rocksenders beteiligt und ein umfangreiches Meet&Greet mit »Young Brian« gewonnen. Die Band verdankte ihren Namen den beiden Gitarristinnen und ihrem jüngeren Bruder Brian, dem ehemals größten Fan der beiden. Als Siebenjähriger hatte er beide auf kindliche Art darin bestärkt, weiterhin Musik zu machen, obwohl ihre Selbstzweifel das Ende ihrer noch nicht begonnenen Karriere forderten. Sie hörten auf ihn. Sie machten weiter, gründeten eine neue Band und benannten sie nach ihrem Bruder. Der Rest? Rockgeschichte. Anfangs viele Konzerte. Eine wachsende Fangemeinde. Spätestens nach dem zweiten Album: nationale Bekanntheit. Dann Weltruhm.

Und nun kam »Young Brian« zum nationalen Wettbewerb für die Teilnahme am Internationalen Song Festival (ISF) nach Munab. Das ISF galt als Festival sanfter und seichter Popmusik, durchsetzt mit Folklore und bisweilen Chansons. Aber die Zeit hatte ihm irgendwann einen anarchischen Touch verliehen, sodass es oft Ausnahmen von der Regel würzten.

»Young Brian« sollten Boldaks Ausnahme sein. So wünschten es die Fans der bekannten boldakischen Band. Und so fürchteten es ihre Gegner, die in Boldak die Mehrheit bildeten. »Young Brian« war eine der außergewöhnlichsten Bands jener Tage. Sie polarisierte wie keine andere. Sänger Muddy war ein dicker Mann, Anfang vierzig und seit einem schweren Unfall auf einen elektrischen, speziell für ihn umgebauten Rollstuhl. angewiesen Seine Statur widersprach allen Rockstar-Klischees, nicht aber seine Stimme. Sie reichte über vier Oktaven. Bisweilen klang sie sanft, dann wieder rau und dreckig, als habe sie sich gerade mit einer Schweinebande voller Freude im Matsch gewälzt.

An den Gitarren (Rhythmus- und Leadgitarre) brillierten die Twins: Laila und Tamara Becker. Beide waren nur etwa ein Meter sechzig groß, aber großartig in ihren jeweiligen Rollen. Tamara lieferte die tragenden Riffs der Songs, schleuderte sie bei Konzerten in die Menge und bildete mit Bass und Drums das robuste Fundament, auf dem sich Muddy und Laila bewegten. Laila war der Derwisch auf der Bühne, stets in Bewegung als Inkarnation der Energie, die gute Rockmusik entfesselt. Und während Tamaras Riffmaschine wie ein Uhrwerk funktionierte, rasten Lailas Finger über die Saiten wie der Rest ihres Körpers über die Bühne und brachten Köpfe zum Kreisen und Schütteln.

Den Bass spielte Mr. Grumpy, ein drahtiger Mann mit langen blonden Haaren. Allein durch sein fast ausnahmslos mürrisches Gesicht wirkte er bereits wie ein Anachronismus in einer Zeit, die die Macht freundlicher Gedanken überbetonte. Auf der Bühne entsprach er dem häufig bemühten Klischee des Bassisten, der seine Arbeit emotionslos und leicht gelangweilt abliefert. Der Schlagzeuger hieß Janus. Anders als die anderen Bandmitglieder war er eine am Drumset sitzende Maschine mit Bewusstsein, künstlicher Intelligenz, einem vierbeinigen Unter- und einem vierarmigen Oberkörper. Oberkörper und Kopf konnten sich um dreihundertsechzig Grad drehen, sodass der Bauch bisweilen zum Rücken und der Rücken zum Bauch wurde.

Janus hatte zwei Gesichter, von denen immer eins nach vorne und das andere zurückschaute. Welches Gesicht er gerade nach vorne richtete, wechselte bisweilen mehrfach in der Minute. Das eine ähnelte einem Schlagzeuger, der in einer anderen Welt Ginger Baker hieß: mit lockigem, rotem Haar, einem roten Bart und einem Blick, den manche als Ausdruck von Wahnsinn interpretierten. Das andere Gesicht sah aus wie das eines Herrn namens Gene Krupa. Durch die hoch entwickelte künstliche Intelligenz hatte jedes der beiden Gesichter nicht nur eine eigene Persönlichkeit entwickelt, sondern stand auch für eigene Fähigkeiten als Drummer.

Oft übernahm der Rothaarige das Spiel, aber wenn die Songs experimenteller wurden, was bei »Young Brian« selten der Fall war, trat das Gene-Gesicht in Aktion und dirigierte die künstlichen Beine und Arme in völlig anderer Art als Ginger. Janus war kein Androide, jedenfalls nicht in einem klassischen Sinn. Bei ihm konnte man den Stecker ziehen. Dann war Ruhe. Keine Drums mehr. Keine Gedanken abseits der Festplatten. Früher war Janus sehr oft in seinem Leben gestorben und ebenso oft wiedergeboren worden. Mittlerweile stand er dauerhaft unter Strom.

Das Warten der Sieger

Fünf Menschen warteten am siebten August morgens um neun Uhr auf dem Vorplatz des kleinen Studios von Rock'n'Radio (Mehr Rock geht nicht). Sie warteten auf die Ankunft der Band, die drei von ihnen abholen wollte. Zwei der fünf Menschen waren Katja und Dave, das Moderatorenteam der RnR-Morningshow. Die anderen drei waren die Sieger des Gewinnspiels. Neben Robert gehörte Rosie dazu. Robert schätzte sie auf Ende vierzig, Anfang fünfzig. Lockiges blondes Haar, der Körper gekleidet in Jeans und Lederjacke, das Gesicht mit einem ansteckenden Lächeln.

Dieter, Gewinner Nummer drei, ging ihm schnell auf den Nerv. Dieter war Hobbygitarrist. Ein Kenner der Rockszene und all ihrer Stilrichtungen. Er war stolz auf sein Wissen und leitete aus ihm ab, von allen drei Gewinnern der Einzige zu sein, der im Rockbusiness »gut« von »schlecht« unterscheiden durfte. Diese Band: ein echter Geheimtipp. Jene? Ein müder Abklatsch. X spielt seine Gitarre brillant, Y nicht und Z kann eine Gitarre nicht von einem Cello unterscheiden. Robert hoffte, den Kontakt zu Dieter auf das Unvermeidbare beschränken zu können. Das Programm der kommenden Tage. Freitag (Feiertag): Fahrt in die Badlands, dem Bandcamp von »Young Brian«. Gespräch mit der kompletten Band und Aufenthalt in den Badlands. Samstag: Fahrt mit der Band in die Colibri-Arena, dem Austragungsort des National Contest. VIP-Plätze für die drei Gewinner. Anschließend Rückfahrt in die Badlands. Abschlussfeier mit der Band. Sonntag: Verabschiedung. Ein paar nette Worte. Ende.

»Young Brian« reiste stets mit einem großen Gefolge und eigener kleiner Stadt namens Badlands. Diese Badlands teilten sich in die Bereiche Sin City und Hell auf. Sin City wurde durch die Band und Crowdfunding-Aktionen finanziert. Von der Band ausgewählte Leute campten hier mit Zelten, Wohnmobilen und Wohnwagen: Groupies, Roadies und Fans der Band, Musikerinnen und Musiker sowie kleine Rockbands, die die Aufmerksamkeit von »Young Brian« gewonnen hatten. Der Bereich »Hell« war der Band und ihren engsten Vertrauten vorbehalten und von Sin City abgeschirmt. Er war das Herz der kleinen mobilen Stadt.

Das nackte Mädchen

Robert wurde allmählich ungeduldig. Der Konvoi der Band war überfällig. Rosie wiederholte zum gefühlten tausendsten Male, wie sehr sie sich freue und dass sie noch nie so etwas Schönes gewonnen habe. Robert fühlte sich genervt. Dieter diskutierte mit

Katja und Dave über Songs und Akkorde, über Bands und Festivals. »Schrecklich«, dachte Robert und fing an, seinen Sieg beim Gewinnspiel zu bereuen.

Dann endlich kam die Band. Zunächst hörte Robert sie, den Klang einer Glocke, anschließend Sirenen. Gleich darauf sah er den Konvoi und der war ebenso bizarr wie die Band selbst. Einige Motorräder als Vor- und Nachhut, dazwischen der Tourbus und Muddy auf einem E-Rollstuhl, der einer umgebauten Harley-Davidson ähnelte. Rosie und Dieter jubelten, während Robert einfach nur blöd grinste und leise applaudierte. Übertriebene Freude war nicht seine Art.

Der Konvoi hielt. Die Motorradfahrer sammelten sich als Pulk etwas im Hintergrund. Sie legten ihre Helme ab und blieben zunächst unter sich. Robert fiel ein Hüne mit Vollbart auf, ein lebendig gewordenes Bikerklischee, sowie eine Frau mit blauen Haaren. »Hallo zusammen. Wir bringen euch jetzt in die Badlands!«, rief Muddy. Live wirkte sein Körper noch massiger als auf Bildern und Videos. Er hatte ein rundes Gesicht, dünnes braunes Haar, das sich Teile der Kopfhaut mit kahlen Stellen teilte. Laila und Tamara kamen aus dem Bus, und obwohl beide wirklich relativ klein waren, übersah sie niemand. Sie schüttelten die Hände der Gewinner, nahmen Huldigungen entgegen. Dieter und Rosie sparten nicht damit. Robert war die Sache eher peinlich. Er mochte die Band, fand ihre Musik gut, aber die Lobpreisungen kamen ihm allzu devot vor. Schließlich traf immer noch Mensch auf Mensch.

»Ihr bekommt für die kommenden Tage einen Begleiter«, sagte Muddy. »Er zeigt euch die Badlands, kümmert sich um euch. Aber klar. Wir sind natürlich auch für euch da.«

Muddy zeigte auf eine Frau und einen Mann, die sich daraufhin Rosie und Dieter näherten. Hände wurden geschüttelt. Robert schaute etwas verblüfft. »Du hast natürlich auch jemanden«, sagte Muddy. Die Frau mit den blauen Haaren näherte sich Robert und nickte ihm zu.

Robert fand sie attraktiv. Sah man einmal von den blauen Haaren ab, war sie nicht sehr extravagant. Aber hübsch. Sie trug schwarz-weiße Lederkluft, war mittelgroß. Ihr Gesichtsausdruck wirkte taxierend, nicht sehr freundlich und einladend, aber auch nicht allzu abweisend.

»Hallo«, sagte sie. Robert mochte ihre Stimme. »Fährst du im Bus mit oder auf meiner Maschine?«

»Maschine«, antwortete Robert, ohne zu zögern. Sie lächelte.

»Okay. Ich heiße übrigens Melody.«

»Robert«, antwortete Robert, der sich damit nicht als Freund großer Worte outete.

»Robert. Nett dich kennenzulernen. Im Motorradkoffer ist ein Helm. Müsste dir passen.«

Sie öffnete die Box und gab Robert den Helm. Er passte tatsächlich. Anschließend bestieg Melody ihr Motorrad. »Setz dich«, sagte sie und deutete auf den Platz hinter ihr. Robert setzte sich. Sie gefiel ihm immer besser, die kleine blauhaarige Frau. Er verliebte sich nicht, war weit davon entfernt (dachte er zumindest). Der desillusionierte junge Greis glaubte nicht mehr an die Vorzüge des Verliebtseins. Aber er fühlte sich spontan zu Melody hingezogen. Und ja, es ließ sich nicht leugnen: Er fragte sich auch, wie wohl ihre Brüste unbekleidet aussahen. Und wie sie sich anfühlen würden: zwischen den Fingern und an den Lippen. Und Melody? Für sie war Robert ein Job. Zunächst nicht mehr. Aber immerhin: kein unangenehmer Job.

Der Konvoi bewegte sich. Er fuhr zunächst durch die Innenstadt, vorbei an geschlossenen Geschäften mit übervollen Auslagen, an gut gefüllten Außenflächen von Cafés, an Plakaten und Passanten, an glücklichen Menschen und solchen, die ihr Glück vorgaben. Robert erkannte einige der Letzteren. Er hatte ein Gespür für so etwas. Hinter ihrer Fassade war alles leer. Sie lächelten, aber es war nicht sichtbar in ihren Augen. Der Blick: verzweifelt. Manchmal irgendwie tot. Wie die bunte Plastikwelt ringsherum.

Der Konvoi fuhr jetzt stadtauswärts und Robert erkannte das Gebäude bereits von Weitem: das Schlafzentrum Munabs, eins der größten im Land. Von außen sah es klobig aus, aber nicht abweisend. Ein Bauwerk mit sandfarbener Fassade, mit vielen Fenstern und einem Plakat mit fröhlich lachenden Menschen. Robert kannte es bereits.

»Soll ich dich ein bisschen mit ihr alleine lassen?« Die Stimme seines Onkels. Da war sie wieder. Jetzt brandeten Bilder an ein Tor in Roberts Kopf, drängten ins Bewusstsein, aber Robert drückte das Tor zu, ehe allzu viel herausquellen konnte. Vor dem

Gebäude stand eine nackte junge Frau. DIE nackte junge Frau. Robert sah sie und wusste, dass er der Einzige war, der sie sehen konnte. Die Frau war fünfzehn, vielleicht sechzehn Jahre alt. Robert hatte es nie erfahren. Sie hatte schwarzes Haar, einen etwas rundlichen Körper und einen Blick, der zugleich Vorwurf war und für Verzweiflung stand. Sie hob die rechte Hand zum Gruß und Robert sah ihre tiefen Wunden am Arm. Auch die kannte er. Er schloss die Augen, um sie nicht länger zu sehen.

Willkommen in den Badlands

Als der gesamte Tross die Badlands erreichte, war die Frau fürs Erste vergessen. Die Badlands lagen auf einem großen Feld eines Landwirts, der mit »Young Brian« sympathisierte. Umgeben waren sie von einem durchsichtigen Metallzaun. Die Band fürchtete ihre Feinde. Der Konvoi passierte den Haupteingang mit dem kleinen Wachhäuschen, in dem zwei Männer saßen. Die Fahrzeuge fuhren auf einem provisorisch angelegten Weg durch Sin City. »Unser Highway to Hell«*, rief Muddy. Ringsum standen Zelte, Caravans und Wohnmobile und überall war Musik. Ein Gitarrist saß vor einem eiförmigen Wohnanhänger und stimmte sein Instrument. Robert sah eine Bassistin, die zusammen mit einem Perkussionisten irgendeinen Song spielte. Und auf einem freien Platz übte ein gemischter Chor eine Mixtur aus Blues und Rap. Einige Menschen standen am Rand des Weges, winkten und jubelten. Sie begrüßten die Band wie Reisende, die nach Jahren zurückkehren. Sin City war nicht makellos, nicht steril, keine Glitzerwelt. Ein bisschen dreckig, aber voller Leben und Kreativität. Robert fühlte sich wohl.

Der Konvoi erreichte »Hell« und passierte erneut ein kleines Wachhäuschen. »Ganz schön viele Sicherheitsleute«, dachte Robert. Die Hölle, die sie nun betraten, stank nicht nach Schwefel, roch aber auch nicht nach Rosen, eher nach gebratenen Hähnchen. Sie war luxuriöser als Sin City: mit Wohnmobilen der geho-

* »Highway to Hell« ist ein Song der Band AC/DC, der auf der gleichnamigen LP 1979 erschien. Geschrieben wurde er von Bon Scott, Angus und Malcolm Young.

benen Preiskategorie, einem gemütlichen Cateringzelt, einem mobilen Studio und einer kleinen Bühne für Proben.

In der Hölle ein intensiveres Meet&Greet mit der Band. Dieter nahm die Twins in Beschlag und fachsimpelte mit ihnen über Gitarren. Sie beantworteten bereitwillig seine Fragen, fragten ihrerseits Dieter nach seinen Vorlieben und Instrumenten. Mr. Grumpy saß dabei, brummte bisweilen irgendeinen Kommentar und hielt sich ansonsten zurück. Rosie klammerte sich an Muddy und flirtete mit ihm, worauf er sich gekonnt einließ. »Charismatisch, der dicke Mann«, dachte Robert und bewunderte dessen Gespür für Menschen.

Manche würden sagen, Robert hätte nur den Trostpreis erhalten. Aber das sah er nicht so. Er unterhielt sich mit Janus. Und er tat es gern. »Fühlst du dich als Mensch oder Maschine?«, fragte er und merkte gleich darauf, dass diese Frage unpassend sein könnte. Aber niemand nahm sie ihm übel.

»Mensch«, antwortete der Ginger-Janus.

»Maschine«, sagte der Gene-Janus.

»Höre nicht auf ihn!«, riefen beide zugleich.

Später am Tag besuchte Robert mit Melody Sin City. Er mochte die Atmosphäre der mobilen Stadt, genoss die hier herrschende Kreativität und, ja, auch die Nähe der blauhaarigen Frau an seiner Seite. Aber verliebt? Nein, verliebt war er nicht. Melody? Ebenfalls nicht. Und dennoch spürten beide, dass sie einander anzogen, in mancherlei Hinsicht ähnlich tickten. Und sie spürten auch, dass sich bei beiden Lust aufeinander entwickelte. Aber verliebt? Nein. Wirklich nicht.

Melody gehörte zum Management von »Young Brian«. Sie arbeitete nicht in höchster Position, sondern auf mittlerer Ebene. Mehr wollte sie nicht, beruflicher Ehrgeiz war ihr weitgehend fremd. Sie mochte ihren Job. Er verband sie mit der von ihr geliebten Musik, positionierte sie auf der Seite der Rebellion. Aber ihr Beruf war nur ein Instrument, das ihr Möglichkeiten verschaffte. Mehr nicht.

»Sind die blauen Haare eigentlich irgendein Zeichen«, fragte Robert, während sie beide durch Sin City schlenderten.

Melody runzelte die Stirn. »Was meinst du?«

»Gibt es einen bestimmten Grund, warum du sie so gefärbt hast?«, hakte Robert nach.

Melody schmunzelte. »Ich hatte keinen Bock mehr auf Grün«, antwortete sie. Robert lachte.

Melody und er besuchten spontane Konzerte in Sin City. »Magst du die Musik?«, fragte sie ihn während eines kleinen Auftritts einer Hardrockband.

»Klar«, antwortete Robert.

»Und was bedeutet sie dir?«, bohrte sie.

»Sie unterhält mich gut«, erwiderte Robert, und als er sah, dass seine Antwort Melody nicht wirklich befriedigte, fragte er: »Und du? Was bedeutet sie dir?«

»Alles«, erwiderte Melody spontan, korrigierte sich dann aber: »Zumindest viel. Sehr viel.«

Robert nickte, aber er verstand nicht. ›Ein Song ist nur ein Song‹, dachte er.

Abends gab es ein Essen mit der Band. Hauptthema war dieses Mal der nationale Contest und alle diskutierten die Chancen von »Young Brian«. Die Band galt als einer von zwei Favoriten. Der andere: die Band »Happiness« mit ihrem Song »Das Glück in deiner Hand«. Die aus vier Musikern bestehende Band vertrat das inoffizielle Credo von Boldak. »Ein toller Gute-Laune-Song«, sagten die einen. »Banal und uninteressant«, erwiderten die anderen. »Dümmlicher Popabfall«, urteilte Muddy.

»Gewinnt ihr?«, fragte Rosie.

»Klar«, antwortete Laila.

»Entweder wir gewinnen oder sie zerfetzen uns«, ergänzte Janus-Gene.

»Oder wir gewinnen UND sie zerfetzen uns«, sagte Janus-Ginger.

»Das ist am wahrscheinlichsten«, stimmte Mr. Grumpy zu.

Alle lachten. »So schlimm wird es wohl nicht werden«, warf Robert ein.

»Doch. So schlimm könnte es werden«, erwiderte Muddy ernst.

»Wir haben viele Fans. Aber auch viele, die uns hassen«, fuhr er fort.

»Es ist das System«, warf Tamara ein. »Das Menschen schlafen schickt und so tut, als wäre es das Beste für alle. Ein schlechtes System. Wer es liebt, hasst uns. Weil wir es hassen.«

»Ich bin nur Musiker«, sagte Muddy. »Ich hasse es nicht. Es kann mich einfach mal.«

Am Abend saßen Melody und Robert vor Melodys Wohnmobil. Essend. Trinkend. Es gab Käse, Baguette und Wein. Melody und Robert sprachen über Musik, über das Leben und ihre Träume, als würden sie sich seit Jahren kennen. Unterschwellig sprachen sie auch über Sex. Mit ihren Körpern. Mit Gesten und Mimik. »Ich will«, sagte sie ohne Worte. »Ich auch«, erwiderte er lautlos. »Du darfst die Braut jetzt küssen«, sagte Melody etwas später, als die Lust zu offensichtlich für Heimlichtuerei wurde. Robert lächelte, blieb aber noch inaktiv.

»Du musst nicht, wenn du nicht willst«, fuhr Melody fort, als fürchte sie eine Wunde durch spitze Worte. »Oh doch. Doch. Doch.«, beeilte er sich zu sagen. Melody lächelte.

»Aber es geht hier nur um Sex«, sagte sie. »Ich mag dich. Mehr nicht.«

»Gebrannte Seele?«, erwiderte Robert. »Und tanzt immer noch ums Feuer?«

»Wäre doch schade, wenn sie es ganz aufgeben würde.«

Danach: erst einmal kaum noch Worte. Robert war nicht verliebt. Nach wie vor. Aber ... vielleicht doch? Und Melody? Eine ebenso desillusionierte blauhaarige Frau, die Sex liebte, aber nicht an Liebe glaubte. Vorerst: einfach nur Sex, gewürzt mit Sympathie und Sinnlichkeit. Mit der Lust an Körpern. An Berührungen mit Zunge, Fingern und Genitalien. Herrliche Düfte. Feuchtigkeit. Stöhnen. Genuss. Es war nur Sex. Und doch war es sehr viel. Spät in der Nacht verabschiedeten sich die beiden Liebenden, die einander nicht liebten. Die restliche Nacht miteinander verbringen? Keine gute Idee.

»Wir sehen uns morgen«, sagte Melody.

»Bis morgen«, erwiderte Robert mit einem breiten Lächeln. Der ihm zugewiesene Caravan lag etwas weiter entfernt in Sin City und bot ihm viele Annehmlichkeiten. Robert machte sich auf den Weg. Sin City war ruhig in der späten Nacht, nur in wenigen Wohnmobilen brannte noch Licht. Es war eine friedliche Atmosphäre. Oberflächlich gesehen. Aber Robert fühlte sich plötzlich unwohl, als würde etwas in den Schatten lauern. Er stand am Rand von Sin City, schaute auf den angrenzenden Wald, der zu dieser späten Zeit kaum mehr war als geballte Dunkelheit. Er spürte seinen Herzschlag bis zum Hals. Und dann sah er sie durch den Metallzaun hindurch. Die junge Frau. Die Nackte. Wieder sie. Sie zeigte auf ihn. Er begann zu schwitzen. Sein Kopf schmerzte. Und er erinnerte sich.

Die Nacht im Schlafwerk

Robert war damals siebzehn gewesen. Sein Onkel Ronald gehörte zu den »Pflegern« im Schlafwerk von Munab. Robert mochte seinen Onkel nicht, aber er konnte seiner Dominanz nichts entgegensetzen. Ronald war der älteste von drei Brüdern und das Lieblingskind seiner Mutter. Und auch Roberts Vater akzeptierte die Herrschaft seines Bruders. Deshalb widersprach er ihm nicht, als der den jugendlichen Robert einlud, ihn während der Nachtschicht zu besuchen. Und Robert? Er hatte viel Schlechtes über die Schlafwerke gehört und verabscheute die Philosophie, die ihre Existenz begründete. Aber die Neugier siegte. Und so stand er nach einer halben Nacht mit Kino und Bier um zwei Uhr morgens am Munaber Schlafwerk. Nachts wirkte der Bau abweisender als am Tag. Ein hässlicher Klotz, der Menschen eher verschlucken und verdauen würde, als ihnen Heimat zu bieten.

Robert zögerte zunächst. Dann klingelte er und sprach kurz danach mit der Nachtwache, die daraufhin mit Roberts Onkel telefonierte. Einige Minuten später holte der Robert am Eingang ab. Das war in Ordnung. Es interessierte keinen anderen aus der Nachtschicht. So war es hier Brauch. Man hielt zusammen.

»Neugierig?«, fragte sein Onkel.

Robert bejahte die Frage und bemühte sich, es cool klingen zu lassen.

Sein Onkel zeigte ihm die Innereien des Gebäudes, ein Pflegerzimmer, die Cafeteria für das Personal, die Gerätekammern und die Schlafräume. Vor allem die Schlafräume. Und die, die in ihnen schliefen.

In jedem Raum lagen drei bis vier Schlafende, nackt, aber unter dem intransparenten oberen Deckel einer Röhre verborgen. Der ließ sich jedoch wie der Balg einer Ziehharmonika öffnen, sodass man durch eine transparente Klappe freien Blick auf den jeweiligen Menschen hatte. Onkel Ronald öffnete gleich mehrere der undurchsichtigen Deckel und präsentierte Robert die Nackten.

»Die ist eine Säuferin«, sagte er etwa und zeigte Robert eine ältere Frau. »Die kommt immer wieder, bis sie tot umfällt. Gut für sie. Und für alle.«

»Lebensuntüchtig«, urteilte er beim Anblick eines Mannes mit langem braunen Haar. »Kostet nur. Schafft nichts.«

Robert verabscheute diesen völligen Mangel an Respekt gegenüber den Menschen, aber er schaute sich alles an und protestierte nicht. Zu feige irgendwie. Und dann war da dieses Mädchen. Etwa ebenso alt wie er. Nackt wie alle Schlafenden. Mit schwarzen Haaren und einem drallen Körper. Roberts Blick ruhte auf ihren vollen Brüsten, streifte ihren Bauchnabel, glitt zwischen ihre Beine. Er schämte sich dafür, wendete aber den Blick nicht ab.

Sein Onkel grinste. »Drogenabhängige. Flittchen«, sagte er. »Soll ich dich ein bisschen mit ihr alleine lassen? Du kannst sie zwar nicht berühren. Aber dich.« Er lachte. Und Robert wurde übel. Zu viel Bier. Zu viel Ekel vor den Worten, die einen Menschen zum potenziellen Fickstück degradieren. Dieses Mal schaffte er zumindest ein »Nein«. Zumindest das.

Ein Dreivierteljahr später sah er das Mädchen erstmals wieder. Nackt. Mit aufgeschlitzten Armen. Und als ob sie seine Gedanken mit ihrem Schicksal füllen könne, wusste er, was geschehen war. Sie hatten sie aufgeweckt und ohne Hilfe zurück in ein Leben ohne Perspektive geworfen. Irgendwann hätten sie sie erneut schlafen geschickt. Stattdessen hatte sie den einzigen Ausgang gewählt, den sie noch sah. Aufschlitzen. Aus dem Leben bluten. Sie zeigte sich ihm, weil dieser eine Moment in jener Nacht sie zusammengeschweißt hatte. Nicht als Freunde. Als vom Schicksal Zusammengeführte. Er hatte »Nein« gesagt. Aber das war zu wenig, um ihrer Anklage zu entkommen. Sie tauchte fortan immer wieder einmal in seinem Leben auf. Nur er sah sie. Bisweilen auf einer belebten Einkaufsstraße, auf einem Wanderweg oder im

Bus. In den letzten eineinhalb Jahren war sie fortgeblieben. Aber jetzt: wieder da. Robert glaubte, an Schuld zu ersticken. Er wandte sich ab, lief fast zu seinem Caravan und schlief kaum in dieser Nacht.

Der Contest und die Nacht danach

Samstag. Der Tag des nationalen Contests. Bereits früh war fast jeder in den Badlands auf den Beinen. Die Band sprach nochmals die Phasen des Auftritts durch. Danach eine letzte Probe, bevor die Instrumente eingepackt wurden. Robert spürte Nervosität bei Muddy, Tamara und Laila und selbst bei Mr. Grumpy. Auch für die Band war dieser Contest etwas Besonderes. Kein Heimspiel. Nur Janus blieb cool. Zu viel Plastik für allzu viele Emotionen. »Young Brian« hatte die eigenen Fans ermahnt, friedlich zu bleiben. Aber niemand wusste, wie die Leute reagieren würden. Die eigenen Fans und die der anderen. Und so verabschiedete Sin City die Band wie ein Heer, das in eine Schlacht zieht, die das Schicksal eines ganzen Landes entscheidet.

Als der Konvoi an der Halle ankam, erwarteten zwei Gruppen die Band. Die eine bestand aus Young-Brian-Fans. Die andere? Eher nicht. Ein Mann aus dieser Gruppe hielt ein Schild mit der Aufschrift »Gott liebt euch nicht« hoch.

»Ihr seid doch alle nicht ganz dicht«, schrie ein anderer, so laut, dass man ihn gut im Bus hörte. »Wäre auch schlecht beim Pinkeln, ganz dicht zu sein«, erwiderte Tamara trocken. Einige im Bus lachten, andere blieben stumm. Robert gehörte zu den anderen. Der tiefe Hass erschreckte ihn. Hasstiraden im Internet zu lesen, war schlimm genug. Ihn in den Augen Hassender zu sehen, aus der Mimik und Gestik von Menschen herauszulesen, deren Hass sich gegenseitig verstärkt, war weitaus schlimmer.

Innerhalb des Geländes, das die Halle umgab, wurde es ruhiger. Die Zeit bis zum Contest verging langsam, was die Nervosität noch steigerte, doch schließlich war es so weit. Rosie, Dieter und Robert erhielten Plätze in einer VIP-Lounge, von der aus sie einen hervorragenden Blick auf die Bühne hatten. Sie wurden behandelt wie Könige.

Der Wettkampf selbst ist schnell erzählt. »Young Brian« legte einen gelungenen Auftritt hin, den aber auch »Happiness« mit ihrer völlig anderen Musik schafften. In der Halle blieb dabei alles weitgehend ruhig. Die Veranstalter hatten Freikarten an viele Menschen verteilt, die keine Lust auf Streit hatten. Und die Security hatte strikte Anweisung, alle Störenfriede zu entfernen.

»Happiness« und »Young Brian«. Tatsächlich war schnell klar, dass die beiden Bands den Wettbewerb unter sich ausmachten. In der ersten Runde erhielten beide jeweils drei von zehn Expertenstimmen. Beim anschließenden Zuschauervoting lag mal die eine, dann wieder die andere Band vorne. Die drei Gewinnspielsieger fieberten mit »ihrer« Band mit. Und irgendwie schweißte sie das zusammen, selbst Robert und Dieter. Am Ende entschied »Happiness« die Sache knapp für sich. »Young Brian« wurde Zweiter.

»Scheiße«, kommentierte Muddy die Niederlage. »Keinen Geschmack, die Leute«, urteilte Laila. Mr. Grumpy brummte. Janus sagte nichts.

Völlig friedlich blieb der restliche Abend nicht. Als der Tourbus der Band nach draußen fuhr, durchquerte er eine Art Schauplatz der Gewalt. Viel mehr Menschen als am Nachmittag standen sich gegenüber und die Polizei mühte sich, Fans und Gegner der Band zu trennen. Es flogen Steine, Flaschen und Beutel mit Kot. Polizeiknüppel trafen auf Fleisch. Laut dem Urteil einiger Beobachter standen die Polizisten eher aufseiten der Bandgegner. Zugleich waren sich einige sicher, dass ein Sieg von »Young Brian« alles viel schlimmer gemacht hätte, aber das waren möglicherweise Fehleinschätzungen.

Langsam bahnte sich der Bus den Weg durch das Spalier der Menge. Robert saß neben Melody und schaute in die Gesichter der Hassenden. Er fürchtete, sie könnten den Bus stoppen, die Türen gewaltsam öffnen und alle Businsassen lynchen. »Du übertreibst«, sagten Roberts Freunde später, als er ihnen davon erzählte. Aber sie hatten die Gesichter nicht gesehen. Diesen Hass. ›Es könnte Krieg geben‹, dachte Robert in jenem Moment. ›Es gibt einen Bürgerkrieg. Irgendwann.‹ Vielleicht irrte er sich. Er hoffte es.

Der Bus erreichte die Badlands. Von außen wirkte die mobile Stadt auf Robert jetzt wie ein streng bewachtes und in Licht getauchtes Fort. Die Band, ihre Roadies und Gäste wurden empfangen wie Sieger. Alle Bewohner waren auf den Beinen. Sie jubelten. Als der Bus stoppte und seine Fahrgäste entlud, positionierten sich Robert, Dieter und Rosie mitsamt ihren Begleitern etwas abseits, fühlten sich aber dennoch mitten im Geschehen. Hier geschah etwas Großes. Hier feierte ein mächtiges Heer Gleichgesinnter nicht nur seine Helden. Es feierte sich selbst. Es zelebrierte eine für den Moment untrennbare Einheit, die allem widerstehen kann, die nichts zu vernichten mag.

Weit nach Mitternacht enterte die Band die improvisierte Bühne der Badlands. Sie demonstrierte Stärke mit Gesten des Triumphs wie in die Luft gestreckten Fäusten. Und sie bedankte sich mit Gesten der Ehrerbietung wie Kusshänden bei ihrem Publikum. Die jubelnde Masse ließ Muddy einige Minuten nicht zu Wort kommen. Dann: ein herzlicher Dank. Robert vermutete Tränen in den Augen des Sängers und las Demut aus seinem Gesicht.

»Ihr seid spitze«, rief Muddy in die Menge. »Ohne euch wären wir nichts!« Erneuter Jubel.

»Wir haben euch einen Song mitgebracht, den wir heute erstmals spielen«, fuhr Muddy fort. »Eine Premiere. Als Abschluss eines aufregenden Tages. Als Geschenk für euch.«

Und dann kam er. »Not in Your Boundaries« hieß der Song. Und er war der allererste, der mehr als nur gute Unterhaltung für Robert bedeutete. Es war der eine Song, der den Unterschied machte. War es die Atmosphäre, war es das Lied selbst oder das berauschende Gefühl des Miteinanders? Alles zusammen wirkte wie ein Aufputschmittel auf Robert, wie ein kräftiger Adrenalinstoß. Sein Kopf nickte im Takt. Er fühlt sich stark, mächtig, groß und zugleich eins mit allen anderen. Seine Hand fand die Melodys und gemeinsam streckten sich die Hände gen Himmel.

Mitten im Song sah Robert die junge Frau im Publikum. Die Nackte. Aber sie war nicht länger nackt. Sie hatte ihm den Rücken zugedreht, aber er erkannte sie sofort. Sie trug ein T-Shirt und Shorts. Als hätte sie Roberts Blick gespürt, drehte sie sich herum, sodass sie ihn anblickte. Sie lächelte. Winkte. Freundlich. Er lächelte zurück und nickte ihr zu. Und sie verschwand. Vor seinen Augen. Als könne sie endlich loslassen.

Von Melody gab es dieses Mal nur einen Kuss für Robert, aber immerhin: einen intensiven. Trotzdem: keine zweite Liebesnacht. »Ich gewöhne mich sonst zu sehr daran«, sagte sie und zwinkerte Robert zu. Der war enttäuscht. Aber er ließ sich nichts anmerken (glaubte er!). Und eigentlich war er ja auch müde. Also nicht zu müde. Aber ... wirklich müde.

Ein Bleiben und ein Abschied

Fast alle in den Badlands schliefen lange am Tag nach dem Contest. Die Nacht zuvor war lang gewesen, voller Emotionen und großartiger Momente. Zwei Dinge hoben den Tag danach aus dem Gros alltäglicher Tage heraus. Gegen zehn Uhr tauchte die Polizei in »Hell« auf. Sie fragte nach Dieter und zeigte der Band eine Anweisung, Dieter unverzüglich in Gewahrsam zu nehmen und schlafen zu schicken. Wie sich herausstellte, war Dieter seit über einem Jahr ohne Job, was ihn zu einem potenziellen Schläfer machte.

»Er bleibt«, sagte Laila. »Er ist mein Gitarrenroadie.«

»Seit wann?«, fragte einer der Polizisten.

»Seit jetzt«, antwortete Laila.

»Wir werden das prüfen«, sagte der Polizist.

»Tun Sie das. Ich schicke Ihnen in den kommenden Tagen den Arbeitsvertrag zu.«

»Okay für dich?«, wandte sie sich an Dieter.

»Mehr als das«, erwiderte Dieter, »viel mehr als das.«

Robert gab ihm ein Daumenhoch. Muddy lachte. »Ride on, mein Freund«, sagte er. »Du gehörst jetzt zur Familie.«

»Ihr übrigens auch«, rief er Robert und Rosie zu. Dennoch: Nur Dieter blieb. Rosie und Robert kehrten in ihr ursprüngliches Leben zurück. Und das war die zweite bemerkenswerte Szene des Tages. Melody brachte Robert auf dem Motorrad bis nach Hause.

»Das war es dann wohl«, sagte Robert.

»Ja. Das war es«, antwortete Melody.

»Sehe ich dich irgendwann wieder?«

»Willst du das?«

»Ja«, sagte Robert.

»Gut!« Melody kramte in ihrer Motorradjacke und holte eine kleine Glocke hervor.

»Nimm sie«, sagte sie.

»Was ist das?«

»Eine Höllenglocke.«

»Bisschen klein, findest du nicht?«

»Sei nicht albern«, fuhr Melody fort. »Sie ist magisch. Wenn du sie sechsmal läutest, bringt sie dich in die Badlands. Und zu mir. Aber nur wenn du es wirklich willst.«

»Das funktioniert?«, fragte Robert skeptisch.

»Vielleicht nur in Geschichten«, antwortete Melody. »Aber wenigstens da. Probiere es halt aus!«

»Bis irgendwann«, sagte Robert.

»Bis irgendwann«, erwiderte Melody, »aber denke daran ...«

»Ich mag dich, aber ich liebe dich nicht«, vervollständigte Robert ihren Satz.

Melody grinste. »Erstaunlich, wie gut du mich kennst.« Sie bimmelte einmal mit der kleinen Glocke, die wie eine große klang. Dann übergab sie sie an Robert. Und dann ... war Melody fort.

Drei Jungs beobachteten diese Szene aus einem Versteck in der Nähe. Sie sahen den innigen Kuss, mit dem die blauhaarige Frau sich von dem Mann verabschiedete. Und sie hörten den Klang der Glocke, der sie mächtig beeindruckte. Einer der Jungs trug eine Schuluniform, ein anderer hatte lange braune Haare, trug Jeans und ein T-Shirt. Es waren zwei Brüder, die jüngst einen guten Freund verloren hatten. Der dritte trug eine Schiebermütze und war ein neuer Freund der beiden. Kein Ersatz für den alten. Einfach ein anderer und auch ein guter. Alle drei liebten den Sound der Glocke. »Kann man etwas draus machen«, flüsterte der eine. Die anderen nickten. Und sie machten etwas draus. Irgendwo. In einer anderen Welt.**

** »Hells Bells« ist ein Song der Band AC/DC, der 1980 veröffentlicht wurde, geschrieben wurde er von Brian Johnson, Angus und Malcolm Young.

Michael Schmidt

Der Musikgeschmack wandelt sich

Im Laufe der Zeit. Groß geworden vor allem mit deutscher Musik, der Hitparade mit Dieter Thomas Heck, später der Sendung Formel 1 mitsamt Neuer Deutscher Welle und den diversen Popströmungen, war das Jahr 1983, vielleicht auch 1984 der entscheidende Zeitpunkt. Schon vorher, eher unbewusst, lag der Fokus auf flotterer Musik.

Wie immer schwimmt man mit der Masse mit und so eröffnete die SWF3-Top-Ten sonntagabends, aber auch das Rock Pop in Concert eine neue Welt. Das Line-Up des Konzerts ist heute noch atemberaubend: Iron Maiden, Def Leppard, Scorpions, Quiet Riot, MSG, Krokus und ein völlig indisponierter Ozzy Osbourne.

Letzteren hatte ich auf einem Schulfest entdeckt. In der Rockbar dort lief Black Sabbath und infizierte nachhaltig mit harter Rockmusik.

Rockmusik ist dabei ein doch eher großzügig auszulegender Begriff. Genesis mit den Ablegern Peter Gabriel und Phil Collins waren der ruhigere Pol dieser Art von Musik. Später, durch den damaligen Freund meiner Schwester, kam CCR dazu.

Rockmusik, wenn man das Spektrum von Blues bis Heavy Metal betrachtet, ist sehr vielfältig und man spürt die Seele dieser Richtung, die so völlig anders ist als Disco, Rap oder Jazz, obwohl all deren Elemente auch dort reflektiert werden.

Es ist diese unbändige, ungefilterte Energie, die mein Herz seitdem im Sturm erobert hat. Rockmusik ist aber auch eine ewige Erkundungsreise. Ob alte Bands oder neue Gruppen, das Musikgenre, das angeblich immer gleich geblieben ist, bietet beides: Bewährtes und Neues.

Rockmusik ist niemals so eng, so beschränkt, wie es oft dargestellt wird. Stattdessen Quell unzähliger Diskussionen. Sonore gegen kehlige Stimmen, AC/DC mit Bon Scott oder Brian Johnson, Ozzy oder Ronnie James Dio, Beatles oder Rolling Stones, da können Standpunkte Freundschaften auf die Probe stellen.

Die Rockmusik hat vieles überstanden: den Punk, die Discowelle, den Sprechgesang und mit all dem auch geflirtet.

Rockmusik ist aber auch ein Lebensgefühl. Freude, Optimismus und positive Energie in all ihrer Form. Ein Rockkonzert ist wie ein emotionaler Vulkan, der alle Alltagssorgen hinwegfegt.

Rockmusik ist aber auch immer ein Zeichen für Offenheit. Interessiert es wirklich, dass Chuck Berry eine schwarze Hautfarbe hat? Oder Rob Halford von Judas Priest Männern zugeneigt ist?

Rockmusik ist grandios, um Dampf abzulassen. Aber das nur durch den Genuss, der überwiegende Teil der Menschen sind entspannt und leben ihre Aggression nur in der Musik aus. Und das ist gut so.

Offenheit, als Autor, heißt auch, sich in Bereiche zu begeben, die einem eher nicht behagen. Elton John und Tina Turner gehören nicht zu meinen Favoriten. Die beiden Songs, die dieser Geschichte zugrunde liegen, sind die berühmte Ausnahme. Sie sind ja auch von der Rockgruppe The Who. Wer die Geschichten noch ein wenig mehr genießen will, sollte sich vor oder nach dem Lesen die Videos zu »Acid Queen«* und »Pinball Wizard«** reinziehen. Es lohnt sich.

Michael Schmidt ist Autor zahlreicher Kurzgeschichten. Seine Silbermond-Geschichten vereinen Horror und Rockmusik und sind im Sammelband »Branded and Exiled« im Eigenverlag erschienen. Pinball Wizard ist die neurste Kreation und atmet den Sound der Siebziger. Wenn er selbst nicht schreibt, gibt er zusammen mit Achim Hildebrand das Magazin Zwielicht heraus.

---

* »Acid Queen« ist ein Song von The Who, der 1969 auf dem Rockoper Album »Tommy« veröffentlicht wurde, geschrieben hat ihn Pete Townshend. Er wurde 1975 von Tina Turner gecovert.

** »Pinball Wizard« ist ein Song der Band The Who, der ebenfalls auf »Tommy« veröffentlicht und von Pete Townshend geschrieben wurde.

SUPER
ARMY

Michael Schmidt

Pinball Wizard

Die Musik dröhnte aus den gewaltigen alten Boxen und der Unrat und Staub auf dem Boden sprang im Takt der harten Riffs. Das Licht flackerte rhythmisch, ein Zischen erklang und Nebel strömte aus zahlreichen verborgenen Öffnungen. Der Vogel betrat den Raum, eine riesige bunte Brille auf der Nase, trug einen lila Anzug, der eng anlag, sich einzig zu den unteren Extremitäten weitete. Ein breites Grinsen stand in seinem Gesicht, seine Augen blitzten vergnügt hinter dem rosa Glas, während er schwungvoll den Way of Fame im Rocket Man entlanglief.

Ee jay sonnte sich in dem aufbrausenden Applaus und in diesem Moment fühlte er sich wie ein Rockstar. Er stellte die schmale Brust raus, wackelte mit dem Hintern und überbrückte die letzte Distanz zum Spielgerät.

Ohne zu zögern, startete er das Spiel und stieß die Kugel los. Der silberne Ball schoss durch die glitzernde Welt der Warriors, an Baseballschlägern vorbei, wurde von einem Radio verschluckt, wirbelte durch den Central Park, um auf dem Weg nach unten von den Lizzies attackiert zu werden. Der Ball sprang von links nach rechts, quer durch den Broadway, während alles blinkte und piepte.

Im Rocket Man steigerte sich Magic Bus zum Finale. Bass und Gitarre duellierten sich auf Speed und brachten die Boxen zum Scheppern. Das Schlagzeug stampfte wie eine urtümliche Dampflok und spornte Ee jay zu Höchstleistungen an. Mit traumwandlerischer Sicherheit beförderte er die Kugel mit dem Flipper wieder ins Spiel zurück.

Der nächste Song begann, leise, steigerte sich langsam und nahm an Lautstärke, Tempo und Intensität immer weiter zu. Auf dem Höhepunkt des Gitarrensolos bei treibendem Beat holte Ee jay den Jackpot. Der Flipper vibrierte und das flackernde Licht leuchtete grell in seinen blauen Augen. Ee jays weiße Haut wurde angeleuchtet und verlieh ihm, dessen Blick in Zeiten höchster Konzentration ein wenig irre wirkte, das Aussehen eines zum Mensch gewordenen Dämons.

Wie im Rausch spielte er, ohne dass die Kugel nur ein einziges Mal ins Aus ging.

Als die rote Lampe und der jaulende Alarm losging, riss es ihn aus seiner Trance. Aufgeregt blickte er nach oben und kehrte sofort ins Hier und Jetzt zurück. Ein neuer Punkterekord.

Ee jay war der Pinball Wizard.

Am nächsten Morgen ging Ee jay erneut ins Rocket Man. Nichts erinnerte mehr an die glitzernde Fassade der Nacht. Der Laden zeigte sich jetzt in ungeschminkter Wirklichkeit. Die braunen Wände waren von einer dicken Schicht Nikotin überzogen. Das Mobiliar alt und abgenutzt, der Boden zeigte Risse und überall verstreut lagen noch die Kippen vom Vortag.

Er setzte sich zu Ike, dem großen hünenhaften Mann, seinem Mentor und Freund.

»Magst du mal?«

Ike reichte ihm einen Joint und Ee jay, der eigentlich das Kiffen weder mochte noch vertrug, nahm einen kurzen Zug. Er wollte seinen Freund nicht vor den Kopf stoßen.

»Nicht schlecht«, schwindelte er. Ike war so was wie sein Vaterersatz. Ee jay war früh Vollwaise geworden und im Kinderheim hatte ihn der Ältere immer vor den aggressiven Kindern und Jugendlichen beschützt.

Ee jay hatte sich immer gewundert, warum gerade er so hoch in der Gunst Ikes stand, aber der philosophierte immer nur: »Junge, du bist was Besonderes. Aus dir wird irgendwann ein ganz großer Star. Du wirst die Welt rocken! Glaub mir!«

Die Wahrheit sah anders aus. Bisher war außer Ike niemand davon überzeugt, dass er das Zeug zu mehr hatte. Er versuche sich als Sänger, spielte Klavier, Gitarre und diverse Blasinstrumente wie Saxofon, Trompete und Horn, aber niemand hatte in ihm bisher mehr gesehen als einen aus der Schar aufstrebender Musiker, der auch in Jahren noch in Kaschemmen wie dem Rocket Man spielen würde und über einem Bier den verpassten Chancen nachtrauerte. Einzig am Flipper, da fühlte er sich wie ein Rockstar, wuchs über sich hinaus und war von keinem zu schlagen.

Ee jay sah sich um. Hinten an der Theke lungerte der androgyne David. Knochig, dünn, ein Arsch zum Reinbeißen. Ihre Augen trafen sich. Und fanden ein stummes Einverständnis.

Ike sah die Blicke seines Zöglings und das nicht zum ersten Mal. Der Junge tendierte zum anderen Ufer. Zum falschen Ufer. Eine gefährliche Sache. Eine, die seine Karriere ruinieren konnte, schon bevor sie überhaupt gestartet war. Schon lange hatte Ike sich Gedanken gemacht, wie er helfend eingreifen könnte. Der Junge war im Begriff einen riesigen Fehler zu begehen, so viel stand fest. Ee jay war gerade siebzehn und Ike hatte die Hoffnung, ihn noch formen zu können. Sexualität war in dem Alter noch nichts Festgelegtes. Wenn der Junge die richtige Erfahrung machte, würde er sich entsprechend von selbst orientieren. Ike wusste schon, wie er das anstellen würde. Die richtige Frau dafür hatte er ausgemacht. Ein wahrer Vulkan, der in dem Jungen die richtigen Begierden wecken würde.

»Hör mal, Ee jay. Wir müssen feiern. Der Pinball Wizard muss flügge werden. Kennst du das Amazing Journey? Nein? Dann wird es Zeit. Der Laden ist großartig. Da gibt es ordentlich was zu bechern und für das Bewusstsein findet man geniale Türöffner. Und Frauen, du glaubst nicht, da gehen dir die Augen auf und das andere quillt über.«

»Ich ...«

»Du hast noch n... Okay, kein Stress. Mach dir keine Gedanken. Ike organisiert was und du wirst sehen, das wird der Himmel auf Erden.«

Der Blick aus Ee jays blassen Augen war nicht skeptisch, sondern aus ihm entsprang pure Panik.

»Junge, glaub mir, ich weiß, was du jetzt durchmachst. Auch ich hatte vorher nicht geglaubt, dass es eine so gewaltige Erfahrung ist. Vertraue mir. Ich bin älter als du. Ike hat Erfahrung und kennt das alles. Dass einem vorher die Knie zittern, ist völlig normal. Gemeinsam kriegen wir das hin. Lass den guten Ike wirken. Ich habe da schon was für dich ausgemacht. Das wird der Hammer. Einfach der Hammer. Danach wirst du mir die Füße küssen und für immer dankbar sein.«

»Du meinst ...«

»Ich weiß es! Heute Abend. Morgen wirst du hier sitzen und überhaupt nicht mehr verstehen, dass du überhaupt eine Sekunde gezweifelt hast. Und jetzt wechseln wir das Thema. Ich habe nächste Woche einen Gig für dich ausgemacht. The Detours sucht einen Sänger und ich habe es im Urin, ihr passt zusammen wie Hydrogen und Oxygen. Der Weg zum Rockolymp steht kurz bevor. Morgen bist du ein Mann und nächste Woche ein Rockstar.«

Im Amazing Journey dominierten die roten und schwarzen Töne. Nirgends erblickte man ein grelles Licht, kein Blau, kein Grün, kein Rot.

Unruhig rutschte Ee jay auf dem Stuhl hin und her. Am liebsten wäre er wimmernd aus dem plüschigen Vorraum gestürmt. Die halb nackten Frauen, deren Bilder die Wände pflasterten, stießen ihn ab. Aber Ike, der ihn mit unbarmherzigem Blick musterte, hielt ihn davon ab. Die ersten Damen betraten die Lasterhöhle, stöckelten auf Pumps um ihn und die anderen Männer herum, trugen wallende Mäntel, die gleichzeitig alles verbargen und alles versprachen. Ike griff sich eine, rothaarig mit extrem heller Haut, tätschelte ihren Hintern und griente sie, wie er wohl dachte, anmachend an. Die Dame lächelte, während ihre blauen Augen weiterhin eiskalt blieben, griff ihm in den Schritt und hauchte: »Da ist ja noch Leben drin!«, bevor sie ihre Runde fortsetzte. Ike entflammte sofort. Ohne zu zögern, sprang er auf und rannte der Frau wie ein willfähriger Sklave hinterher. Der Sabber lief ihm aus dem Mund. Schon stiegen die beiden im Hintergrund eine Treppe auf und verschwanden aus seinem Sichtfeld.

Ee jay sah seine Chance gekommen und wollte aufspringen, da drückte ihn unbarmherzig eine Hand zurück in den gepolsterten Stuhl.

Schwer schluckend blickte er auf. Vor ihm stand eine Frau, die aus einem Albtraum entsprungen schien. Mittelgroß, knackig, fesselnd, wild. Die Frau war ein Tier, das spürte Ee jay. Um sie herum lag eine Präsenz, die ihn förmlich in das Polster presste. Die Haare des Weibes standen in alle Richtungen, als würde elektrischer Strom durch sie fließen. Sie zeigte ihre blendend weißen Zähne und die lange Zunge leckte sich die blutrot geschminkten Lippen.

»Du bist Ee jay. Was für ein süßer Junge du bist«, hauchte sie mit ihrer rauchigen Stimme. »Wir haben eine Verabredung. Ike meinte, du seist eine ganz große Nummer. Der Pinball Wizard und der kommende Star am Rockhimmel.«

Sie war nicht sonderlich groß, aber eine imposante Erscheinung. Breite Wangenknochen, schwarze Augen, in denen er sich verlor, solch eine Magie übten sie auf ihn aus. Das konnte man nicht an ihrer Figur ausmachen, sie besaß weder eine überladende Oberweite noch ein extrem großes Becken. Die Beine waren nicht besonders lang und stämmig. Es war einfach die Persönlichkeit, ihre über alles strahlende Präsenz, die ihn förmlich erschlug.

»Kneifen gilt nicht!«, stichelte sie, als sie sein Zittern bemerkte.

»Ich bin Gipsy, die Acid Queen und ich werde dir den Himmel auf Erden bereiten. Nimm dies!«

Sie warf ihm ein paar Pillen in die Hand und reichte ihm ein Bier. »Los, mach schon!«

Ihre Stimme wischte jegliche Gegenwehr hinfort. Gehorsam nahm er die bunte Schar, spülte sie mit dem bitteren Hopfen runter und folgte Gipsy eine schmale und steile Stiege hoch. Als sie gefühlt nach einer Ewigkeit in dem kleinen Zimmer ankamen, sah er ein riesiges Bett, das sich ihm entgegenwölbte. Der Raum selbst verzerrte sich und wie eine Schlange wand sich die Acid Queen durch die sich berührenden Wände.

Plötzlich waren sie nackt. Ihr animalischer Geruch, ihre völlig entfesselte Lust und die Hitze, die sie ausstrahlte, als sie sich auf ihm niederließ, öffnete etwas weit hinten in seinem Bewusstsein. In dem Moment, wo sie sein Geschlecht in sich aufnahm, riss die Wirklichkeit entzwei und er spürte eine Woge von Kraft in sich aufbrausen. Er wuchs innerlich, spürte, wie sein Geist auf Reisen ging und sich neue Dimensionen auftaten.

Kaum entlud er sich in ihr, riss er sie von sich herunter und floh aus dem Amazing Journey, so wie Gott ihn geschaffen hatte.

Erneut saß Ee jay mit Ike im Rocket Man. Verlegen sprachen sie von der Nacht von vor drei Tagen, ohne sich wirklich auszutauschen.

»War es schön?«

»Zu schön. Ich brauche jetzt eine Pause von den Frauen.«

»Aber nicht ewig?«

»Nein! Nach dem Auftritt, da sehen wir weiter. Ich muss meine Kraft bewahren. Für die Band. Ich will absolut in Topform sein.«

»Verstehe! Macht Sinn! Wie waren die Proben?«

»Die Band ist klasse. Spitzenmäßig! Wir passen wirklich zusammen wie Hydrogen und Oxygen.«

»Das freut mich. Ihr werdet eine große Nummer, das weiß ich.«

»Ich hoffe es.«

»Du, ich muss weiter. Wir sehen uns morgen bei deinem Gig!«

»Ich freu mich! Wenn ich dich im Publikum sehe, gibt mir das unglaublich Kraft.«

Ike ging. Und Ee jays Blicke wanderten zum androgynen David, der sich wieder an der Theke flegelte. Doch heute würde Ee jay sich nicht aufhalten lassen.

Lässig ging er rüber, bestellte ein Bier und griff an knackigen Arsch.

»Ich will dich. Heute!«

Ohne auf eine Antwort zu warten, glitt seine Zunge in Davids Mund, während seine Hand auf Wanderschaft ging. Und Davids Antwort, so der Befund eine Etage tiefer, fiel eindeutig positiv aus.

Das Rocket Man war bis zum letzten Platz gefüllt. Es war der erste Auftritt von The Detours mit Ee jay, aber ein paar Leute hatten die insgesamt vier Proben besucht und versprachen sich eine Menge von der Band. Unten im Publikum erkannte Ee jay Ike, der eine ganze Streitmacht um sich versammelt hatte, die ordentlich Stimmung machte.

Ihm fielen die Abgesandten aller Major Labels Oststadts und diverse Größen der Veranstaltungsindustrie Weststadts ins Auge. Letztere hatten schon anklingen lassen, interessiert zu sein, für The Detours eine Tour zu organisieren, die alles Bisherige in den Schatten stellen würde. Alles würde davon abhängen, wie sie heute performten. Danach stünden ihnen alle Türen Silbermonds offen.

Das Licht verlosch und es breitete sich eine Stille aus, die wenig später von einem unruhigen Gemurmel abgelöst wurde. Die Unruhe blieb, als kurz das Licht aufleuchtete, war das Publikum wach und skandierte The Detours ... The Detours ... The Detours.

Und ohne Vorwarnung rockten sie los. Stampfender Rhythmus, gefolgt von treibenden Gitarren bei gedämpftem Licht.

Das Publikum, angestachelt von der positiven Presse im Vorfeld und Unmengen von Bier und halluzinogenen Drogen, rastete schon jetzt völlig aus und befand sich auf dem Weg in andere Welten. Nebel drang aus verborgenen Maschinen und war in ein leuchtend rotes Licht getaucht.

Da betrat Ee jay die Bühne.

Er bewegte sich hölzern auf ewig langen Beinen, trug eine riesige bunte Brille, deren Gläser Bilder von miteinander kopulierenden Männern zeigte. Auf seinem Kopf war eine regenbogenfarbige Mütze, auf der eine Glaskugel thronte, die jedem die individuell eigene Zukunft zeigte, der einen Blick riskierte.

Und es kam noch besser.

Von jetzt auf gleich war das Rocket Man von einem riesigen Flipper ausgefüllt, an dem Ee jay die Kontrolle hatte. Statt des silbernen Balls schoss Ee jay Ike durch die Welt der Warriors, vorbei an den Lizzies, die ihm in die Weichteile bissen, vorbei an den Furies, die ihn mit ihren Baseballschlägern malträtierten, vorbei an den Orphans, die ihn mit ihrem Hass überschütteten.

Ike schrie und während er völlig die Kontrolle über sich verlor und sich einnässte, wuchs das Gefühl der Macht in Ee jay.

Er spürte seine Brust anschwellen. Seine Bizeps bekamen einen Umfang von sechzig Zentimetern und neben ihm erschien David, streichelte seinen Hintern und feuerte ihn an, sich zu rächen und Ike ein grausames Ende zu bereiten.

Ee jay spürte, wie er hart wurde und holte zum finalen Stoß aus, der Ike zu den Rogues schießen würde und deren gefeilten Zähne den Peiniger in Stücke zerreißen würden.

Er fühlte sich wie ein Gott. Der Pinball Wizard lebte und besaß gottgleiche Macht.

Doch plötzlich verharrte er, sein Körper gefror zu Eis.

Ike war immer gut zu ihm gewesen. Ike hatte ihn, seit sie sich kennengelernt hatten, immer vor allen Stärkeren geschützt, hatte dafür gesorgt, dass ihm niemand etwas zuleide tat. Er hatte ihm Mut zugesprochen, wenn ihm Zuversicht gefehlt hatte und in den Arsch getreten, wenn er sich nicht aufraffen konnte. Ohne Ike hätte es auch diesen wundervollen Gig nicht gegeben. Ike, der nicht geglaubt hatte, dass Ee jay mit Männern glücklicher sein würde. Ike, der nur die Gesetze der Straße kannte und der geglaubt hatte, er würde ihm etwas Gutes tun. Ihn vor den Unbilden zu schützen, die Liebe zwischen Männern in der Gesellschaft zwangsläufig hervorrufen würde. Ike, der wohl meinte, die Zeit wäre noch nicht reif dafür.

Ee jay verpasste den entscheidenden Stoß. Ignorierte den sich wie wild gebärdenden David, der Blut geleckt hatte und sein Opfer wollte. Ike sank ins Aus, der Flipper verblasste und Ee jay sang seine Qual, die Qual, das eine zu wollen und sich unsicher zu sein, was das Richtige ist, mit einer Intensität, die das Publikum erst sprachlos machte, um es dann umso gewaltiger aus der Menge herausbrechen zu lassen.

Die Meute stand wie eine Mauer und nach vier Zugaben beendete die Band den Auftritt völlig entkräftet, aber vor Glückseligkeit trunken.

Das erste Konzert von The Detours ging in die Annalen der Musikgeschichte ein. Schade, dass der Auftritt nicht aufgezeichnet wurde.

Ike, der von all dem nichts mitbekommen hatte, hatte hart daran zu knabbern, dass sein Mündel sich mit David zusammengetan hatte und für die Frauenwelt verloren war. Lange hielt Ike sich damit allerdings nicht auf. Wie immer im Leben nahm er es pragmatisch und stand seinem Mündel bis zum Ende seines Lebens treu zur Seite.

Vincent Voss

Weichenstellung

Ich glaube nicht, dass man irgendwie zur Rockmusik kommt, sondern dass die Rockmusik einen auswählt. Meine erste selbst gekaufte Single war »When the rain begins to fall«* von Pia Zadora und Jermaine Jackson. Eigenes Geld bei Allkauf ausgegeben und auf meinem Plattenspieler gehört. Ich bereue es nicht. Ich hätte dort bleiben können, beim Pop, meine ich. Aber meine nächste (Maxi!) Scheibe wurde nur aufgrund des Covers und vor allem des Mannes gewählt, der schwarz-rot bemalt grimmig die Nachbarscheiben anstarrte. »Catch my fall«** von Billy Idol. Ich hatte keine Ahnung, was für Musik mich erwarten würde. Aber Idols Stimme und das Gitarrensolo des unsagbar genialen Steve Stevens öffneten mir eine Tür in eine andere Dimension.

Einen weiteren Schubs bekam ich durch den dicken Willem, der verschiedene Musiksendungen auf dem Radio Sender NDR2 moderierte. Seine Ansage zum Song »We're not gonna take it«*** der Band Twisted Sisters ließ mich schon beim ersten Hören (ich war allein zu Haus) mit einer Fliegenklatsche auf dem Küchentisch Gitarre spielen. »I wanna rock!« Was für eine Ansage ... sie gilt seither. Und es gibt immer mal wieder Perlen, die mich an dieses Gefühl, diese Leidenschaft erinnern.

Wenn man mich heute, Jahrzehnte später, fragt, was ich an Rockmusik mag? Schaut euch doch nur einmal ein Konzert der Band Clutch an ...

---

* »When the rain beginns to fall« ist ein Song, der von Pia Zadorra und Jermain Jackson 1984 gesungen wurde. Komponiert haben ihn Peggy March, Michael Bradley und Steve Wittmark.

** »Catch my fall« ist ein Song von Billy Idol, der 1983 auf dem Album »Rebell Yell« veröffentlicht wurde. Idol hat ihn selbst geschrieben.

*** »We're not gonna take it« ist ein Song der Band Twisted Sister, der 1984 veröffentlicht und von Dee Snider geschrieben wurde.

Ich empfehle vor dem Lesen der folgenden Erzählung sich das Lied »Child in time«* von der Band Deep Purple anzuhören. Für viele gilt es als Offenbarung der Rockmusik.

Der Mann mit dem Revolver in der Hand sprang in die Fahrstuhlkabine, feuerte einmal, zweimal nach draußen, ehe sich die Tür schloss und er Vincent bemerkte, dem in der Ecke der Fahrstuhlkabine ein Schreibheft aus den Händen fiel. Sofort richtete sich der Lauf auf Vincent, der Fremde bediente die Armatur und die Kabine setzte sich auf ihrem Weg nach unten in Bewegung.

»Hör zu, du erzählst mir jetzt, wer du bist und warum ich dich leben lassen sollte«, zischte er, betastete eine kleine Platzwunde, die auf seiner Stirn klaffte und blutete. Vincent sah auf die Anzeige, Stockwerk für Stockwerk wurde angezeigt. Viel Zeit blieb ihm nicht.

»Ich bin Vincent Voss. Ich habe drei Kinder, die echt richtig toll sind. Ich bin also Vater von ...«

Der Blick. Vincent beobachtete den anderen ganz genau, dessen Blick driftete ab, er langweilte sich.

»Ich habe lange Zeit in einer Terrorjazzband gespielt.«

»Terrorjazz?« Aha, Interesse war vorhanden. Wieder zeigte die Anzeige ein passiertes Stockwerk an.

»Na ja, wir wussten nicht, wie wir es nennen sollten, also haben wir es Terrorjazz genannt. Immer wenn es in einem Lied schön und vielleicht melodiös wurde, haben wir das Stück wieder verfrickelt.«

Der andere nickte, schien Ahnung zu haben, der Lauf seiner Waffe sackte leicht ab. »Und jetzt? Was biste jetzt?«

»Also, ich habe drei ... ich meine, ich bin Zeitreisender, ich führe im Sommer Zeitreisen durch. In die Vergangenheit.«

Der andere sah auf die Anzeigentafel. Gelangweilt.

»Ich habe studiert. Kulturwissenschaften und Philosophie, dabei ...« Vincent spürte das typische Nachsacken der Kabine, wenn sie anhält, ein elektronisches Pling ertönte, er sah den Waffenlauf auf seine Stirn gerichtet, die Entschlossenheit des anderen, den sich krümmenden Finger. Vincent schloss die Augen.

---

* »Child in Time« ist ein Song der Band Deep Purple, der 1970 auf dem Album »Deep Purple in Rock« erschien. Er wurde von Ian Paice, John Lord, Ritchie Blackmore, Roger Glover und Ian Gillan geschrieben

»Ich schreibe Horrorbücher!« Einen langen Augenblick geschah nichts, dann hörte er ein Klicken, vielleicht wie eine Waffe gesichert und nicht abgedrückt wird.

»Dann schreib darüber!«, hörte er den Fremden, spürte, wie ein schwerer Körper die Kabine verließ. Vincent sammelte sein Heft auf und begann zu schreiben.

Homepage: www.vincentvoss.de

Vincent Voss

Amducias*

»Sweet child in time, you'll see the line«, sang Nathan leise mit. Er schaltete den Motor aus. Summte die Melodie dieses Liedes mit und stieg aus seinem Pick-up. Ein Nissan-Truck Navarro, den er selbst höher gelegt hatte. Ein mächtiges Fahrzeug. Er streckte sich, um nach seinem Rucksack auf dem Beifahrersitz zu greifen. »Ah, ah, ah«, sang er mit, inspizierte noch einmal den Inhalt darin. Das US-AGM-Global-Vision-Nachtsichtgerät. Das neueste Modell natürlich. Der Wire-Cutter, das Lionsteel-M5-Kampfmesser, Pfefferspray, Operationsbesteck, Atemmaske, Salz, Harissa und natürlich seine Shimano-Angel, deren Carbon-Teleskopstange er noch weiter hat verbessern lassen. Er hatte alles dabei. Er stellte den Rucksack neben sich ab, griff ins Seitenfach, holte einen Handspiegel und einen Kamm hervor und kämmte sein Haar. Er neigte den Kopf mehrmals, betrachtete sein Antlitz aus mehreren Perspektiven und war schließlich mit seinem Aussehen zufrieden. Sein Haar lag eng und ordentlich an seinem Schädel. Er verstaute Kamm und Spiegel wieder im Seitenfach und schloss dann vorsichtig, beinahe zärtlich die Fahrertür. Mit dem Transponder verriegelte er die Tür. Kein Blinken, kein Ton, sein Fahrzeug musste für solche Einsätze unauffällig sein. Er sah sich um, ließ die spätsommerliche Abenddämmerung auf sich wirken. Hinter dem Pinienwald am Hang lugte schon die Nacht hervor, im Tal spiegelte sich der feurige Sonnenuntergang auf dem silbernen Band des Sees. Er lauschte dem Konzert von Zikaden und sah den ersten Fledermäusen nach, die sich auf die Jagd begaben. Wie er. Er war wie die Fledermaus auf der Jagd. Der Gedanke ließ ihn lächeln.

Er sang leise, als er sich dann gut vorbereitet auf den Weg machte. Die Fledermaus jagt jetzt ihre Opfer, dachte er und spür-

---

* Siebenundsechzigster Dämon der Ars Goetia (Beschreibung der zweiundsiebzig beschworenen Dämonen des Königs Salomon)

te den Geschmack der Schärfe von Harissa an seinem Gaumen. Er bekam langsam Hunger.

Denise Cartwright schnippte ihre Zigarette aus der Seitentür des Vans. Von hinten aus dem Fond hörte sie Bruce und Silvio flüstern, sie waren für das Abhören und die Kommunikation zuständig.

»Was macht ihn so ... ich weiß nicht, was macht ihn zu dem, was er ist?«, fragte Denise und wandte sich dabei an ihren Kollegen Shawn Wollmann. Doktor Shawn Wollmann. Wollmann zog an seiner Pfeife, atmete aus. Der Duft von Pflaume und Zimt breitete sich wie ein Schwall aus.

»Seine Kindheit. Darauf verwette ich meinen und ihren Arsch.« Denise zog die Augenbrauen zusammen. Bei Wollmann vermutete sie immer eine latente Anzüglichkeit, seine Kompetenz stellte sie dabei niemals infrage.

»Der Klassiker.«

»Schon. Aber er scheint so stark gestört, dass ich mir gut vorstellen kann, dass er über mindestens zwei Persönlichkeiten verfügt. Die eine führt ein normales, wahrscheinlich sogar ein spießiges Leben. So wie bei dem Kandidaten jetzt.« Es knisterte in ihrer Kommunikationseinheit im Van, Bruce verbesserte den Empfang. Wollmann hob eine Hand und streckte seinen Zeigefinger in die Luft. Denise hasste diese Geste. Eigentlich ging ihr vieles an ihrem Kollegen auf den Geist. Sie waren als paritätisches Profilertandem in dem Fall des Monsters einbestellt, aber Wollmann spielte sich immer wieder als Boss auf. Sie und Wollmann hörten nur dumpf Gesprächsfetzen, bis Bruce seine Kopfhörer abnahm und sich ihnen zuwandte.

»Er ist jetzt auf dem Weg. Hat sein Auto abgestellt und führt einen großen Rucksack und eine Tasche mit sich.«

»Jesus, lass das endlich unseren Mann sein«, sagte Wollmann.

»Kann sein, dass er zwei oder mehrere Persönlichkeiten hat, aber ich glaube, das ist noch nicht alles.« Denise überlegte, sich eine weitere Zigarette anzuzünden, ließ es aber sein. »Beeindruckend, wie laut die Viecher sein können.« Sie warf einen Blick aus dem Wagen, konnte keine einzige Zikade in dem Strauchwerk des Feldweges erkennen, wo sie unter einem Tarnnetz standen.

»Das wird es sicher sein«, fuhr Wollmann fort, als hätte er ihren Einwand nicht gehört. »Ein Kindheitstrauma. Ich hoffe, wir haben bald den Background unseres Kandidaten.« Auf den Mann, Nathan Montana, wie sie eben erst herausgefunden hatten, waren sie nur aufmerksam geworden, weil aufmerksame Bürger ihn in dem Nest am Smith Mountain Lake Beach etwa vierzig Meilen von Roanoke in Virginia auffällig fanden und ihn nicht kannten. Und weil der letzte Monstermord in Richmond stattgefunden hatte. Zwei Kinder, drei und fünf Jahre alt. Seitdem tauchte Montana hier in unregelmäßigen Abständen auf und stromerte rund um den See und den vielen Ferienhäusern herum. »Wahrscheinlich hat er mitansehen müssen, wie sein Vater seine Mutter verprügelt hat. Oder gar Schlimmeres.« Wieder sog er an der Pfeife, zwei, drei Mal, ehe der Tabak gut glühte. Denise zündete sich jetzt doch eine Zigarette an. Konnte ja sein, dass es gleich losging, da würde sie nicht rauchen können. »Er hat dieses Ereignis verdrängt und löst den inneren Konflikt durch die Täter-Opfer-Umkehr seiner zweiten Persönlichkeit, die sich mit dem damaligen Aggressor identifiziert. Aber er will ein guter Junge sein. Jeckyll und Hyde eben.«

»Ich weiß nicht. Das ist mir zu einfach.«

»Du kannst ja immer gegen alles sein, was ich sage, aber was glaubst du denn?« Sie inhalierte und ließ den Rauch eine Zeit lang in sich, bevor sie ihn ausstieß.

»Er oder sie hat kein Muster. Es wird willkürlich gemordet. Sowohl, was die Auswahl der Opfer anbelangt, aber auch, wie sie ermordet werden. Er oder sie verarbeitet in meinen Augen daher kein traumatisierendes Erlebnis.«

»Er oder sie isst sie aber alle. Er oder sie ist ein Kannibale«, widersprach Wollmann.

»Ja, das stimmt.«

»Und wofür steht das deiner Meinung nach?«

Sie überlegte. In diesem Punkte musste sie Wollmann recht geben. »Vielleicht doch Stimmen im Kopf, die das befehlen? Ausgelöst durch ein Ereignis? Oder doch eine andere Persönlichkeit aufgrund der eigenen Vergangenheit? Du kennst das, oder? Endogene und exogene Psychosen? Basiskurswissen.« Sie sah ihn an, nahm noch einen Zug.

»Ja, ich kenne den ganzen theoretischen Scheiß, Shawn.«

»Scheiß, ja? Und warum ist das für dich Scheiß? Was glaubst du denn?«

»Ich glaube, dass es böse Menschen gibt. Einfach so. Können ein gutes Elternhaus, eine gute Kindheit, eine tolle Partnerschaft und sogar Familie haben. Und dennoch wohnt ihnen eine dunkle Seite inne. Und das sind nach meiner Meinung die Schlimmsten. Und dieses Monster ist so ein Killer.« Wollmann lachte.

»Nicht dein Ernst? Böse Menschen?«

»Leute, wir haben die ersten Infos!«, meldete sich Silvio. Denise freute sich über diese Ablenkung.

»Nathan Montana, fünfunddreißig Jahre alt. IT-Spezialist mit eigener Firma. Kampfsportler und politisch aktiv. Keine Partner, keine Kinder. Das ist sein Fahrzeug.« Silvio zeigte ihnen mehrere Aufnahmen des weißen Mannes. Er sah unauffällig, sportlich und dynamisch aus.

»Böse Menschen«, wiederholte Wollmann und schüttelte den Kopf. Denise ignorierte ihn, besah sich die Aufnahmen von Nathan Montana.

»Er ist es«, sagte sie.

»Mach dich nicht lächerlich«, antwortete er.

»Er ist es, Shawn. Ich kann dir nicht sagen, warum ich es weiß, aber er ist es.« Sie konnte das Böse an ihm sehen. Nicht in ihm. An ihm, es folgte ihm. Sie schauderte.

»Okay, was macht er jetzt?«, wollte sie wissen.

»Er angelt«, antwortete Bruce und Denise sah, wie Wollmann in sich hinein lächelte. Und dennoch hoffte sie, er würde recht behalten und Nathan Morgan wäre jemand, der hier nur Erholung suchte.

Nathan öffnete ein Millers. Das Bier schäumte. Er schlürfte den Schaum ab, ehe er einen kräftigen Schluck trank und aufstieß. Zikaden, Bier, Sonnenuntergang und angeln. Besser konnte man es nicht haben. Angeln beruhigte ungemein. Er angelte mit einer Routenauflage, die er mit einer Vierzig-Grad-Neigung aufstellte und mit Glocke. Altertümlich sagten einige, aber er war da sehr konservativ. Angeln sollte ein Handwerk bleiben. Er warf einen Blick auf seine Armbanduhr und reckte sich. Er trank sein Bier aus. Er pisste. Er zog sich einen Anzug aus Kevlar mit einer Anreicherung aus Polyethylenglykol über und wartete. Er steckte sich das Mundstück seiner Atemmaske in den Mund. Dann ging er langsam mit seinem Rucksack ins Wasser. Konnte ja sein, dass man ihn beobachtete. Er summte die Melodie dieses komischen Liedes. »You 'd better close your eyes.« Eigentlich hörte viel lieber eine französische Interpretin namens Marielle Matthieu, aber dieses Lied ließ ihn nicht mehr los, seit er es zum ersten Mal gehört hatte.

Warten war das Schlimmste an ihrer Arbeit. Observieren hieß warten. Hätte Denise vorher gewusst, dass sie so viel Arbeitszeit nur mir Warten verbringen würden, hätte sie vielleicht einen anderen Job gewählt. Wollmann und sie wischten beide auf ihren Smartphones herum. Anfangs waren noch Meldungen gekommen. Die Zielperson trinkt ein Bier. Die Zielperson lässt Wasser. Die Zielperson macht etwas mit der Angel. Dann war lange Zeit eine Pause.

»Die Zielperson ist verschwunden!«, kündete Bruce an.

»Wie? Verschwunden?« Denise steckte ihr Smartphone weg und Wollmann sah auf.

»Verschwunden. Ist ins Wasser gegangen und nicht wieder aufgetaucht.«

»Suizid?«, fragte Wollmann.

»Keine Ahnung. Er ist weg.«

»Verdammte Scheiße, was soll das? Wir müssen ihn finden!« Ihr lief es kalt den Rücken hinunter. Er war das Monster. Nathan war das Monster und sie hatten ihn aus den Augen verloren.

»Beruhige dich, Denise«, sagte Wollmann und sein Timbre regte sie nur zusätzlich auf.

»Halt die Klappe, Shawn, er ist es, glaub mir! Was machen wir jetzt?«

»Team 2 und 3 spähen«, antwortete Bruce.

»Und wir bleiben hier?«

»Wir bleiben erst einmal hier, ja.« Denise stieg aus dem Van, zündete sich eine Zigarette an. Irgendwo bellte ein Hund.

Irgendwo bellte ein Hund in der Nähe. Tim und Yuki lagen nebeneinander im Bett in ihrem Ferienhaus, das ein Partner Tim an freien Wochenenden zur Verfügung stellte. Nackt. Sie hatten zwei Mal miteinander geschlafen, es war sehr schön gewesen. Aber jetzt ... jetzt ging es wieder mal um ihre gemeinsame Zukunft. Die es nicht gab, denn beide hatten andere Partner, hatten Familie.

»Wir bleiben Freunde?«, fragte Yuki und machte sich mit einem Kleenex sauber. Ihm reichte sie auch mehrere Tücher und er tat es ihr gleich. Er seufzte.

»Können wir das? Mir fällt es echt schwer. Ich ... liebe dich, Schneeflocke.« Sie küsste ihn auf die Schläfe. Wahrscheinlich wäre es so viel einfacher gewesen, wenn sie nichts füreinander empfunden hätten.

»Wenn die Kinder groß sind ...«, sagte sie. Eine Vision in der Zukunft, von der sie sich beide erhofften, dass dann all ihre Liebsten mit der Situation klar kommen würden, wenn sie sich trennten. Und vielleicht sogar etwas Verständnis aufbringen würden. Liebe war unberechenbar.

Der Hund bellte nicht mehr. Abrupt.

»Der Hund hat aufgehört zu bellen«, stellte Tim fest.

»Ja, endlich.«

»Nein, ich meine, das war so plötzlich.« Er hatte letztens seinem Geschäftspartner mitgeteilt, dass hier ein verdächtig wirkender Mann rumstreunte. Schnell war er bei der rustikalen Holztür, schaltete das Außenlicht an. Indem er die Tür öffnete, besiegelte er sein Schicksal.

Winter '99 musste es gewesen sein. Er war elf Jahre alt und erinnerte sich an seine Angst, die er und seine Freunde vor dem Millenniumswechsel gehabt hatten. Angesteckt durch die mediale Massenhysterie, die alle angesteckt hatte. Der Weltuntergang drohte, nur weil gängige Betriebssysteme aufgrund von einer Einsparung des Speicherbedarfs die beiden Nullen bei dem Jahreszahlwechsel nicht richtig verarbeiten konnten. Er lachte, während er die Gewürze aus seinem Rucksack holte und sie auf die Arbeitsplatte stellte. Er sah hinüber zu Tim und Yuki, die an das Bett gefesselt hatte. Sie wanden sich und versuchten, ihm etwas durch die Knebel mitzuteilen. Er schloss die Augen und hörte wie damals diese Melodie des Synthesizers und die zärtlichen Klänge eines Schlagzeugbeckens. Er hatte mit seinen Jungs unter der Newark Bay Bridge abgehangen und sie hatten sich groß und stark gefühlt. Und unendlich ängstlich, weil bald die Welt untergehen würde.

Es hatte zu schneien begonnen, damals hatte es noch verdammt harte Winter in New York gegeben. Lenny, Jacob und Trent waren schon vorgegangen und ihm war dieser flaschengrüne Wagen aufgefallen. Heute würde er sagen, es handelte sich dabei um einen Ford Granada. Der stand dort einfach und aus seinem dunklen Inneren hörte er dieses Lied. Das Fahrerfenster stand einen Spalt offen, in regelmäßigen Abständen quoll Rauch hervor, bildete groteske Formen von kosmischen Ungeheuern, die im Licht der Straßenlaternen zerfaserten. Und dann setzte diese Stimme ein.

»Sweet child in time ...«

Und etwas hatte ihn geküsst damals. Ihn geküsst und ganz fest umarmt. Und nie wieder losgelassen. Er nahm das Tablett, ging in das Schlafzimmer, stelle es ab. Anschließend stellte er die Weckfunktion auf seiner Armbanduhr scharf, damit er bei seinem Handeln nicht die Zeit vergaß. Die Uhr legte er auf den Nachtisch der linken Bettseite.

»So, Tim. Ich darf dich doch Tim nennen, oder?« Tim nickte heftig, deutete durch hektisches Nicken auf einen Schreibtisch, auf dem eine schwarze Herrenledertasche lag. »Danke, ich brauche keine monetären Zuwendungen. Gott sei Dank nicht. Also, Tim, ich möchte jetzt, dass du deine Geliebte Yuki fickst. Währenddessen werde ich dich essen. Ich weiß, das wird unter diesen Umständen schwerfallen, aber ...« Diese Pause setzte er bewusst ein. »Ich verspreche, ich werde Yuki dann leben lassen. Dafür werde ich dir jetzt die Fesseln abnehmen, Tim. Dann wirst du dich vor Yuki knien und du, Yuki, nimmst dann sein Glied in den Mund und hilfst ihm ein wenig, ja?«

»If you've been bad ...«

Er löste die Fesseln vom weinenden Tim, der sich wehren wollte, aber er kannte Griffe, die den anderen gefügig machten, und überwachte jenen Vorgang, der bei Tim eine Erektion hervorrufen sollte.

»Ich fessele dich jetzt wieder. Dann legst du dich auf sie und schläfst mit ihr.« Tim folgte seiner Anweisung und begann seinen Rhythmus zu finden. Nathan sah einige Augenblicke zu und entschied sich für den Gluteus Maximus, den er erst anleckte und dann mit Salz, Pfeffer und Harissa bestreute.

»Uh, uh, uh ...«

»Das machst du sehr gut, Tim!«

Nathan biss zu. Tim schrie. Und fast, fast war er nah dran, an der Gesangsmelodie. Aber er war noch lange nicht so nah dran, wie der Junge beim letzten Mal. Mit dem folgenden Gitarrensolo zerfetzte er Tim.

»Am See gibt es keinerlei Hinweise mehr«, meldete Silvio. Mittlerweile fuhren sie mit dem Van im Schritttempo durch die Ferienhaussiedlung. Wahrscheinlich war Ferienhaussiedlung der falsche Begriff, denn die überwiegend rustikalen Holzhäuser verfügten über ausreichend Abstand zum Nachbarhaus und über einen eigenen Zugang zum See. Aus weiter Ferne wehte Musik und Gelächter zu Denise, die an der offenen Tür saß und nach dem Verdächtigen fahndete.

»Suizid«, warf Wollmann ein. »Wie Virginia Woolf. Kennen Sie doch, oder?«

»Ich weiß, wer Virginia Woolf war, Shawn.«

»Übrigens finden sich in der Vita der Zielperson keinerlei Hinweise auf ... Ungereimtheiten in der Kindheit. Vater Akademiker, Mutter Hausfrau. Er hat noch eine Schwester. Alle leben noch und pflegen einen regelmäßigen Austausch, besuchen sich gegenseitig.«

»Das muss nichts heißen«, widersprach Wollmann. »Was immer da passiert ist, lässt sich nur tiefenpsychologisch analysieren. Opfer können trotz jahrelanger Misshandlung eine innige Beziehung zu ihren Peinigern aufrechterhalten.«

Denise ignorierte ihren Kollegen. »Was ist mit demjenigen, der den Verdächtigen gemeldet hat? Wer war das?«, wandte sie sich an Bruce und Silvio.

»Milton Chamberlain. Sea Side 38.« Silvio hatte die Information schnell in seinen Dateien zur Hand.»Also los!«

In dem Haus brannte Licht aus zwei Zimmern. Team 1 hatte es nach kurzer Zeit umstellt und Wollmann und Denise standen hinter dem geschützten SWAT-Team in vermeintlicher Sicherheit. Da sie keinen Durchsuchungsbeschluss hatten, klingelten sie an der Tür und warteten. Stille. Dann fielen Schüsse. Denise zuckte zusammen, ging in die Knie und schützte ihren Kopf mit den Armen, Wollmann tat es ihr gleich. Die Schüsse waren auf der Rückseite des Hauses gefallen. Rufe ertönten, ein weiterer Schuss, noch einer.

»Verdächtige Zielperson. Bewaffnet. Verwundet, ausgeschaltet. Wir brauchen einen Rettungswagen«, meldete sich Team 2, das an der Rückseite postiert war.

»Tür auf!«, befahl Denise und das SWAT-Team trat die Tür ein. Sie stürmten ins Haus. Und verharrten im großen Schlafzimmer. Jeder versuchte für sich, die Bilder zu verarbeiten.

»Das Monster«, schlussfolgerte Denise schließlich bei dem Anblick.

»Ich verständige die Spurensicherung«, sagte einer. Dann erschraken sie, als drei Töne eines Synthesizers erklangen.

»Scheiße, wo kommt das denn her?«, fragte ein anderer. Denise deutete auf den einen Nachtschrank, auf dem eine Männerarmbanduhr lag.

»Deep Purple«, stellte Wollmann fest. »Bezeichnend.« Er deutete mit einem Nicken auf das Blutbad vor ihnen auf dem Bett.

»Einfach ignorieren und nichts anfassen«, sagte der Einsatzleiter. Denise nickte. Die Zeit, bis die Spusi kam, versuchten sie und Wollmann, den Tathergang zu rekonstruieren.

Doktor Shawn Wollmann fuhr aus der Tiefgarage der Polizeizentrale. Es war früher Morgen und ein langer Tag gewesen. Konnte seine Kollegin recht mit der Annahme haben, dass es böse Menschen gab? Von Geburt an? Er hatte bei ihr den Eindruck, dass sie sogar noch weiterging, aber bisher hatte er sie dazu nicht aus der Reserve locken können. Er würde sich diesen Nathan Montana noch einmal genauer anschauen. Seine Morde, seine Vergangenheit. Und dann mit Denise darüber sprechen.

»Sweet child in time ...«, sang er, als er sich auf den Weg nach Hause begab. Er hatte keinerlei Bezug zu dem Lied, aber irgendwie gefiel es ihm. Und es löste etwas in ihm aus.

Detlef Klewer

1972 – irgendwie ein gutes Jahr

Zwar gab es das Massaker in München und den blutigen Sonntag in Nordirland, aber auch das Ende des »Fräuleins« und Watergate. Heinrich Böll erhielt den Literaturnobelpreis.

Wir waren noch jung, langhaarig und ärgerten uns nach dem Besuch des kommunalen Kinos (das gerade Woodstock zeigte) darüber, dass wir für die »Three Days of Love, Peace and Music« nicht alt genug gewesen waren – und ließen dabei unbeachtet, dass wir uns einen Amerikatrip ohnehin nie hätten leisten können.

Nun, es blieb immer noch genug Zeit für einen alternativen Lebensstil. Fernab vom Spießertum unserer Elternhäuser (wobei meine Lieben mir immer sehr wohlwollend, wenngleich ein wenig verwirrt gegenüberstanden). Dabei fühlten wir uns eher der Beatgeneration (mit ihren Fahnenträgern Jack Kerouac und Alan Ginsberg) verpflichtet, als der Studentenrevolte des vergangenen Jahrzehnts. Wir wollten keine Konfrontation mit der Polizei (die kam erst später, als wir uns bei Friedensdemos wegtragen ließen). Vorleben schien das Zauberwort. Anarchie ist machbar, Herr und Frau Nachbar!

Wir schrieben erste Weltschmerzgeschichten, dann Prosatexte (was schließlich in der Gründung einer alternativen Literaturzeitschrift gipfelte) und ich begann Comics im Stile der amerikanischen Underground-Comix zu zeichnen. Crumb, Irons und Sheridan als Vorbilder.

Wir konnten uns auch vorstellen, im Rockbusiness Fuß zu fassen. Die »Zeppeline« galten bei den meisten in meinem Umfeld als Musikgötter. Doch zumindest ich kam über drei Akkorde »Stairway to Heaven« auf der Akustikgitarre nicht hinaus.

Obwohl sich in meinem Plattenschrank bereits Alice Cooper und Black Sabbath befanden, blieben meine Favoriten doch eher Iron Butterfly und Greatful Dead. Dennoch war ich neugierig, als ein Freund enthusiastisch eine Schallplatte schwenkte und sie als die »deutschen Led Zeppelin« anpries. Ein Kompliment, aber ein zweifelhaftes. Die Band hieß Lucifer's Friends, der Song »Ride the Sky«*. Ich war gleich schockverliebt und kaufte das Album, worauf sich auch der Titel »Toxic Shadows«** befand.

Und auch wenn der Songtext eigentlich so gar nichts damit zu hat, standen mir jedes Mal beim Hören der Musik Geschichten von Edgar Allen Poe vor Augen. Bis heute. Und nun erzähle ich eine davon ...

Der im Ruhrgebiet geborene und aufgewachsene Illustrator und Designer Detlef Klewer lebt mit der wundervollsten Frau der Welt am Niederrhein. Der Schwerpunkt seiner Arbeit liegt in der Gestaltung von Buch-, CD- und DVD-Covern sowie der Anfertigung von Buchillustrationen und Comics für verschiedene Verlage und Selfpublisher im In- und Ausland. Er ist als Comiczeichner, Herausgeber und Autor mehrfach preisgekrönt. Infos unter: facebook.com/kritzelkunst.de und kritzelkunst.de.

* »Ride the Sky« ist ein Song der Band Lucifer's Friend, der 1970 auf der Debütplatte veröffentlicht wurde. Er wurde von Hesslein und Lawton geschrieben.

** »Toxic Shadows« ist ebenfalls auf der Debütplatte und wurde von Hesslein und Docker geschrieben.

Detlef Klewer

Toxic Shadows

Achtzehn Jahre sind eine lange Zeit. Eine Mischung aus Wehmut und Widerwillen stieg in mir auf, als ich das Landhaus meiner Familie zwischen den alten Bäumen am Ende der Allee auftauchen sah. Vor achtzehn Jahren hatte ich geschworen, diesem Anwesen für alle Zeiten den Rücken zu kehren. Nun brach ich diesen Schwur. Sei's drum. Es erschien mir angemessen, meiner älteren Schwester die letzte Ehre zu erweisen.

Natürlich hätte ich es dabei bewenden lassen können, an der Trauerfeier teilzunehmen, um anschließend in mein Auto zu steigen und nach Hause zu fahren, um die Dinge von dort aus zu regeln. Alle Erinnerungen einfach ruhen lassen. Doch da mein Bruder, wie erwartet, nicht auf dem Friedhof erschien, fühlte ich mich verpflichtet, ihm einen letzten Besuch abzustatten.

Mein Widerwille verstärkte sich, als ich »Baby you're a liar«* im Autoradio abwürgte, meinen Sportwagen am Fuß der Treppe stehen ließ und zum Eingang unseres Anwesens emporstieg. Das Grundstück bot einen traurigen Anblick der Verwahrlosung. Ein Großteil des alten Baumbestandes wirkte ungesund oder schien bereits abgestorben. Die Rosenbüsche – einst die umsorgten »Pflegekinder« meiner Mutter – waren verdorrt, ihre trockenen Äste anklagend zu stacheligen Gichtfingern verkrümmt. Grün graues Unkraut wucherte ungehindert auf den Wegen. Doch nicht allein der früher üppig blühende Garten sah vernachlässigt aus. Das Haus glich einem Gruselschloss. Efeuranken verdunkelten die Fenster. Die Treppenstufen bröckelten unter meinen Füssen, Wildpflanzen hatten eine Reihe der Steinstufen gesprengt – und die abblätternde Fassade bedurfte dringend eines neuen Putzes und Anstrichs. Ich näherte mich einem sterbenden Haus, das mich nicht willkommen hieß.

* »Baby you're a liar« befindet sich ebenfalls auf der ersten Lucifer's-Friend-Platte und wurde von Rietenbach, Horns, Docker, Hecht und Hesslein geschrieben.

Ein trauriges Begräbnis lag hinter mir. Außer dem Pfarrer und mir hatten nur zwei weitere Männer den Trauerzug begleitet. Dieses Desinteresse an der Beisetzung bewies mir deutlich, wie einsam sich meine Schwester gefühlt haben musste. Und vielleicht war ihr früher Tod sogar eine Gnade. Der Kirchenmann erfüllte lediglich seine Pflicht, sprach rasch ein paar segnende Worte, nachdem die Sargträger ihre Last in die Grube versenkt hatten, und verschwand danach mit wehendem Talar. Die beiden verbliebenen Trauergäste blickten mich argwöhnisch an, während sie mir ihr wenig überzeugendes Beileid aussprachen. Wie ich aus ihren Einlassungen erfuhr, handelte es sich um den behandelnden Arzt meiner Geschwister und einen unbedeutenden Beamten der Gemeinde, den man zur Teilnahme dienstverpflichtet hatte. Er verabschiedete sich nach seinen förmlichen Beileidsbekundungen und ich konnte ihm den Ärger darüber anmerken, dass nicht zumindest ein Leichenschmaus geplant war. Keine leckeren Käsehäppchen, kein Aperitif. Der Arzt hingegen verblieb noch eine Weile und bemühte sich, sein Scheitern mit einem wortreichen, zumeist lateinischen Kauderwelsch zu erklären. Von ›unvorhersehbar‹ war dabei oft die Rede. Und von ›keine Anzeichen‹. Nun, die mögliche Ursache änderte nichts am Endergebnis. Meine Schwester war tot.

Ich zögerte anzuklopfen. Nicht ohne Grund hatte ich das Heim meiner Familie nach dem plötzlichen Ableben meiner Eltern verlassen. Aber ich wollte auch nicht ungerecht sein, denn nicht alle meine Erinnerungen durfte ich als schlecht bezeichnen. Also klopfte ich.

Es verging eine ganze Weile, bis die Haustür einen Spalt geöffnet wurde. Ein weißhaariger Mann fixierte mich abweisend durch die schmale Öffnung. Das Misstrauen gegenüber einem ungebetenen Besucher war offensichtlich. Es überraschte mich, den alten Viktor vor mir zu sehen. Ich hatte nicht erwartet, ihn nach all den Jahren noch anzutreffen. Er musste inzwischen auf die neunzig zugehen und es schien, als habe jedes Lebensjahr tiefere Furchen in sein Gesicht gegraben. Er hielt sich arthritisch gebeugt, aber seine Augen leuchteten wach – und signalisierten nun Erkennen.

»Der junge Herr Daniel«, begrüßte er mich mit seiner mir so wohlbekannten, aber vom Alter gezeichneten Fistelstimme, und gab den Weg frei. »Bitte, treten Sie doch ein.«

Ich folgte seiner Einladung nicht ohne Zögern. Die grelle Mittagssonne hinter mir warf meinen Schatten grotesk in die halbdunkle Empfangshalle. Die ausgefransten Ränder vermischten sich mit dem herrschenden Dunkel. Die Rückkehr des verlorenen Sohnes.

Dann schloss Viktor die Tür und die makabre Szene endete abrupt. Ich seufzte tief. Das Haus hielt mich noch immer in seinem Bann. Der untere Bereich hatte sich nicht verändert. Die Sauberkeit ließ allerdings zu wünschen übrig. Staub bedeckte die Möbel. Spinnen hatten der unausgesprochenen Einladung Folge geleistet und eine Vielzahl kunstvoller Netze gesponnen. Doch ansonsten ... schien es, als sei ich gerade der Wells'schen Zeitmaschine entstiegen, mit der ich achtzehn Jahre in die Vergangenheit meines Lebens gereist war. Die stählerne Tür am Ende des Treppenaufgangs zur ersten Etage zerstörte diese Illusion allerdings rasch. Ich wusste, dass meine Schwester einen erheblichen Teil des Familienvermögens darauf verwendet hatte, unserem jüngeren Bruder ein angenehmeres Leben zu ermöglichen. Zu diesem Zweck wurde die obere Etage zu einem hermetisch verschlossenen Bereich umgebaut. Dort lebte mein Bruder nun seit Jahren, ohne jemals das Haus zu verlassen. Ich hielt diese Ausgaben für reine Verschwendung, doch meine Schwester – als Vermögensverwalterin – ließ sich nicht beirren. Sie hatte es auch niemals versäumt, den mir jährlich zustehenden Anteil der Einkünfte zu überweisen. Daher durfte ich mich nicht beklagen. Aber jetzt ... weilte sie nicht mehr unter uns.

Ich wandte mich Viktor zu, der immer noch schweigend hinter mir verharrte, und wies Richtung Stahltür. »Martin ... lebt dort?«, fragte ich, um die Stille zwischen uns zu füllen. Er nickte bedächtig. »Ist es immer noch so schlimm?«

Viktor blickte mich forschend an, so als wolle er die Absichten ergründen, die mich herführten. Man konnte mich mit Fug und Recht als das schwarze Schaf dieser Familie bezeichnen. Der giftige Schatten, der über dem Familienidyll lag. Nicht gewillt, die Traditionen einer alteingesessenen Familie zu pflegen und Verantwortung für einen Bruder zu übernehmen, der auf sich selbst gestellt nicht überlebensfähig war. Kein Wunder, dass Viktor mir mit tiefem Argwohn begegnete. Aber er schien zu einem für ihn befriedigenden Ergebnis zu gelangen – vielleicht wurde ihm auch nur allmählich bewusst, dass er sich nun mit meiner Person arrangieren musste.

»Schlimmer!«, seufzte er schließlich.

»Er ist ... ziemlich verdreht, nicht wahr?«, bemerkte ich leichthin – und bereute die vorschnell ausgesprochene Frage sofort, als ich Viktors gequälten Gesichtsausdruck registrierte. »Ich meine, er sieht ja nichts anderes als seine Zimmer. Kein Kontakt zur Außenwelt. Nicht einmal Fernsehen«, versuchte ich meine unbedachten Worte abzumildern. »Da muss man ja wunderlich werden.«

»Herr Martin ... liest viel«, sagte Viktor unsicher. Ich nickte verständnisvoll. Natürlich hegte ich Mitleid für meinen seit seiner Geburt an diese Mauern geketteten Bruder. Doch an erster Stelle wollte ich hinter mich bringen, weshalb ich hierher gekommen war.

»Dann will ich ihm nun einen Besuch abstatten.« Ich klatschte in die Hände und sah Viktor zusammenzucken. Die Notwendigkeit, Geräusche jeder Art so gut wie möglich zu vermeiden, war ihm in Fleisch und Blut übergegangen. Auch die Einrichtung der schallisolierten Kammer konnte diese Gewohnheit wohl nicht beenden. Ich entdeckte einen stillen Vorwurf in seinen Augen und hob beschwichtigend die Hände.

»Keine Sorge, Viktor. Ich werde daran denken.«

Bedächtig stieg ich neben dem alten Bediensteten die Treppe empor. Früher hatten sich in diesem Stockwerk unsere Kinderzimmer und das Schlafzimmer meiner Eltern befunden. Hier wurden wir Kinder gezeugt. Hier stand auch die Wiege meines jüngsten Bruders. Der Spätgeborene. Das Nesthäkchen. Sie hatte ihren Platz in diesem Raum ... bis er starb. Baby Jan konnte man durchaus als Schreikind bezeichnen. Es brüllte Tag und Nacht aus Leibeskräften. Einem derart geräuschempfindlichen Menschen wie meinem Bruder, dessen Gehör bereits das Fallen einer Nadel als Dröhnen einer Glocke wahrnahm, musste dieser Umstand größte Pein bereitet haben. Doch er beschwerte sich nicht. Aber eines Tages lag der Kleine tot in seinem Bettchen. Plötzlicher Kindstod diagnostizierte der damals alarmierte Arzt auf dem Totenschein. Doch der Argwohn in seiner Stimme war nicht zu überhören, als er unserer Familie das Ergebnis mitteilte. Der unausgesprochen schwebende Verdacht entbehrte jeder Grundlage. Absurd! Mein Bruder mochte mit dem empfindlichsten Gehörsinn gestraft sein, den man sich vorstellen konnte, aber ein Mörder? Ganz sicher nicht!

Endlich erreichten wir die Stahltür in der oberen Etage. Ich erwartete, dass Viktor die futuristische Schleuse öffnen würde. Doch er wies nur würdevoll auf eine Reihe von Überziehschuhen verschiedener Größen.

»Ist das nicht ...«, ein wenig übertrieben, wollte ich fragen. Doch vermutlich war es das nicht. Also ließ ich den Satz unbeendet und schlüpfte aus meinen Schuhen in diese unförmigen Filzschuhe. Viktor schien zufrieden.

»In einer halben Stunde serviere ich gewöhnlich das Abendessen«, kündigte er an. Ich zuckte die Achseln. Es gab keinen Grund, diese Gewohnheit zu ändern.

»Dann servieren Sie es so wie immer. Aber ... bringen Sie auch etwas Wein mit. Eine Flasche aus der Kiste, die ich meiner Schwester vor einiger Zeit geschickt habe.« Viktor überlegte kurz, schien sich dann zu erinnern und nickte. Er betätigte einen Schalter und die Schleuse öffnete sich nahezu geräuschlos. Ich betrat das schalldichte Refugium meines Bruders. Dort, wo es nichts gab, außer Stille. Keine Musik, keinen Psychedelic Rock, den ich so gerne hörte. Nicht einmal die sanften Klänge eines Adagio und Rondo für Glasharmonika von Mozart. Hinter mir schloss sich lautlos die Tür. Gummidichtungen schoben sich ineinander wie die Lippen zweier Liebender – und sperrten die übrige Welt aus.

Achtzehn Jahre sind eine lange Zeit. Zeit für Veränderungen. Veränderungen, die bewirkten, dass ich meinen Bruder kaum mehr erkannte. Die weiche Gesichtshaut eines jungen Mannes kontrastierte eigenartig mit dem Silbergrau seiner Haare, das auf vorzeitige Alterung hinwies. Tiefe Schatten zeigten sich unter seinen Augen, so dunkel, dass er fast den Anblick eines Todeskandidaten bot. Seine bleichen Lippen pressten sich zu einem schmalen Spalt zusammen. Die Hände zitterten leicht. Unendlich müde blickte er mich an.

»Daniel ...« Er flüsterte kaum hörbar. Selbst die eigene Stimme bereitete ihm offenbar Pein. Vorsichtig nahm ich ihm gegenüber auf einem Stuhl Platz.

»Martin ...« Ich bemühte mich darum, möglichst leise zu sprechen. Er lächelte. Dankbar? »Wie geht es dir? Es tut mir so leid um Anna. Ich weiß, was sie dir bedeutet hat.«

»Danke, für dein ... Mitgefühl.« Meine Anteilnahme schien ihm nicht geheuer. Sein Blick wirkte kalt und abweisend. Aber da er nur tonlos wisperte, war es mir unmöglich, seine wahren Emotionen zu entschlüsseln.

»Hörst du immer noch den Klang der Welt?«, fragte ich leise und erinnerte mich gleichzeitig an den Moment, an dem er mir diese Frage gestellt hatte. Sechsjährig, mit klobigen Kopfhörern, die er zum Schutz über die Ohren gestülpt hatte. »Hörst du auch den Klang der Welt?«, wollte er damals wissen. Zunächst verstand ich die Frage nicht, doch er fuhr mit der Stimme eines Sechsjährigen und der Weisheit eines Erwachsenen fort: »Du hörst die Klänge der Welt – und auch die Misstöne darin fügen sich für dich zu einem harmonischen Ganzen. Ich aber vernehme den Klang hinter dem Klang, und das ist eine Sinfonie des Grauens.«

Er lächelte nun schmerzlich. »Es ist über all die Jahre nicht besser geworden. Jedes Flüstern hört sich so an, als stünde der Redner direkt neben meinem Ohr. Normales Sprechen klingt wie das Brüllen eines Tieres. Manchmal glaube ich, ich kann sogar die Gedanken eines Menschen hören. Nur hier, in dieser Isolation kann ich annähernd Frieden finden.«

Eine peinliche Gesprächspause entstand, die dennoch niemand von uns beenden wollte. Wir sahen uns in die Augen und für die Dauer eines Wimpernschlags fragte ich mich unbehaglich, ob er tatsächlich die Gedanken anderer Menschen wahrnehmen konnte. Aber nein, was in meinem Kopf vor sich ging, vermochte er ganz sicher nicht zu hören ... Ich zuckte erschrocken – ertappt? – zusammen, als unerwartet Viktors Fistelstimme hinter mir ertönte.

»Das Abendessen.« Unbemerkt wie ein Geist hatte er den Raum betreten. Ich erhob mich langsam, damit der Stuhl keinerlei Geräusche verursachte, und ging zu Viktor, um ihm das Tablett abzunehmen.

»Danke, Viktor, ich übernehme das schon«, wisperte ich so sanft wie möglich. Er nickte höflich und zog sich ebenso lautlos zurück, wie er gekommen war. Ich stellte das Tablett vorsichtig auf den Tisch. Plastikgeschirr, natürlich, etwas anderes hätte mich überrascht. Erleichtert entdeckte ich zwei mit Wein gefüllte Becher. Ich hoffte, Viktor mochte die richtigen Flaschen gefunden haben. Nun, es würde sich gleich herausstellen.

»Weißt du, es werden ein paar Änderungen nötig sein, jetzt ... da Anna nicht mehr unter uns weilt«, begann ich schonend. »Ich lebe ja schon seit achtzehn Jahren nicht mehr hier – und ich möchte daran auch nichts ändern.«

Martin sah mich durchdringend an. »Was willst du damit sagen?«

Ich nahm mir Zeit für die Antwort. »Nun ja, ... niemand wird da sein, der für dich sorgen kann. Anna ist nicht mehr da. Ich lebe in Übersee. Viktor ist fast älter als Methusalem und wird nicht ewig leben.«

»Und da du jetzt als ältester Sohn die Verfügungsgewalt über das Familienvermögen besitzt ...« Er ließ den Satz zwar unvollendet, aber die Intention seiner Erwiderung war dennoch klar. Martin war wütend auf mich, aber er versuchte, sich nichts anmerken zu lassen und schwieg. Was sollte er auch sagen? Sollte ausgerechnet er mich anbrüllen? Vermutlich würde sein Trommelfell reißen. Oder mir zuflüstern, welch niederträchtiger Mensch ich sei? Nein, er war mir ausgeliefert – und dessen war er sich bewusst. Mein unheiliger Schatten breitete sich aus, legte sich über meinen hilflosen Bruder, kroch langsam in die Ritzen des Hauses. Nun kam der Moment, den letzten Trumpf auszuspielen.

»Aber ich habe eine andere Lösung gefunden. Eine, die uns beide zufriedenstellen wird.«

Er sah überrascht aus. »Und das soll ich dir glauben, Martin? Nach all den Jahren, die du uns hier ... im Stich gelassen hast. Ich weiß sehr wohl, dass diese Räume hier keineswegs deine Zustimmung gefunden haben.«

Ich zuckte die Achseln. Natürlich würde ihm Anna von meiner ablehnenden Haltung erzählt haben. Ich stellte die beiden Becher mit Wein auf den Tisch und setzte mich behutsam wieder.

»Keine Sorge«, sagte ich, bemüht, meiner Stimme die Glaubwürdigkeit zu verleihen, die ein fürsorglicher Bruder ausstrahlen würde. »Aber, bitte, trinken wir zunächst auf das Gedenken an Anna. Möge sie in Frieden ruhen.« Dieser Aufforderung würde er sich nicht widersetzen können, dazu hatte er unsere Schwester zu sehr geliebt. Ich ergriff meinen Becher und erwartete, dass er seinen an die Lippen hob. Sein Gesicht nahm einen seltsamen Ausdruck an.

»Auf Anna«, hauchte er und nippte an seinem Wein. »Ich würde es sogar hören, falls unsere Schwester aus ihrem Grab auferstehen würde«, fügte er bitter hinzu und trank einen weiteren Schluck. »Aber es ... bleibt still auf diesem Friedhof.«

Bei dem Gedanken, meine verstorbene Schwester könnte als bleiche und nur mit ihrem Leichenhemd bekleidete Untote Rache an ihrem skrupellosen Bruder nehmen, wurde mir unbehaglich. Doch ich war Realist und die übernatürliche Loyalität eines Verstorbenen, der aus dem Grab Rache nahm, schien mir gerade gut genug für den Plot eines zweitklassigen Horrorfilms. Aber eben nicht für die Wirklichkeit.

Martin war sehr blass geworden und saß jetzt regungslos da, die Augen in Erstaunen weit geöffnet.

»Ist dir ... nicht gut?«, erkundigte ich mich mitfühlend, doch der lauernde Unterton in meiner Stimme ließ sich nicht unterdrücken. Er zitterte leicht, packte die Armlehnen mit beiden Händen und drückte sie so fest, dass seine Knöchel weiß hervortraten. Dann war es vorbei.

Ich erhob mich, umrundete den Tisch und schloss seufzend seine Augen. Alle Probleme waren nun zur Zufriedenheit aller Beteiligten gelöst. Die letzten Familienmitglieder waren tot und ich ... Eigentümer des restlichen Vermögens. Der letzte Schritt wurde durch ein harmloses, gut gemeintes Präsent eingeleitet. Fürchtet die Danäer, auch wenn sie Geschenke bringen! Meine Schwester war eine intelligente Frau. Vielleicht hatte sie es sogar geahnt und den von mir erhaltenen Schierlingsbecher freudig entgegengenommen und ausgetrunken. Sie musste es doch gehasst haben, das Leben eines anderen Menschen zu leben. Niemals sie selbst sein zu dürfen.

Ich hatte dieses Gift mit Bedacht gewählt. Es gewährte dem Opfer einen schnellen Tod und ließ sich im Verlauf einer Obduktion kaum nachweisen. Vorausgesetzt der Pathologe suchte nicht gezielt danach. Ohnehin würde mich niemand verdächtigen, da nach dem Tod meiner Eltern achtzehn Jahre vergangen waren.

Viktor schlief. Ich wollte den alten Mann nicht wecken. Wohin sollte er sich wenden, wenn unser Familienbesitz – in dem er so lange Jahre gelebt hatte – den Flammen zum Opfer gefallen war. In ein Pflegeheim zwischen alte, senile Menschen? Das hatte er nicht verdient. Also nahm ich ein Kissen und drückte es ihm auf das Gesicht, so wie ich es vor vielen Jahren auch bei meinem ewig schreienden Bruder getan hatte. Viktor wehrte sich nicht. Ein letztes Zucken durchfuhr seinen verbrauchten Körper, als er starb. Dann lag er still und schlief für immer. Ich entnahm seinem Etui eine Zigarette, entzündete sie und legte die glühende Kippe neben ihm auf ein Stück der Tageszeitung, die ich in der Halle gefunden und mit Whisky getränkt hatte. Dann wartete ich geduldig, bis die Glut die Zeitung entzündete und erste Flammen schließlich die Gardinen erreichten. Ich warf noch einen letzten Blick in die Runde. Die Versicherungssumme würde mir für die nächsten Jahre mein Auskommen sichern. Ich spürte kein Bedauern, als sich das Feuer durch die Räume fraß. Das war niemals mein Haus gewesen ...

Karin Reddemann

Dickdoof und Angie

Tanzschule Dornemann, 1978. Unter der Decke hing eine Discokugel in der Größe eines Hüpfballs. Wir Mädchen zogen Cola durch den Strohhalm und hofften, dass die angesagten Jungs uns auffordern würden. Die Jungs, die uns gefielen, waren auf jeden Fall größer als wir und hatten nichts Abschreckendes wie Eiterpickel, Hornbrille, Zahnspange und Babyspeck im Gesicht. Klein und dick ging gar nicht, wenn man so was erwischte, waren Spott und Hohn sicher. Und der kleine Dicke, der sich mit feuchten Achselhöhlen und Purpurkopf traute, eine von uns zu fragen, bekam alles ab. Wir waren ziemlich grausam. Wir wollten mit Handballern in ausgebleichten Levis und schulterlangen Matten tanzen, nicht mit Typen wie Stefan Steinkott, den die anderen Jungs Steini nannten. Für uns Mädchen hieß er Dickdoof. Hundsgemein, klar, aber so war das.

Und jetzt kommt's: Ausgerechnet Dickdoof schafft es heute noch, gefühlte hundert Jahre später, dass ich an ihn denke, wenn ich Angie höre. Die ersten Klänge im Radio, die ersten genuschelten Worte, und Dickdoof tummelt sich in meinem Kopf. Das Komische ist wohl, dass er sich garantiert nicht mehr an mich erinnern wird, obwohl ich sein erster Klammerblues war. Man sollte meinen, den vergisst man nie. Sind aber immer nur Frauen, die so was noch wissen. Die können auch sagen, ob sein Hemd am Rücken nass geschwitzt war. Und ob der Junge Mundgeruch hatte. Dickdoof hatte keinen. Sein Atem roch nach Mentos-Kaubonbons, und er trug einen blauen Lambswoolpullover mit V-Ausschnitt. Da haben wir's.

Die vom Paulus-Jungs-Gymnasium hatten fast alle Spitznamen: Fischi, Stengel, Zichte, Kucki, Penne, Mucki, Spucko, Lupus, Schlips, Boller und Popel. Kein Witz jetzt. Und eben Steini, der für uns Mädchen vom Marien-Lyzeum seit der ersten Stunde bei Dornemann, Tanzstudio direkt über Elektro Meierfranz, rechts Tinos Eisdiele, links Erdmuthes Lottobude, der Dickdoof war. »Guckt euch den da an, aber schaut da nicht so hin. Sieht aus wie ein Dickdoof.« Andrea

Publoski sagte das, exakt so formulierte sie das, und wir kicherten blöd hinter vorgehaltener Hand und sortierten ihn schon mal aus. Zichte, Penne, Spucko und Popel auch. Stengel, Boller und Kucki fanden alle toll, Lupus, Fischi, Mucki und Schlips gingen auch noch gerade so. Wir waren ziemlich anspruchsvoll. Eigentlich unverschämt.

Dritte Stunde, Fischi, Samba und ich. Ein Grauen. Kurze Cola-Pause. Herbert Dornemann senior mit gelbem Fiffi auf dem Kopf, brandaktuell auf dem Saturday-Night-Fever-Trip, klatschte in die Hände: »Bitte um Aufstellung, meine Damen und Herren.« Wir stellten uns brav auf, erste Reihe, zweite, ganz hinten stand ich, ganz vorn Herbert Dornemann Junior, der uns seine Kehrseite zuwandte, rechter Arm in der Höhe, Hüftschwung nach links, der Hintern stramm verpackt in einer sandfarbenen Schlaghose, die schwarzen Plateauschuhe geputzt wie von ihm abgeleckt. Gisela Dornemann, die Mutter, war eine Walküre mit zinnoberroter Turmfrisur. Sie thronte in einem ihrer quietschfarbenen Wallekleider auf dem Barhocker neben der Musikanlage und gab die Kommandos auf Englisch: »One, two, come on, Ladys and Gentlemen, and three and four and nightfever.« Viel mehr kam da nicht. Von uns sowieso nicht. »Night fever, night fever, we know how to do it!«* Nachtfieber! Was war das? Und wieso sollten wir wissen, wie man's macht? Wussten wir eben nicht. Wir staksten, trampelten und hampelten herum und grinsten uns dabei dämlich an. Nur Dickdoof nicht. Der schmiss voll konzentriert Arme und Beine und tanzte. Richtig! Dickdoof war John Travolta in klein und dick mit Lambswoolpullover. Ein echter Feger. Ich war schwer beeindruckt von ihm. Bis »Angie«** kam.

Ich sagte Dickdoof, wie klasse er getanzt hatte, »echter Wahnsinn«, sagte ich, »wie du das kannst.« Er strahlte mich verklärt an, irgendwie schockverliebt, wie ich argwöhnisch vermutete, und rückte mir nicht mehr von der Pelle. Nach der Tanzstunde ging wie immer das Schummerlicht an, da gab's dann noch Dornemanns Disco-Special mit DJ Dornyboy alias Herbert Dornemann junior, das ging bis Punkt zehn, und um Punkt irgendwann spielte Dornyboy »An-

---

* »Night Fever« ist ein Song der Band Bee Gees, der 1978 veröffentlicht wurde. Geschrieben haben ihn Barry, Maurice und Robin Gibb.

** »Angie« ist ein Song der Rolling Stones, der 1973 veröffentlicht wurde. Mick Jagger und Keith Richards sind die Urheber.

gie«. Darum geht's ja nun auch. Um »Angie«. Ein wirklich kolossales Lied, das sehr einlullend empfiehlt, langsam und eng miteinander zu tanzen, um in Ruhe zu überlegen, ob man dabei reden, fummeln, knutschen muss oder es bleiben lassen darf. Dickdoof forderte mich auf, und wir hingen fachgerecht wie aneinander festgeklebt auf der Tanzfläche. Ohne zu sprechen, geschweige denn, sonst was zu tun. Nur mit »Angie« im Ohr, die mir so fremd war wie sonst irgendwer. Es war mir auch egal, wer da was und warum über welche Frau singt. Egal war mir nicht, dass Mechthild »Mecki« Burger und Andrea Publoski an Dickdoof und mir kichernd vorbeitanzten und mich über die Schultern von Stengel und Schlips hämisch anglotzten.

Als Angie in den letzten Zügen lag, löste ich mich aus Dickdoofs Umklammerung und sagte: »Jetzt ist aber gut, Steini.« Das klang vermutlich ähnlich wie »Aus jetzt, Bello, Schluss mit dem Gekläffe«, und ich kam mir auch nicht nett vor, als ich das sagte. Dickdoof ging dann. Ich ging. Das war's. Immerhin hatte ich ihn Steini genannt.

Drei Tage lang dachte ich nicht mehr an Dickdoof und »Angie«. Am vierten saß ich neben Mecki auf ihrem Patchworksofa und trank Wildkirschzimttee, der extrem nach Patschuli und Moschus roch und ein bisschen nach Wildkirschzimt. Für dieses Geruchschaos hatten die Räucherstäbchen neben dem Stövchen gesorgt, und der Tee schmeckte auch dementsprechend. Also gar nicht. Aber die Musik auf Meckis Kassette war gut. Status Quo, Uriah Heep, Chicago. Die Rolling Stones. »Satisfaction«, logisch. »Brown Sugar«. Dann »Angie«. Große Güte, Dickdoof war in meinem Kopf. Ich schlürfte verstört die olle Teeplörre und sagte zu Mecki: »Spul' das bloß weiter.« Sie fragte scheinheilig, »Wieso denn? Ist das nicht toll?«, und ich antwortete mit Patschuli in der Nase: »Doch. Wahnsinnig toll.«

Sie erzählte mir dann noch, ohne, dass ich das wissen wollte: »Der Jagger hat das Lied für die Frau von David Bowie geschrieben. Angela. Weil er heimlich verliebt in die war.«

»Ach ja?«, fragte ich. Und damit war das Thema vorerst erledigt, wir sprachen über Batiktücher. Getanzt habe ich nie wieder mit Dickdoof.

Allerdings sah ich ihn fünfundzwanzig Jahre später beim Ehemaligentreff der Paulus-Abiturienten wieder. Doktor Stefan Steinkott. Neurologe. Deutlich größer, als ich ihn in Erinnerung hatte. Ohne

Fett, mit Ehering. Er sah richtig gut aus. Tatsache. Ich bin ihm aus dem Weg gegangen. Was hätte ich auch sagen sollen? »Weißt du noch, Steini?« Albern. Außerdem blieb er eh' Dickdoof für mich, so was ist historisch, das streicht man nicht. »Angie« ist unser Lied. Er hat davon keinen blassen Schimmer. Wir haben sogar noch ein zweites, das macht uns so schnell keiner nach: »Night Fever«. Aber das gehört nicht unbedingt hierher. »Angie, you're beautiful.« Schön! Passt als Schlusswort.

Karin Reddemann, Jahrgang 1963, schreibt Kurzgeschichten und ist Mitarbeiterin bei den Onlinemagazinen Fantasyguide und Phantastikon. Von der Recklinghäuserin, Studium Germanistik/Romanistik an der Ruhr-Universität Bochum, sind bis dato erschienen: »Gottes kalte Gabe« (Geschichtensammlung, Dr. Ronald Henss Verlag, Saarbrücken), ferner Short-Storys in den Anthologien »Horror-Legionen« (Amrûn-Verlag), »Abyssos – Geschichten aus dem Abgrund« (Visionarium), »Dirty Cult« (Hrsg. Ulf Ragnar), »Miskatonic Avenue« (Phantastikon, Hrsg. Michael Perkampus), IF Magazin für angewandte Fantastik (Whitetrain), Zwielicht (Hrsg. Michael Schmidt und Achim Hildebrand), »Der letzte Turm vor dem Niemandsland« (Fantasyguide präsentiert, p.machinery) und »Die Residenz in den Highlands« (Hrsg. Marianne Labisch und Gerd Scherm, p.machinery). 2018 ist mit »Blutrot die Lippen, blutrot das Lied« eine Geschichtensammlung als Zwielicht Single 3 erschienen.

fürstenberg

Karin Reddemann

Fast eine Liebesgeschichte

Angelas Geburt war unspektakulär. Sie kam zur Welt, schrie, beruhigte sich wieder und wurde pflichtbewusst für goldig erklärt. Angela Reimann hatte wimpernlose graugrüne Murmelaugen und eine schuppige, gelbstichige Haut, die ständig gestriegelt und eingeölt werden musste. Ihr Vater fand sie ziemlich hässlich. Insgeheim hoffte er, das würde sich legen, und tatsächlich wurde die Haut auch mit der Zeit glatter und rosiger. Wirklich hübscher wurde Angela nicht. Natürlich sagte Werner Reimann nichts, weil sich das nicht gehörte. Zumal wurde allseits behauptet, der kleine Engel käme immer mehr ganz nach Hildegard, seiner Frau. Die fand das großartig, und ihr Mann unterließ es geflissentlich, auch nur ein kränkendes Wort über Angelas und damit auch Hildegards Aussehen zu verlieren. Das hätte Unmut erzeugt. Ihm würde zwar nie ein Haar gekrümmt werden, das galt als alter Familienkodex, aber er zog es vor, mit seinen beiden Frauen friedlich zusammenzuleben.

Werner Reimann selbst war ein ganz normaler Mensch. Das Zusammenleben klappte erstaunlich gut.

Angela wuchs heran, nahm schon früh aktiv am Gemeindeleben teil, sang ohne den Segen ihrer Mutter im Kirchenchor und ging am Arm ihres Vaters zum Ball der Freiwilligen Feuerwehr. Werner Reimann, kräftig und gutmütig, tanzte sehr oft mit seiner Tochter, zu oft, um darauf stolz zu sein, sie für sich allein haben zu dürfen.

Grauenvoll sah sie aus in ihrem gelben Rüschenkleid, Hildegard hatte es ausgesucht, man sah viel Gerüschtes und viel Gelb und viel fettes Mädchen. Auf der Tanzfläche wusste Angela nicht, wohin mit ihren Füßen, die ihres Vaters waren ihr ständig im Weg. Werner Reimann waren Takt und Schritte schnuppe. Er hielt beim Tanzen verzweifelt Ausschau nach einem Freiwilligen, der ihm seine Tochter abklatschen könnte. Er wollte zur Theke, zu seinen Chorbrüdern, mit ihnen Schöne Maid grölen und Schnaps trinken.

Angela, die in den Armen ihres Vaters hing wie ein Plumpsack, hoffte inständig, dass irgendwas passieren würde, um verschwinden zu können. Vielleicht in Form eines riesigen Lochs im Boden, das sie verschlucken und irgendwo unter Palmen wieder ausspucken würde.

Es tat sich kein Loch auf. Stattdessen erblickte sie einen Mann. Nicht irgendeinen. Nicht einen, den sie kannte, der überhaupt hierher, in das Lokal, in ihr Dorf, in ihre Welt gehörte. Der Mann, der vor der Karaoke-Bühne direkt unter der blinkenden Lichterkette stand und natürlich nicht zu ihr hinüberschaute, sondern gleichmütig und mit einem spöttischen Lächeln alle, alles und doch gar nichts zu beobachten schien, war ein Prinz. Ein wahrer Gottprinz in messingfarbener Lederhose mit schwarzbraunem Haar und mitternachtsblauen Augen. Auffällig bestickte, glänzende Weste, dazu ein enges, karminrotes Satinhemd, aufgeknöpft fast bis zum Hosenbund. Keine Brustbehaarung, seine Haut glänzte wie eingeöltes Elfenbein, geschmückt von einer goldenen Kette mit einem ovalen, schwarzen Stein als Anhänger. Er war so groß. So schön. So vollkommen.

Allmächtiger. Angela kniff die Augen zusammen, blinzelte, starrte wieder hin und kam sich vor wie eine neugierige Nachbarin, die ihre dreckige Nase in feine Sachen steckte, die sie nichts angingen.

Der Prinz war noch da. Kein Traum. Und er war nicht mehr allein. Carolin Hansen, die in Pfeiffers Parfümerie arbeitete, stand neben ihm. Einfach so, wie extra für ihn aus dem Katalog bestellt. Carolin Hansen. Böse Zungen nannten sie Dorfmatratze. Sie sah umwerfend aus in ihrem weißem Korsett und dem kurzen grünen Taftrock. Ihr Lachen klag glockenhell, ihre Lippen glänzten, ihre endlosen Beine waren Karamell. Carolin fuhr sich mit den Fingern durch die hüftlangen roten Locken, und der Prinz lächelte sie an.

Angela senkte geknickt den Blick. Da konnte sie nicht mit konkurrieren, geradezu lachhaft, die Vorstellung. Sie sah sich selbst, wie sie war, da machte sie sich nichts vor. Sie war klug. Ziemlich klug. Das war die Hansen nicht. Aber weiter: unscheinbar. Langweilig. Unattraktiv. Bingo. Ihr Spiegelbild zeigte ihr unbarmherzig die fast wimpernlosen staubgrauen Augen, eine Kartoffelnase und Haut, die aussah wie mit der Drahtbürste geschrubbt. Dazu all dieses Weiche, Schwabbelige, Dicke. Ihr kluger Kopf war einfach nur rund, wie ein Ballon, mit strohgelbem, widerspenstigem Kraushaar, das jeder Bürste und jedem Lockenwickler trotzte.

Angela fühlte sich todunglücklich. Sie wollte nach Hause. Endgültig. Werner Reimann protestierte. »Jetzt geht's doch erst richtig los.« Er schielte sehnsüchtig zur Theke und beschloss, Julian Kellerhoff, den Sohn des Organisten, zu nötigen. »Sitz nicht rum, Junge, schwof' mal mit Angela.« Er zog am gerüschten Ärmel ihres Kleides und schob die Perplexe in Julians Richtung.

Julian errötete, als Reimann ihm seine Tochter aufzwängte. Das Kommando, mit ihr zu tanzen, hatte ihn aufgeschreckt. Er starrte in die Schüssel mit der Pfirsichbowle, nahm die Brille von der Nase, rieb umständlich die Gläser mit seinem Hemdzipfel blank, glotzte wie ein unbeholfener Trottel in Angelas Ausschnitt und entschied tapfer, Werner Reimann zu gehorchen: »Wenn du willst.«

Der Blick in ihren Ausschnitt gefiel ihm. Unter all den gelben Rüschen waren Brüste, sichtlich wohlgeformt. Herrliche, feste, anfassbare Brüste. Prachttitten. Würde sein Vater dazu sagen. Der war immer so frech. Julian spürte ein prickelndes Drängen in seiner Hose, sah wohl niemand, er trug ein weites weißes Hemd über der Jeans, das ihn lässig aussehen ließ. Er dachte an seine Mutter, die sich gern in schummrigen Kneipen herumtrieb, in denen sie sich mit ihren Literaturfreunden traf, um Weißwein zu trinken und über das Leben zu dichten. Und er dachte an ihren grellen lila Lippenstift und an mütterliche Sorge, die unverblümt über diese lila Lippen kam: »Julian, Schatz, du musst mal ordentlich ficken. Du verschimmelst ja über deinen Büchern.«

Ficken! Er blickte in diesen feinen Schlitz zwischen den Brüsten.

»Dein Kleid ist hübsch«, sagte er, um irgendwas zu sagen. »Es ist so anders.« Tatsächlich wusste er gar nicht, ob es ihm wirklich gefiel oder ob er es furchtbar fand. War anders überhaupt ein Kompliment? Julian schluckte nervös.

Angela nickte nur. Sie war verlegen, weil ihr Vater sie Julian aufgeschwatzt hatte, als wäre sie eine alte Taschenuhr auf einem Flohmarkttisch. Lieber hätte sie sang- und klanglos diese Ballkatastrophe verlassen. Und die Mutter, die zu Hause geblieben war – Menschenmengen weckten den »schlafenden Hund« in ihr, wie sie es nannte –, angelogen, wie einmalig der Abend gewesen wäre.

Dafür war es jetzt zu spät. »Er gehört zu mir.« Sang die Rosenberg, sollte jetzt und hier wohl so sein. Angela tanzte Disco-Fox mit Julian, das klappte ganz passabel. Hier und da eine kleine Drehung, etwas steife Schrittfolge, egal, beide einigermaßen im Rhythmus, bloß nicht zu wild, das hätte nicht gepasst. So weit war es gut. Schlussakkord, neues Lied: »Angie«.

»Ist von den Stones«, sagte Julian.

»Weiß ich.« Angela senkte den Kopf und starrte auf ihre hochhackigen Schuhe, als wundere sie sich darüber, dass sie solch unbequeme Dinger angezogen hatte. Dann sah sie hoch. Ihr Blick traf Julians. Der zögerte. »Tja, und nun?« Angela lächelte ihn verlegen an. »Bowle wär' doch gut. Sollen wir nicht erst mal ...?«

Die Antwort blieb Julian ihr schuldig. Vermutlich hatte er ihr gar nicht zugehört. Sie spielten »Angie«, die Stones zum Festhalten. Seine Chance. Bei »Angie« küssten sich die Leute gern.

Ungelenk zog er Angela mit einem Ruck an seine Brust und umklammerte ihre Hüften. Angela legte seufzend ihre Hände auf seine Schultern. Balzmusik für Carolin, dachte sie und warf einen gequälten Blick auf das zweifellos attraktivste Tanzpaar des Abends. Er mit ihr. Der Prinz mit seiner göttlichen Hure.

Angelas Augen klebten an den beiden. Carolin Hansen ließ die Hüften kreisen, umtanzte, umschlängelte diesen wundervollen Mann. Er fuhr mit seinen Händen über ihren Rücken, über ihr Gesäß, presste sie an sich, ihre Brüste an seine Brust, sein Becken an ihres. Küsste ihren Hals. Leckte ihn. Saugte an ihrer Kehle. Es wirkte frivol auf die wohlerzogene Angela. Schmutzig. Pervers. Erotisch. So einmalig exzessiv frei, wie Angela sich nie bei klarem Verstand hätte fühlen können. Sie war wie erstarrt.

Und dann wurde ihr einfach nur noch siedendheiß und sie dachte, wie gut es jetzt wäre, sich gnädig in Luft auflösen zu können. Der Mann sah sie an. Sie! Angela Reimann! Das war keine Einbildung. Über Carolins Schulter hinweg sah er sie direkt an. Ihre Blicke trafen seine. Es war ein Blick, der absolut alles und absolut gar nichts versprach. Seine Lippen öffneten sich leicht. Es schien, als würde er zu ihr sprechen. Angela wagte kaum, zu atmen, so angespannt, so gefesselt war sie von dem, was sie glaubte, zu hören. »Angie, Angie, where will it lead us from here?«

Wohin uns das führt? In den siebten Himmel! Angelas Gedanken schmolzen dahin. Er sprach wahrhaftig die Liedzeile mit. Ohne sie dabei aus den Augen zu lassen. Während Carolin Hansen sich schnurrend an ihm rieb wie eine heiße Katze, sah er nur sie an. Die komische Dicke mit dem Strohkopf im gelben Zirkuskleid. Gab's das? Gibt's das? Bitte ja, oh bitte, ja. Angela hätte vor Aufregung weinen können, so schön war die Vorstellung, ihm zuzurufen: »So hör' doch! Es geht weiter! Angie, Angie ...!«

Und dann war's vorbei. Er vergrub sein Gesicht in Carolins roter Lockenmähne.

Julians Finger bohrten sich in Angelas Hüften.

»You can't say we never tried ...«

»Sag' nicht, wir hätten's nie versucht«, brabbelte Julian ihr mit feuchter, leiser Stimme ins Ohr. »So ungefähr.« Er kicherte glucksend. »Meint der uns?«

»Garantiert nicht«, erwiderte Angela schnippisch. Sie war wahnsinnig enttäuscht. Dieser fantastische Mann hatte sich vermutlich nur einen blöden Scherz mit ihr erlaubt.

Es war nicht so, dass Angela Julian nicht mochte. Er war recht gescheit und hatte lustig schiefe Zähne. Und tiefe Grübchen, damit sah er fast niedlich aus. Sonntagnachmittags las er Geschichten im Hedwigs-Seniorenheim vor. Angelas Großmutter Hermine lebte dort. Die alten Frauen, die verklärt vom Gestern träumten, waren alle verliebt in ihn.

Besonders gut aussehend war er aber nicht, männlich sowieso nicht. Ein Milchbubi mit dünnen Ärmchen und Mäuseaugen, das Gesicht übersät mit Sommersprossen, viel zu viele, um sie entzückend finden zu können. Das störte Angela empfindlich, ihrer eigenen verhassten Unansehnlichkeit zum Trotze. Sie wollte nicht dazu verdammt sein, einzig auf die inneren Werte eines Mannes bauen zu müssen. Sie wollte begehren. Begehrt werden. Sie wollte heiße Gefühle. Angela schmiegte sich, jeglicher Aversion zum Trotze, mit geschlossenen Augen an Julian und stellte sich einfach vor, er wäre der Mann, der »Angie« mit seinen wundervollen Lippen geformt hatte.

Angela öffnete die Augen wieder und sah hin. Er lutschte Carolins Hals ab. Angela senkte deprimiert den Blick und drückte sich noch fester an Julian. Etwas anderes fiel ihr nicht ein.

Julian war sich nicht sicher, ob Konversation dazugehört, wenn eine Frau und ein Mann eng umschlungen tanzen. Sprach man eher nicht? Dachte man nur? Küssen! Schweben! Ficken! Sag' was.

»Nett hier«, sagte er.

»Hm.«Aus den Augenwinkeln heraus beobachtete Angela, wie Carolin mit ihm an ihrer Seite den Raum verließ. Sie schwankte. Er legte den Arm um ihre Hüfte und zog sie dicht an sich heran. Angela schien es, als würde er sie in die Höhe heben und ihre Füße würden gar nicht den Boden berühren. Carolin hing dort wie eine Puppe. Er sah auf sie hinunter, er war viel größer als Carolin, und seine Lippen umspielte ein Lächeln, das Angela erschreckte. Es wirkte so falsch. Kalt. Hässlich. Das geht nicht, dachte Angela, er ist perfekt.

»Warum nennst du dich nicht auch Angie? Passt zu dir. « Julians Wange an ihrer Wange glühte. Sein warmer Atem kitzelte in ihrer Nase, als er das sagte.

»Finde ich jetzt nicht so. Eine Angie stellt man sich anders vor. Aufregend irgendwie.«

»Bist du doch.«

Ha! Beinahe hätte Angela spöttisch gelacht, sie ließ es aber bleiben für ein kleines Lächeln, das sie Julian schenkte. Der strahlte sie verlegen an. Tatsächlich fühlte sie sich ein wenig geschmeichelt. Er bemühte sich um sie. Immerhin. Sie tanzten schweigend weiter. Angela überlegte, wie vernünftig es wäre, diesen Prinzen einfach zu vergessen. Bowle zu trinken. Mit Julian zu flirten. Küssen eventuell. Aber bestimmt nicht hier im Saal, vor den Augen ihres Vaters. Der würde vermutlich feixend applaudieren.

»Bloß nicht«, murmelte Angela bissig und löste sich fast ruppig aus Julians Armen.

»Ist was nicht in Ordnung?« Julian sah sie unsicher an. Er hätte sie gern noch festgehalten, einfach so, aber Angie war vorbei, und als sollte er sich gewaltsam nicht sanft in Träumen wiegen dürfen, übergoss Cubby Checker ihn mit Eiswasser. »Come on, everybody, clap your hands!« Alle Mann in die Hände klatschen!

»Let's twist again«, stellte Angela trocken fest. »Auch das noch.«

Trotzdem tanzte sie. Ließ ihre Hüften schwingen im gelben Rüschenkleid, streckte den Hintern aus und warf dabei den Kopf in den Nacken. Sollten doch alle denken, was sie wollten. Julian blieb einfach nur auf der Stelle stehen, schlackerte mit den Knien, zappelte mit den Händen und guckte gequält bis zum finalen »Bop! Bop! Ohh ...!«

»Du kannst das aber gut«, sagte er zu ihr. »Jetzt Pfirsichbowle?« Angela nickte nur beiläufig und schaute sich nach ihrem Vater um. War dem überhaupt aufgefallen, wie großartig seine Tochter sich amüsierte? Haha!

Werner Reimann hielt sich, ihr den Rücken zugekehrt, immer noch an der Theke auf, laut lachend mit einem Bierglas in der Hand. Der hatte nichts mitbekommen, immerhin war er bestens versorgt. Ganz in seiner Nähe stand Carolin Hansen. Allein. Kerzengrade, wie eine besonders dekorativ platzierte Statue stand sie da und sah direkt zu ihr hinüber. Es war ein arroganter, frostiger Blick, spöttisch und auf diese eine gewisse Art, die Angela am meisten kränkte, auch mitleidig. Schamesröte stieg ihr in die Wangen, sie kam sich ganz klein und schäbig vor. Ihr fiel *Carrie* ein. Könnte sie so was wie die, na hallo, was für eine Show.

Carolin bewegte ganz leicht ihre Lippen, und es war so, als würde sie Angela leise, nur für sie hörbar zuraunen. »Mach' doch.«

Wenn ich machen würde, wärst du nicht mehr, dachte Angela.

Die Bowle trank sie noch mit Julian, die Laune auf kühne Spinnereien mit ihm war Angela freilich vergangen. Das lag an Carolin. Das lag daran, dass sie wieder an den Prinzen dachte. Als sie kurz darauf erklärte, sie müsse mal dringend und bitte allein an die frische Luft, sah Julian ihr seufzend hinterher.

»Julian, du musst mal ordentlich ficken. Du verschimmelst ja über deinen Büchern.«

Er hätte es wenigstens versuchen sollen.

In einer anderen Geschichte wäre Angela nach einem Kuss nicht allein vor die Tür gegangen. Und ihr Prinz wäre namenlos in ihrem Kopf abgetaucht. Diese andere Geschichte gibt es aber nun mal nicht.

Die Grünpinte, das Lokal, in dem die Tanzveranstaltung stattfand, befand sich im Stadtpark ganz in der Nähe des Kleintierzoos, der um diese Zeit natürlich längst geschlossen war. Angela verließ den Eingangsbereich und schlenderte den nur spärlich beleuchteten Weg entlang bis zum Tor des Tiergartens. Sie blinzelte durch die Gitterstäbe, sah nichts, hörte nur ein paar Ziegen meckern. Sie atmete tief durch. Und jetzt?

Angela vernahm Schritte hinter sich, drehte sich hastig um. Fast war sie sicher, Julian dort in der Dunkelheit zu sichten, mit vorwurfsvoll vor der Brust verschränkten Armen, weil sie ihn einfach hatte stehen lassen.

Julian war ihr nicht gefolgt. Dafür stand der Prinz dort im milchig flackernden Schein der alten Laterne, die rechts vom Tor platziert war, und nickte Angela lächelnd zu. »Oh! Angie, nicht wahr?«, hauchte er sanft. Ihr stockte der Atem. Das Licht, das auf ihn fiel, kam Angela wie eine mitternächtliche Sonne vor, die nur für ihn aufgegangen war, nur für ihn überhaupt existierte. Und heute auch für mich, jubilierte sie innerlich. So aufregend schön, so weit entfernt von allem banalen Irdischen war das.

Nüchtern betrachtet war Angela das Ganze nicht wirklich geheuer. Das war wie im Film, das konnte nicht echt sein, zu kitschig irgendwie. Vielleicht ... profane Verarschung?

Aber sie fühlte sich so herrlich beseelt, das überragte einfach alles. Sie bewegte sich wie eine Marionette, die an unsichtbaren Fäden hing, auf ihn zu. Kam sich vor, als würde sie elfengleich schweben, was ja Quatsch war, sie erinnerte sich vage daran, einige leidige Kilos zu viel auf die Waage zu bringen.

»Jaaa!«, piepste Angela.

»Wie charmant, dass du da bist«, sagte er, umfasste sanft ihre Schultern und schürzte die Lippen. »Angela! Angie! Deine rothaarige Freundin hat mir deinen Namen verraten.«

Carolin Hansen! Freundin! Normalerweise wäre ihr die Galle hochgekommen. Aber nicht jetzt. Nicht hier. Nicht auf Wolke sieben.

»Ich bin der einzigartige Waldemar.« Er strahlte sie selbstzufrieden an.

Angela schluckte. »Oh. Oooh«, krächzte sie, »einzigartiger Waldemar.«

Einzigartiger Waldemar? Was redete sie da? Dieses prachtvolle Bild von einem Mann machte aus ihr eine Idiotin.

»Angie. Angie. Du vergehst mir auf der Zunge. So hat der Troubadour vorhin das Lied für uns gesungen.« Er zog sie an sich, seine Lippen liebkosten ihre Halsbeuge. »Angie, you're beautiful.«

»Bin ich's?«, hauchte Angela. Und seufzte ergriffen. War das jetzt real? Sie machte sich nichts vor, sie wusste doch, wie sie aussah. Und dass keine noch so fadenscheinige Logik der Welt es wahr werden lassen könnte, dass er ... dass sie ...

»Du bist wundervoll«, flüsterte er, »so anders. Erweise mir einen Gefallen, auf dass ich dich nie vergesse.«

Er zog sie an sich. Ganz nah. Sie war so selig. So verklärt. So ...

... blöd. So blöd. Sie roch ihn. Dieses eindringliche, unverkennbare Aroma. Moschus in feuchter Erde, süß wie Honigblut, bitter wie verdorrte Rosenblätter. Sein Geruch brannte in ihr, er war wie Lava in ihren Adern. Angela löste sich abrupt aus seiner Umarmung und starrte ihn misstrauisch an.

»Was für ein Gefallen soll das denn sein?« Ihre Stimme klang dumpf. Es war alles einfach nur furchtbar traurig. So ungerecht. Angela fühlte sich betrogen. Vom Schicksal. Von der Liebe. Da hatte sie geglaubt, dass dieser Mann, der so vollkommen perfekt schien, dass sie für seine Küsse, seine Zärtlichkeiten alles gegeben hätte, sich wahrhaftig für sie interessieren würde. Stattdessen wollte er einzig seine Zähne in sie schlagen. Hatte noch mit ihr gespielt, mit der fetten Närrin, die sich einbildete, dass er ... dass sie ... dieser wunderschöne Mann war kein Mensch. Geschweige denn ihr Kavalier.

»Nun, ich denke ...«, antwortete er gedehnt. »Ich denke, du wirst ...« Er wurde abrupt von einem gellenden Schrei unterbrochen. Kurze Stille. Dann: »Waldemar! Ich fühl' mich gar nicht gut!«

Diese hysterische, zickige Stimme! Angela drehte ihren Kopf ruckartig zur Seite. Das verhasste Tausendschön Carolin Hansen stand vor dem Eingangstor zum Tiergarten und schwankte hin und her wie ein instabiler Fahnenmast, der jeden Moment umzukippen drohte. Ihr Gesicht war ganz bleich, mit spröden, rissigen Lippen, als hätte sie in sengender Hitze viel zu lange schon nichts getrunken, und ihre Augäpfel sahen aus wie Steinkohle.

»Geduld, meine Teure. Du bist ermattet, das ist normal. Es wird dir bald besser gehen, meine Teure.« Waldemar legte sanft seine Hände auf Angelas Schultern und raunte: »Meine neue Braut ist schrecklich durstig.«

Zärtlich strich er mit den Fingerkuppen über Angelas Kehle. »Kosten will ich dich zuerst, mein Engel«, wisperte er in ihr Ohr. »Erst dann gehörst du ihr. Komm, schwelge mit mir, bevor wir Abschied nehmen müssen. Angie, Angie ... oh, Angie ... mach' mich einfach nur glücklich.«

Heul' nicht!?

Angela stieß ihn von sich, ihre Augen funkelten vor Zorn. »Du weißt nicht, wer ich bin.« Er sah sie verblüfft an. Dann lachte er. Lachte! »Und was glaubst du, wer du bist? Eine Ballkönigin? Du bist nicht die Geliebte, der das Lied Unsterblichkeit schenkt.«

Das saß. Angela schluckte schwer. Ja, sie hatte sich Liebe erträumt. Da war nichts von dem, was sie sich erhofft hatte, übrig geblieben. Nichts. Nicht einmal Julian Kellerhoff. Den hatte sie stehen lassen. Für diesen auf ewig Unerreichbaren, der sich über sie lustig machte. Der sie billig verschacherte. Erst dann gehörst du ihr. Carolin Hansen! Angelas Muskeln hämmerten, als wollten sie ihre Haut sprengen. Es kochte in ihr.

Angelas Pupillen färbten sich blutrot. Ihre Nackenhaare richteten sich auf, der Rücken wölbte sich zu einem mächtigen Höcker, aus dem ein gewaltiges Horn wuchs, ihre Hände wurden zu Pranken mit messerscharfen Klauen. Ihr Körper sprengte die Seitennähte ihres Kleides, der feine Stoff über ihren Brüsten riss. Angela knurrte Waldemar böse an. »Eine Königin wohl nicht. Aber ein Albtraum bin ich.« Dickflüssiger, grüner Speichel tropfte aus ihren Mundwinkeln auf ihr Kinn und in ihren Ausschnitt. Ihre Augäpfel wölbten sich und traten aus den Höhlen hervor. »Witterst du mich? Witterst du mich endlich, Vampir?«, brüllte sie.

Waldemar wich entsetzt zurück. Er bleckte nervös die Zähne, sein Gesicht verzerrte sich. »Dämonenweib«, zischte er. »Bleib' mir vom Leibe.«

»Angst?«, fauchte Angela. Aus dem Stand sprang sie ihn an, warf ihn zu Boden, setzte sich auf seine Brust und umklammerte mit ihren Klauen seinen Hals. Sie spuckte ihm auf die Stirn, der grüne Schleim verätzte seine Haut. Er versuchte, zu schreien, brachte nur ein Röcheln zustande, sah sie voller Panik an. »Das tut weh, nicht wahr?« Angela verzog spöttisch die Mundwinkel. »Und jetzt reiß' ich dir dein Herz heraus. Meins hast du gebrochen.«

Waldemar wimmerte mit erstickender Stimme. »Bitte ... bitte, Angie, bitte nicht.« Angie. Er schluchzte gequält. Sie sah ihm in die Augen. Seufzte. Er weinte! Da waren wahrhaftig Tränen in seinem Blick. Schimmernde, glänzende Tropfen. Salzige Perlen, die so echt, so ungelogen schienen.

»Du willst Gnade, Vampir?« So recht traute sie der Sache nicht.

»Krieg' ... krieg' keine Luft«, japste Waldemar.

Angela lockerte ihren Würgegriff etwas, hielt aber weiterhin seinen Kopf wie in einem Schraubstock gefangen.

»Verschone mich, Dämonin«, krächzte er hervor. »Dein Blut ist Gift für mich. Deine Kraft ist mein Versagen. Deine Macht mein Tod. Ich huldige dir.«

»Du huldigst mir?« Angela senkte betroffen den Kopf. »Das will doch keine Frau hören«, sagte sie, »das schmeichelt nur einer Dämonin.« Sie ließ ihn los. »Ich war einfach nur so fasziniert von dir. Und dann zu denken, einem Mann wie dir würde ein dummes, unscheinbares Mädchen in gelben Rüschen gefallen.«

»Doch, doch«, beeilte er sich, zu sagen. »Du bist etwas ganz Besonderes.«

»Das tröstet mich herzlich wenig.« Angela zuckte mit den Schultern. »Aber noch habe ich dich nicht ...«

Sie kam nicht dazu, ihren Satz zu beenden. Etwas sprang sie kreischend von hinten an, blieb wild zappelnd an ihrem Rücken hängen und stieß einen animalischen Schrei aus.

»Carolin Hansen! Runter von mir, Miststück!«, brüllte Angela. Sie griff blindlings hinter sich, erwischte die prachtvollen langen Locken und zerrte Carolin an ihren Haaren von ihrem Rücken, warf sie genervt und auch etwas angewidert zu Boden und hätte nicht übel Lust gehabt, ihr in das arrogante Gesicht zu treten. Da lag sie in ihrem kurzen, grünen Taftrock, die rote Mähne malerisch ausgebreitet, und rührte sich nicht. In ihrer Brust klaffte ein gewaltiges Loch, das weiße Korsett war blutverschmiert.

»Sie hat sich aufgespießt. Mein Horn! Das ist doch wirklich nicht zu übersehen. Ich meine, wie kann man denn so blöd sein ...?« Angela war fassungslos.

»Das ist ... war jetzt meine Braut!« Waldemar saß schwer atmend vor dem Tor zum Tiergarten und ordnete seine Kleidung. »Na denn«, sagte er.

»Das war ein Unfall. Selbst schuld«, empörte sich Angela. »Was wollte sie denn überhaupt von mir? Dir helfen? Mich beißen? Töten? Hat sie denn nichts mitbekommen?«

»Wohl nicht. Zweifellos zu dämlich.« Waldemar grinste süffisant, sein Selbstbewusstsein schien wie von Zauberhand geschenkt wieder da zu sein. »Ich würde mich gern verabschieden. Die tote Braut nehme ich mit. Kann man ja hier nicht herumliegen lassen.«

Angela, die wieder ihre menschliche Gestalt angenommen hatte, nickte wortlos. Carolins Misere berührte sie herzlich wenig. Aber die Gesamtentwicklung der Geschichte setzte ihr nun schon mächtig zu. Wie einbetoniert stand sie da in ihrem zerrissenen, schmutzigen, gelben Rüschenkleid. Am liebsten hätte sie jetzt zu Hause vor Wut und Enttäuschung in ihr Kissen geheult. Aber sie war nicht zu Hause. Was für eine entsetzlich deprimierende Nacht!

Waldemar legte sich Carolins leblosen Körper über die Schultern und schenkte Angela ein letztes Lächeln. Sie nahm es nicht wirklich ernst. »Danke«, sagte er mit sanfter Stimme. Dann ging er. Wurde von der Dunkelheit verschluckt, als hätte er nie eine Rolle gespielt.

Angela atmete tief die kühle, klare Nachtluft ein und sah ihm nicht hinterher. Sie sagte sich »Na dann, Ende wohl«, und damit war zum Thema Märchenprinz alles gesagt. Unzufrieden war sie nicht. Zufrieden auch nicht. Sie fühlte sich durchschnittlich, damit konnte sie sich arrangieren, das entsprach ihrem Naturell. Dem der stinknormalen Angela Reimann, deren einziger Wunsch momentan darin bestand, möglichst unauffällig mit ihrem Vater nach Hause zu kommen. Die Feier musste sich ihrem Ende nähern, vermutlich war es schon weit nach Mitternacht, und Angela hoffte, dass er vor dem Eingang schon auf sie warten würde. Wie sie aussah! Ihr Kleid! Als wäre sie eine Böschung hinuntergestürzt und in einem Dornbusch gelandet.

Auf halbem Weg zurück zur Grünpinte kam ihr Julian entgegen, die Hände in den Taschen seiner Jeans vergraben, der Blick hinter den Brillengläsern betont gleichmütig. »Ach? Auch noch da?«, fragte er überflüssigerweise. Er machte Anstalten, einfach gleichgültig an ihr vorbeizugehen. Aber seine Gesichtsmuskeln zuckten verräterisch, er versuchte nur, cool zu sein. Tatsächlich war er gekränkt. Er war ja nicht blöd. Ihm war keineswegs entgangen, wie Angie diesen Schönling angestarrt, ihn mit Blicken verschlungen hatte.

»Wo willst du hin? Der Tiergarten ist geschlossen«, sagte Angela.

»Das ist mir wohl verdammt klar«, antwortete er patzig. »Und wo warst du? Ich hab' die ganze Zeit auf dich gewartet. Was war denn hier draußen so wichtig für dich?«

»Wichtig?« Angela starrte ihn verblüfft an. Was bildete der sich ein? Verlangte eine Erklärung von ihr, als sei er dazu berechtigt. So weit sind wir aber noch lange nicht, dachte sie verärgert. Und sagte mit affektierter Stimme: »Es geht dich zwar nichts an, aber ich habe mit einem Vampir gekämpft und gewonnen, weil ich eine mächtige Dämonin bin. Carolin Hansen hat sich im Getümmel versehentlich an meinem Rückenhorn aufgespießt. Zufrieden?«

»Nein.« Julian senkte den Kopf, sprach ganz leise weiter. Er klang traurig. »Du bist richtig gemein. Ich mach' mir Sorgen um dich, und du erzählst mir solchen Mist.«

Angela schluckte betreten. Jetzt tat er ihr schon wieder leid. »Schon gut, Julian, war ein blöder Witz, ich bin einfach nur völlig genervt. Hab' mich verirrt. In eine Hecke gefallen bin ich auch. Wusste nicht mehr, wo ich bin. Was ich will. Und warum eigentlich.« Sie lachte. Eine Spur zu hoch, zu schrill. Sie schüttelte den Kopf. »Ich rede Unsinn.«

»Irgendwie schon.« Julian blieb stehen und sah sie misstrauisch an. »Sonst alles in Ordnung? Dein schönes Kleid ist kaputt.«

»Hm.« Sie blickte seufzend an sich hinunter. Tatsächlich war der gelbe Rüschenfetzen ihr egal. Wortlos zog er die blaue Trainingsjacke aus, die er über seinem weißen Hemd trug, und legte sie über ihre Schultern. »Besser so?« Mehr fragte er nicht. »Wie nett«, sagte Angela. Julian grinste schief. Angela lächelte. »Ich mag deine Grübchen.«

»Ja?« Julians errötete, der Weg zum Lokal war halbwegs gut beleuchtet, und Angela bemerkte nicht nur, dass sein Gesicht flammend rot wurde. Sie registrierte auch, wie seine Mäuseaugen hoffnungsvoll funkelten. Und war entsetzt. Jetzt kommt's, dachte sie. Will ich das? Nein, will ich nicht.

Julian dachte an seine Mutter. ›Küssen! Schweben! Ficken! Ich hab' eine, Mama.‹

»Und ich mag dich, Angie«, flüsterte Julian, grabbelte linkisch nach ihrer Hand und drückte sie. »Sehr sogar.« Angela erwiderte den Druck, sie wollte nicht unhöflich sein, dann zog sie ihre Hand hastig wieder zurück, als hätte sie in einen Schwitzkasten gegriffen.

»Sag' Angela«, verlangte sie. »Angie passt nicht zu mir.«

»Aber du sagtest doch, dass Angie dir gefällt.«

»Das war falsch.«

Julian wirkte verwirrt. »Warum denn?« Sie schwieg. Dachte an Pfirsichbowle. Sommersprossen. Zu viele Sommersprossen. Twist again und Händeklatschen. Ein fetter Hintern im gelben Rüschenkleid. Zwei Männer. Kein Prinz. Angie! Aber nur im Traum. Dachte, wie vernünftig es doch wäre, Julian zu nehmen, bevor überhaupt keiner sie ... vernünftig?

Julian nahm all seinen Mut zusammen. »Angela? Darf ich dich küssen?«

»Tja.« Angela zupfte an einer Haarsträhne, die ihr ins Gesicht fiel. »Scheiß Stroh«, sagte sie. Dann: »Das war eine ziemlich lange Geschichte, Julian. Ich vermute mal, dass wir uns jetzt küssen müssten, nach dem ganzen Tamtam. Damit es ein gutes Ende gibt. Die Leute lieben das.«

Leute? Er verstand gar nichts, nickte einfältig und strahlte sie einfach mal an. »Das klingt doch gut. Dann müssen wir uns küssen?«

Sie sah ihn amüsiert an. »Nein. Natürlich nicht.«

Werner Reimann, der rauchend mit Vereinskamerad Willibald Hübner vor der Grünpinte stand und felsenfest davon ausging, dass seine Tochter sich klammheimlich verdrückt hatte und längst schon zu Hause war, staunte nicht schlecht, als er die beiden sichtete. »Bin ich blau, Willi, oder ist das da meine Angela mit dem kleinen Kellerhoff im Schlepptau?« Willibald Hübner runzelte die Stirn und starrte mit glasigem Blick in die falsche Richtung. »Wo?«

»Na da doch. Da vorn. Eindeutig Angela und Julian Kellerhoff.«

»Links? Jau.« Hübner kicherte. »Sieht aus wie ein Liebespärchen. Wieso? Kennst du die zwei?«

Reimann verdrehte die Augen. »Ach, halt' die Klappe, Willi. Du bist ja besoffener als ich.« Na guck'. Dachte Reimann. Das wird ja doch noch was.

Da irrte er. Es war eben nur fast eine Liebesgeschichte.

Gabriele Behrend

Die Rockmusik und ich – eine Annäherung

Ich bin Jahrgang '74. Als die glorreichen legendären Hits gespielt wurden, war ich entweder noch nicht geboren oder krabbelte als Baby vergnügt im Laufstall herum. Die musikalische Früherziehung durch meine Eltern hielt einen wilden Mix aus klassischem Schlager, Amanda Lear, Patsy Cline und Reinhard Mey bereit, eher selten mischte sich ein Rocktitel darunter. Und wenn, dann mochte ich das nicht so besonders. Ich kann mich zum Beispiel erinnern, dass mir Billy Idol damals, ich war vielleicht sieben, wirklich gar nicht gefiel – sein »Rebel yell« provozierte meinen lautstarken Protest. Meine Schwester und ich lagen Billy Idols wegen ständig im Clinch.

Das sollte sich ändern, als meine Schwester auszog und ich in die Pubertät kam. Die langen Autofahrten an die Ostsee waren Vergangenheit und damit auch die Schlagerparty, zwischendurch hatten meine Eltern urlaubsbedingt griechische Volksmusik für sich entdeckt, zu deren Klängen ich vorzugsweise die Spülmaschine ausräumte. Die Zeichen standen immer noch nicht wirklich auf Rock. Obwohl – zu diesem Zeitpunkt hörte ich zum ersten Mal bewusst Queen und war hingerissen. »Under Pressure« gefiel mir schon seit je her besser als »We will rock you«, »Who wants to live forever« jagt mir heute wie damals einen Schauer über den Körper, ganz zu schweigen von »Bohemian Rhapsody«. Wo Queen ist, da ist Genesis nicht weit entfernt. Wo ein verrücktes Video mit Gummimasken, die im Schlafschweiß ertränkt werden, gezeigt wird, darf »Sledge Hammer« nicht fehlen. Das Musikfernsehen wurde ein guter Freund und so schaltete ich mich durch die klassische Rockmusik. Kiss ließ ich aus, die waren mir mit ihrer Gesichtsbemalung dann doch zu wild. Irgendwann dann, viele Jahre später, als ich im Onlinerollenspiel *Solan* unterwegs war und die passende Musik zu meinen Abenteuern hörte, entdeckte ich dann

Rhapsody für mich – grand epic heavy metal. Sechs kleine Italiener mit wüsten Mähnen und Rock im Herzen und so melodisch! Daraufhin fing ich an, den klassischen Rock erneut für mich zu entdecken.

Und auf einmal gefiel mir, was ich hörte. The Police, David Bowie, Genesis, Queen. Einzelne Titel, ganze Alben. Auf einmal wollte ich es laut, wollte ich es melancholisch, wollte ich gute Laune und nachdenkliche Rockballaden. Als meine Eltern mir erzählten, dass sie zu dieser Musik in ihrer Jugendzeit durchgestartet waren, konnte ich das kaum mit meinen Eltern in Verbindung bringen. Die waren doch viel zu alt dafür. Ich konnte mir nicht vorstellen, wie sie zu Huey Lewis das Tanzbein schwangen oder bei Elvis ausgerastet waren.

Inzwischen bedient sich mein Repertoire an Lieblingsmusik aus klassischem Rock, der Musik der Achtziger- und Neunzigerjahre, klassischem und modernem Jazz, Pop und französischem Hip Hop sowie Bach und Co. Es ist ein weites Feld, das mich da umgibt und es ist gespickt mit den unterschiedlichsten Rhythmen, aber die bodenständigsten Pflanzen gehören zum Rock. Brauche ich Erdung, dann nutze ich eine Prise Billy Joel. Brauche ich Kraft, dann Queen. Brauche ich Melancholie oder Trotz, dann The Police.

Wie passt also Manfred Mann's Earth Band hier herein? Wieso »Davy's on the road again«*? Um ehrlich zu sein, hatte ich den Song nie wirklich in meiner Best-of-Hitliste. Ich kannte ihn zwar, aber eher im Vorbeihören. Aber mein Holder mag den Song, liebt ihn sogar. Und da beschloss ich, ihm diese Geschichte zu schenken. Gestützt habe ich mich darauf, dass Davy immer unterwegs ist und eine Beziehung zu Jean pflegt. Dass ich das Ganze völlig anders interpretiert habe, als der Song eigentlich intendiert hatte – das ist meine persönliche Freiheit. Denn Rock macht am Ende doch immer ein Stück freier, oder?

Gabriele Behrend, Jahrgang 1974, lebt und liebt mit Gatten und Kater in Düsseldorf. Neben der Arbeit schreibt sie Kurzgeschichten und Romane, die hin und wieder mit Preisen ausgezeichnet wurden – und manchmal auch eine Weihnachtsgeschichte. Wenn etwas vom Tage übrig bleibt, liest und zeichnet sie oder lässt die Seele baumeln. Kurzum: Sie genießt ein schönes buntes Leben!

---

* »Davy's on the road again« ist ein Song von John Simon, der von ihm und Robbie Robertson geschrieben wurde und 1971 erschien. Bekannter als das Original ist die Coverversion von Manfred Manns Earth Band, die 1977 veröffentlicht wurde.

Gabriele Behrend

Davy'n'Jean

Er fuhr die Straße hinunter, allein mit sich in dieser flüsterleisen Umgebung der E-Corvette, die er von der NASA als Prämie on top erhalten hatte, so wie auch seine fünf Kollegen. Der einjährige Einsatz unter den Kuppeln auf dem Mars war planmäßig verlaufen, die Rückkehr ohne Probleme vonstatten gegangen, sodass Davy manchmal dachte, dass das Ganze doch viel zu unspektakulär sein musste für diese Geier da draußen, denen bestimmt der Thrill an der ganzen Angelegenheit fehlte. Aber was kümmerten ihn die jenseits seiner Windschutzscheibe. Er wollte nach Hause, musste nach Hause, um Jean wiederzusehen, um ihr von den unvorstellbaren Dingen zu berichten, die er erlebt hatte und die aus seiner Seele hinausmussten, damit er daran nicht erstickte.

Jean hatte ihn immer begleitet, hatte ihn immer unterstützt. In seiner Ausbildung, bei seinen ersten Trainingsflügen – immer hatte sie auf ihn gewartet, hatte ihn empfangen, hatte sich seine wenigen Geschichten angehört, die wie Kondenswasser aus ihm herausrannen. Sie hatte stets im Hintergrund dafür gesorgt, dass es ein Heim gab, in das sich Davy zurückziehen konnte, in dem er sicher war.

Davy trommelte mit dem rechten Daumen auf das Lenkrad, während er seinen Wagen über die Straßen peitschte, als sei es eine ausgewiesene Rennstrecke. Dass er damit gegen Recht und Ordnung verstieß, war ihm nicht gewahr. Wie sollte man auch auf Kleines, auf Nichtiges achten, wenn man so übervoll mit der Weite und Leere war, die man auf dem Weg vom Mars zurück zur Heimat in sich angesammelt hatte. »Davy's on the road again.«

Zum Glück war die Straße frei, nur wenige bewegten sich entlang der Tagesgrenze. Wenn das Gestern ins Heute wechselte, lagen die meisten Menschen im Bett. Nur die Nachtschwärmer ballten sich um die Tankstellen und Diners herum, ertränkten ihren Kummer in Spirituosen oder wärmten sich den Magen mit Frittiertem. Davy sah auf die Anzeige seiner Energieversorgung und entschied sich, einen Stopp einzulegen, bevor es ihn auf offener Straße erwischte. Also fuhr er an der nächsten Ausfahrt ab, auf gut Glück, denn an jeder Abfahrt gab es irgendwo eine Tankstelle. Und so fand er auch an diesem Platz im Nirgendwo einen Ort, an dem er seinen Wagen an das Ladenetz anschließen konnte.

»Ey du!«

Davy hob den Kopf, nachdem er den Adapter an seinem Wagen befestigt hatte. Er verengte die Augen und musterte den Mann, der, halb im Schatten verborgen, an der Wand des Diners lehnte und am Strohhalm seines Slushy Ice' zog.

»Ja, dich mein ich. Du warst doch auf dem Mars. Wie war es da? Irgendetwas erlebt? Etwas Spannendes?«

Davy überlegte. Und schwieg.

»Aber das muss doch irre gewesen sein! So weit weg. Ich mein, du warst irgendwo da oben!« Der Mann redete sich in eine freundliche Rage, wedelte mit dem Zeigefinger gen Himmel und warf den Pappbecher achtlos beiseite. »Das muss doch voll der Wahnsinn gewesen sein!« Der Mann stoppte unvermittelt vor Davy. »Ich habe alle Streams gesehen, alle Aufzeichnungen deiner Bodycam und die deiner Kumpels. Ich kenn dich, dass du es weißt! Leugnen ist zwecklos.« Er grinste harmlos. Freundlich.

Davy senkte den Kopf, schüttelte ihn langsam. »Sie kennen mich nicht, Sir. Aber ja – es war irre.« Dann glitt er hinter das Steuer seiner Corvette, schlug den Wagenschlag zu, fuhr die Fenster hoch und verbarrikadierte sich in seiner Fahrgastzelle.

»Ey du, brauchst doch gar nicht so zu tun! Könntest ruhig etwas freundlicher sein. So oft wie ich mir die Nächte deinetwegen um die Ohren geschlagen habe. Wenigstens ein freundliches Guten Abend wär' doch fein gewesen, du arrogantes Arschloch.« Die Stimmung des Fremden war eindeutig gekippt. Davy fuhr sich mit der Hand durch das Gesicht und schüttelte wieder den Kopf. Er konnte das einfach nicht. Ihm fehlte die Kunst der Diplomatie, er konnte und wollte nicht Everybody's Darling sein. Er wollte nicht angefasst werden, vereinnahmt, von der Seite angequatscht. Er war gerne bereit, seine Erkenntnisse in einem wissenschaftlichen Rahmen zu teilen, aber es wollte ihm einfach nicht gelingen, sich bei dem gemeinen Volk anzubiedern. Er beneidete seine Kollegen manchmal, wie die es schafften, so nahbar zu sein.

Eine halbe Stunde später war die Corvette wieder einsatzbereit. Er musste aussteigen, um das Ladekabel abzuziehen und zu bezahlen. Als er aus dem Wagen ausstieg, hatte sich eine kleine Menge um seinen Standplatz versammelt. Der Slushy-Mann zeigte mit dem Finger auf ihn und rief den Umstehenden zu. »Seht mal, das ist er. Hab' ich euch doch gesagt, dass er es ist. Direkt vom Himmel gefallen, wa?«

Die anderen begannen zu applaudieren. Hochrufe und Gratulationen schwirrten durch die kühle Nachtluft und Davy kroch es rot am Nacken empor. Ihm war der ganze Aufstand peinlich. Zu gerne würde er seinen Ausflug ins All kleinreden, damit die Menge ihn nicht als Wundertier betrachtete, als Exoten, den man mit seinen Zeigefingern anstupfte, um zu sehen, ob noch Leben in ihm war. Er war auch kein Glücksbringer, an dem man sich reiben konnte. Er war doch nur einfach Davy O'Sullivan! Aber gleichzeitig kam es einem Verrat an seinem Leben gleich, wenn er das entwertete, was ihn ausmachte. Er wollte schon immer zu den Sternen reisen, wollte schon immer andere Orte erkunden, die man auf der Erde nicht finden konnte. Warum konnten sie ihm das nicht einfach lassen? Wieso mussten die Menschen um ihn herum sein Erleben mit ihrem Ego beschmutzen? Es gab nur eine, die wissen sollte, wie es in ihm aussah, und das war Jean.

Schließlich war alles erledigt, er hob ungelenk die Hand und winkte kurz der inzwischen geschrumpften Menge zu – viele hatten sich wieder auf ihre Plätze zurückgezogen, nachdem ihnen gewahr worden war, dass sie nicht das von dem Astronauten bekommen würden, was sie sich erhofft hatten. Dann setzte er sich wieder hinter das Steuer und fuhr los. Davy's on the road again.

Jean konnte in dieser Nacht nicht schlafen. Davys Rückkehr zur Erde lag nun zwei Wochen zurück, die Quarantäne sollte durch sein. Bald würde er bei ihr eintreffen – so war es jedenfalls geplant gewesen. Noch hatte er sich aber nicht gemeldet, kein Anruf, keine Mail. Sie machte sich Sorgen. Und immer, wenn sie des Nachts Sorgen hatte, begann sie das Haus neu zu dekorieren. Diesmal stand sie jedoch in einem wohltuend leeren Raum, der vorbereitet war, um gestrichen zu werden. Sie sah auf die Farben vor sich. Cappuccino, Creme, Vanille und ein mildes Maigrün. Sie hatte bereits die Flächen abgeklebt und tauchte nun den Pinsel in das pastellige Braun. Sie strich den ersten vertikalen Streifen satt ein und machte dann mit dem Vanilleton und dem Creme weiter. Sie arbeitete so stundenlang vor sich hin, äußerlich ruhig und gelassen, so als ob es völlig normal wäre um vier Uhr morgens den Malerpinsel zu schwingen. Innerlich jedoch sprudelten die Monologe wie in einer heißen Quelle.

›Schön, dass du wieder da bist. Wie geht es dir? Du brauchst jetzt bestimmt deine Ruhe. Wie soll es denn weitergehen? Schau mal, was ich bereits in Angriff genommen habe. Jetzt fehlen nur noch die Wiege und Rudy. Du weißt doch, Rudy war schon immer mein Kuscheltier gewesen. Wär' das nicht schön, wenn er auch das von unserem Kind sein wird?‹ Das Lächeln, das sich bis hierhin auf ihrem Gesicht abgezeichnet hatte, schwand auf einmal. ›Lass mich nicht schon wieder allein. Du hast es mir versprochen. Du hast gesagt, dass dir die Mission als Türöffner für dein wissenschaftliches Arbeiten auf der Erde dienen wird. Der Fuß in der Tür. Du kannst jetzt überall arbeiten. Und ich würde auch wieder mit dir kommen, das habe ich dir damals versprochen, und dazu stehe ich auch heute. Aber – noch einmal – du hast es mir versprochen!‹

Jean legte mit einem Seufzen den Pinsel weg, trat einen Schritt zurück und betrachtete ihr Werk. Dann rieb sie sich über die Stirn. Wieso musste sie nur immer die Drehbücher im Voraus schreiben? Sie ließ die Schultern hängen. Sie wollte auf alles vorbereitet sein, auf alles gefasst. Sie konnte sich nicht vorbehaltlos auf Dinge einlassen. In diesem Punkt glich sie Davy so gut, man konnte vielleicht sagen, dass genau hier der Kreuzungspunkt zwischen ihrem und seinem Sein lag, weswegen die beiden so gut zusammenpassten.

Da knirschte der Kies in der Auffahrt, Scheinwerfer durchschnitten die Nacht, die an der Schwelle zur Dämmerung stand. Dann erloschen die Lichter, eine Wagentür klappte und riss Jean aus ihren inneren Monologen. Sie drehte sich zur Tür und rannte los. Denn wer konnte es schon sein, zu dieser nachtschlafenden Zeit, als Davy? Sie stürmte die Treppe hinunter und traf auf dem unteren Absatz ein, als die Tür aufschwang und Davy auf der Schwelle stand.

»Hallo, Babe.« Er wirkte verloren.

Jean fiel das nicht auf. Sie durchmaß die Diele und breitete die Arme aus. »Willkommen zu Hause, Baby.«

Er umarmte sie. Erst zögerlich, dann wie ein Ertrinkender, der sich an eine Leuchtboje klammerte und ständig drohte, abzurutschen. Dabei blieb er gewohnt sprachlos.

Jean löste sich halb aus seiner Umarmung, umfasste sein Gesicht mit ihren Händen und küsste ihn. Zunächst stürmisch, doch sie spürte, wie sich Davy unter diesem Ansturm zurückziehen wollte. Sie ließ das nicht zu. Ihr Kuss war nun wie ein sachter Sommerregen, ein laues Lüftchen, sanft und vorsichtig. Davy ließ das zu und erwiderte ihn sogar. Schließlich lösten sie sich voneinander, atemlos und voller Staunen, dass sie wieder vereint waren.

Ein paar Tage später hatte sich Jean aus dem gemeinsamen Bett gestohlen, während Davy schlief und dabei ruhig atmete. Er schien unglaublich entspannt, wenn er so dalag, hin und wieder schnarchte, so gelöst. Wenn er dies doch nur auch am Tage wäre. Jean hatte sich eine Weile im Bett hin und her gewälzt, immer auf der Hut, dass sie Davy nicht störte. Irgendwann hatte sie die Diskrepanz zwischen Davys Tagen und Nächten mit Bitterkeit überspült und so war sie aufgestanden, war geflohen und stand nun in dem Kinderzimmer, das sie nur vier Nächte zuvor liebevoll gestrichen hatte und das jetzt anscheinend keine Seele beherbergen sollte – wenn es nach Davy ging.

Dabei hatte er gar keine klare Stellung zu diesem Thema bezogen, er hatte nicht Ja oder Nein zum gemeinsamen Nachwuchs gesagt. Aber seine Haltung, voller Distanz und Sprachlosigkeit, gab besser über seine Gedanken Auskunft, als es ihm bewusst war.

Jean erinnerte sich an die Dämmerung, die Davy durch die Tür in ihre Arme gespült hatte. Als sie sich wieder voneinander lösten, hatte sie ihn an der Hand genommen und ins Schlafzimmer geführt. Dort war er in seinem Anzug auf seine Betthälfte gesunken, hatte die Augen geschlossen und war in einen tiefen Schlaf gefallen. Jean hatte sich in ihrer Malerhose neben ihn gelegt, hatte ihren Kopf auf ihre Arme gebettet und Davy beim Schlafen zugesehen. Was er wohl erlebt haben mochte?

Natürlich kannte sie die Bilder vom Habit unter den Kuppeln, aus den Laboren und von den Staubstürmen. Und genau da setzte Jeans Neugier an. Wie war das gewesen? Wie hatten sich die Stunden unter dem marsianischen Himmelszelt angefühlt? Hatte er an sie gedacht? Oder war er zu sehr mit der Stille beschäftigt gewesen? Vielleicht hatte die ihn angeschrien in ihrer Intensität. Jean wünschte sich, dass er sich mit seinen Kollegen gut verstanden hatte, auch wenn man die selten in seinem Stream sah. Kurzum, Jean hoffte, dass er eine gute Zeit gehabt hatte. Er würde ihr davon erzählen, morgen vielleicht. Jean hatte leise geseufzt und war in den Schlaf gekippt, plötzlich und für sie überraschend. Sie tastete gerade nach Davys Hand, bevor ihr die Augen zufielen, aber im letzten Moment verbot sie sich, ihn zu berühren. Er sollte nicht aufwachen. Er hatte seine Ruhe bitter nötig. Wahrscheinlich. So war es schon immer gewesen ...

Jean hatte sich im Kinderzimmer auf den Boden gesetzt, an die Wand gelehnt, die den Malereien, den farbigen Streifen, gegenüberlag. Jetzt, wo sie sich in dem Zimmer ihrer Träume befand, fühlte sie sich leer. Enttäuscht. Hungrig auf sich selbst, auf ihre Bedürfnisse. Und wieder formten sich Streitgespräche in ihrem Kopf, Diskussionen, Argumentationen. Und die Liebe, die sie schon immer für Davy empfunden hatte, wurde dünn und porös, schmeckte bitter und schal. Sie hatte alles für ihn gegeben, war sein Back-up gewesen, all die Jahre lang. Und nun? Er gab nichts zurück, stattdessen sog er ihre Energie in sich ein, wie ein Vampir, und ließ sie leer und ausgehöhlt zurück.

Während sie so vor sich hinstarrte und sich im Geflecht der Streifen verlor, bemerkte sie nicht die leisen Schritte, die sich die Treppe hinaufstahlen. Erst das leise Klopfen von Fingerknöcheln an der Türzarge ließ sie aufsehen.

»Davy?« Sie wischte sich kurz über die Augen und hinterließ eine feuchte Spur auf ihrem Jochbein. »Kannst du nicht schlafen, Baby?«

Er schüttelte den Kopf. »War so leer neben mir.«

Sie holte tief Luft. Dann klopfte sie mit der flachen Hand auf den beigen Veloursteppich neben sich.

Davy kam ihrer Einladung nach und rutschte an der Wand hinunter, bis er mit angewinkelten Beinen zu Sitzen kam. »Wieso bist du aufgestanden?«

»Weil ich viel zu denken habe.« Jean fiel nicht auf, dass sie ähnlich distanziert klang wie Davy in den letzten Tagen.

Davy fiel es auch nicht auf. Er sah sich in dem Zimmer um. »Schon gemütlich, nicht wahr? Du hast das toll gemacht.« Er wies auf die Verzierungen auf der gegenüberliegenden Wand. »Nur schade, dass wir nicht darüber gesprochen haben.«

»Aber das haben wir. Bevor du aufgebrochen bist. Als wir über unsere Zukunft gesprochen haben, so wie sie genau jetzt beginnt.«

»Da habe ich noch nicht gewusst, wie sich der Aufenthalt auf dem Mars auf mich auswirkt. Seien wir doch ehrlich – es war unverantwortlich, damals Pläne für ein nicht validierbares Jetzt zu machen.«

Jean hob den Kopf und sah ihn an. »Das willst du mir sagen? Das willst du mir allen Ernstes sagen? Ich habe hier ein Jahr damit verbracht, dir ein Heim zu geben, einen Ort, an den du zurückkehren kannst, ich habe meine Pläne aufgegeben, um Astronautenfrau zu werden, und jetzt sagst du, dass alles, was wir uns erdacht haben, hinfällig ist?«

»Du hast mich nicht gefragt, was passiert ist.«

Jean runzelte die Stirn. »Du willst jetzt darüber reden? Warum nicht die Tage vorher, als ich an deinen Lippen gehangen habe, als ich darauf gewartet habe, dass du dich mir mitteilst?«

»Du hast mich nicht gefragt.«

»Ich habe es nicht gewagt. Ich wollte dir Zeit geben, den richtigen Moment zu finden. Ich wollte dich nicht bedrängen.«

»Du meinst es immer nur gut, nicht wahr?« Diesmal war es an Davy zu seufzen.

»Könnten wir bitte aufhören, uns gegenseitig die Schuld an unserer Misere zuzuweisen?« Jean schluckte die Bitterkeit hinunter und zwang sich, Davy zuzuhören. »Bitte, erzähl mir, wie es für dich war.«

Davy lehnte sich an die Wand und schloss die Augen. Er sah die Sterne über dem Valles Marineris, den abgetrennten Bereich des Habitats im Noctis Labyrinthus, die ersten Kuppelbauten am Rand der Schlucht, in denen sich heute noch die Labore befanden. Er sah roten Sand, Steine, Erosion, Windhosen und Staubstürme.

»Abweisend«, murmelte er schließlich. »Der Planet wollte uns nicht haben und wehrte sich mit Sand und Staub gegen uns. Dann zogen wir die Köpfe ein. Doch immer wieder klarte es auf. Dann bin ich raus gegangen, wenn es die Arbeit erlaubte, habe mir meine Wege gesucht. Und dann gab es da diesen einen Ort in der Nähe der Labore, eine kleine Anhöhe, mit einem Felsen. Da habe ich meine Abende verbracht, solange wie meine Anzugheizung mitmachte.«

»In der Nacht?«

»Ja.«

»Davon habe ich nie einen Live-Stream von dir gesehen. Ich dachte immer, du hättest dich zum Schlafen zurückgezogen.«

Davy schüttelte den Kopf. »Am Anfang hatte ich einfach nur vergessen, die Bodycam scharf zu schalten. Später dann, als es mein Ritual geworden war, waren es meine Momente, meine Zufluchten in die Weite und die Erhabenheit. Die wollte ich mit niemandem teilen.«

Es hätte so viele Sterne in seinem Stream gegeben. Manchmal war es so, als ob er den ganzen Abend nichts anderes getan hatte, als in den Himmel zu starren und dabei zu erstarren, als ob es nichts Wichtigeres gäbe als dieses alte Licht, das aus den Tiefen des Universums seine Finger ausstreckte, um Davys Wangen zu streicheln.

»Willst du überhaupt jemals etwas teilen?« Wie aus weiter Ferne kam diese Frage, mit leiser Stimme gestellt, aber es schwang keine Erwartung einer Antwort mit.

Davy schluckte. »Du verstehst mich nicht, Jean. Aber Himmel, wenn du es nicht tust, wer soll es dann?«

»Muss ich dich verstehen?«

Davy fröstelte.

»Verstehst du mich? Meinen Wunsch nach einem Kind?«

Davy zuckte mit den Achseln. »Ich bin mir nicht sicher. Warum willst du eigentlich eines?«

»Vielleicht ist es nur das: Zusammen ist man weniger allein.«

»Du brauchst Gesellschaft?« Davy hob überrascht eine Braue. »Aber ich bin doch bei dir!«

»Wann? Wo? Erst bist du auf dem Mars, dann kommst du zurück und bist mir ferner als zuvor. Du hast mir immer noch nicht erzählt, wie der Aufenthalt für dich war. Was hat diese Weite mit dir gemacht?«

Davy zögerte. Dann tauchte er tief in sein Empfinden ein und sprach davon, wie klein er sich gefühlt hatte, wie sehr er jeden Abend im Angesicht der Sterne gestaunt hatte. Dass er sich unnütz gefühlt hatte und nicht wusste, wie er je etwas Bedeutendes anpacken sollte. Wie er sich gleichzeitig aufgerichtet und niedergedrückt gefühlt hatte, im Angesicht derartiger Leere und Weite. Mit einem Mal versiegten die Worte, als sie dem Kern seines Wesens zu nahekamen.

Da war es wieder. Er konnte nicht teilen, wollte sich nicht mitteilen, obwohl er Jean liebte und sie sein sicherer Hafen war.

Jean angelte nach seiner Hand, hielt sie und strich mit dem Daumen über seine Haut. Schließlich stand sie auf und sah auf Davy hinunter. »Lass uns noch mal ins Bett.«

»Aber es ist schon hell.«

»Egal, dann lassen wir die Läden eben etwas länger geschlossen.«

Davy zog sich vom Boden hoch, dann folgte er Jean, die noch immer seine Hand hielt, ins Schlafzimmer. Dort stellte er fest, dass Jean mehr wünschte als ein gemeinsames Einschlafen. Er gab ihrem sanften Drängen nach, lenkte es ihn doch von den Dingen ab, die er nicht mit ihr geteilt hatte. Als sie hinterher voneinander ließen, lag er lange wach und überwachte ihren Schlaf.

Dabei fühlte er sich etwas in die Ecke gedrängt. Es ging ihm gar nicht darum, ob er nun einen Sohn oder eine Tochter haben wollte, sie großziehen, lieben, behüten und beschützen, das wollte er schon, irgendwann einmal. Aber jetzt nahmen ihm seine zukünftigen Kinder die Frau, die er liebte. Sie legten sie in Beschlag. Zogen sie von ihm weg. Davy gelang es nicht, zu Jean vorzudringen. Er wusste auch nicht, welche Worte er noch benutzen sollte, um sich verständlich zu machen. Wie konnte er von Freiheit schwärmen, wenn sie genau das Gegenteil suchte.

Als Jean sich im Schlaf auf die Seite drehte und ihre Hand über ihren Bauch glitt und dort zur Ruhe kam, fasste Davy eine Entscheidung. Er stand also auf, griff sich eine Tasche und befüllte sie mit T-Shirts, Hemden, Jeans und Hygieneartikeln. Er ging in die Küche und schaltete die Kaffeemaschine ein. Ein Bagel wanderte in die Papiertüre, zusammen mit dem befüllten Iso-Kaffeebecher. Seine Reise würde lang sein und er wollte vor dem ersten Stopp weit genug von Jean entfernt sein, um nicht stehenden Fußes wieder umzukehren.

Als er vor die Tür trat, klarte es bereits auf. Jean schlief immer noch wie eine zutiefst Erschöpfte. Sein Nachbar war hingegen bereits mit seinem Hund Luke auf der morgendlichen Gassirunde. Hugh Baxter war eine Type für sich, deswegen mochte Davy ihn auch. Hugh redete nicht besonders viel, werkelte in seiner Garagenwerkstatt herum und kümmerte sich streng um Luke. Dazu gehörte auch die frühe Runde, die pünktlich um fünf Uhr dreißig begann und eine Dreiviertelstunde dauerte. Hugh war in diesem Moment damit beschäftigt, Luke die Leine anzulegen, als Davy das Haus verließ. Davy zog den Kopf ein und hoffte inständig, dass Hugh ihn auch jetzt unbehelligt ließ, wie sonst auch. Und er hatte Glück. Hugh nickte ihm zu und tippte grüßend an den Schirm der Basecap, dann wandte er sich wieder seinem Hund zu. Gemeinsam verschwanden beide hinter der Straßenecke linker Hand. Davy warf seine Tasche in den Fond seiner Corvette und sich selbst hinter das Steuer.

Auf dem Highway fand Davy ganz allmählich zu sich selbst zurück. Zu seiner Trauer um Jean und eine Beziehung, die es nicht mehr gab, die irgendwann irgendwo zerbrochen war, aber auch zu seiner Sehnsucht, die sich nach den verblassenden Sternen am Firmament ausstreckte. Zu seiner Sprachlosigkeit und seiner Erfülltheit. Zu seinem Nichts und dem ganzen Allen. Davy wusste schon lange nicht mehr, wer er war, aber in diesem Moment wusste er wenigstens, wo er hinwollte. Davy's on the road again.

Ein Jahr später lebte Jean noch immer in dem Haus, das sie einst für Davy und sich eingerichtet hatte. Davy war nicht mehr an ihrer Seite, er war nie wieder zurückgekehrt. Sie war dennoch nicht allein. Wenn sie abends in das Streifenzimmer ging, lag dort Rose in ihrem Kinderbett und schlief tief und fest. Jean war glücklich, wenn sie ihren pausbäckigen Engel so betrachtete. Er war ein Geschenk des Himmels. Sie hatte nie erfahren, was Davy von ihr fortgezogen hatte. Aber die Dankbarkeit überwog den Zorn und sie wollte die gemeinsame Zeit mit ihm stets in ihrem

Herzen bewahren. Sie hatte ihm einmal eine Nachricht übermitteln lassen. »Es ist ein Mädchen.« Nach einer Weile war seine Antwort eingetroffen. »Ich freue mich für dich.« Mehr wurde fürs Erste nicht zwischen ihnen ausgetauscht. Und es war für beide in Ordnung. Jean hörte auf, Drehbücher in ihrem Kopf vorzuformulieren. Sie lernte von Rose, sich auf das Chaos einzulassen und jeden Tag mit neuer Dankbarkeit entgegenzunehmen, neue Dinge zu entdecken und sich auf Überraschungen einzulassen.

Davy hingegen stand in jeder Nacht neben dem Felsen auf der kleinen Anhöhe und starrte in den Himmel. An diesem einen Abend, etwa zehn Jahre später, als er wieder einmal auf dem Mars weilte, hatte er seine Bodycam mitgenommen und angestellt. Er zeichnete auf, was er sah, denn es gab einen Menschen, der wissen sollte, wer er war. Als die Anzugsheizung schlappmachte, nahm er die Bodycam aus ihrer Halterung, hielt sie vor sein verspiegeltes Visier und sprach in das Kameraauge. »Du sollst wissen, dass ich immer von hier oben auf dich achte. Ich bin der Sternenseher. Dein Vater, Rose.«

Danach kehrte er in die Kuppeln zurück und schickte die Botschaft an Jean mit der Bitte, sie Rose vorzuspielen. Mehr hatte er nicht zu geben, von sich selbst, von seiner Seele, von seiner Existenz. Er, der Sternenseher. Keine Entschuldigung, keine Lügen, keine Nichtigkeiten. Er hatte in das Auge der Ewigkeit geblickt und war dort wiedergeboren worden. Nun sollte auch seine Tochter von dem Wunder wissen. Vielleicht würden sie einst miteinander darüber reden, wenn er wieder auf Erdurlaub war, sich in seine Corvette setzte und Rose aufsuchen würde. Davy would be on the road again.

Grafiker im Blick

Andreas Schwietzke erblickte das Licht der Welt 1960 am Niederrhein und ist deswegen ausgestattet mit der sprichwörtlichen rheinischen Frohnatur. Nach einem Sprint durch sämtliche denkbare Schulformen ließ er sich zu einem Typografen und Reprografen ausbilden. Etwas orientierungslos durchlief er danach diverse berufliche Tätigkeiten und Lebensformen, um daraufhin ein Studium der Philosophie und Soziologie zu beginnen. Nach dem vorzeitigen Abbruch dieses Studienganges wechselte er zur freien Kunst, um dort seinen diplomierten Abschluss zu machen. Deutschland wurde ihm zu langweilig, also ging er mit einem Stipendium nach Madrid. Aus den anfänglich geplanten zwei Jahren wurden dann sehr schnell zwanzig, und als in Spanien die allumfassende Wirtschaftskrise begann, packte er seine sieben Sachen, um nach Deutschland zurückzukehren. Lange Zeit war er als freischaffender Künstler unterwegs, mit Höhen und Tiefen und zahlreichen Einzel- und Gruppenausstellungen. Nebenher betätigte er sich in Spanien als Bühnenbildner, Grafiker und Übersetzer. Schließlich musste er die Malerei aus physischen Gründen aufgeben und wechselte daraufhin seine künstlerische Ausdrucksform. So kam er zur digitalen Kunst.

Mario Franke, geboren 1962 in Leipzig, ist bis heute in seiner Geburtsstadt ansässig. Seine berufliche Expertise liegt im Bereich digitaler Landkarten und deren Verbindung mit Datenbanken. Um der mitunter wenig fantasieanregenden Natur seiner Tätigkeit entgegenzuwirken, fand er im Bereich der Computergrafik einen Ausgleich. Bereits in den 1980er-Jahren wagte er sich durch seine Arbeit mit CAD-Software an seine ersten grafischen Experimente.

Abgesehen von seinem beruflichen Schaffen pflegt er diverse Interessen wie Musik, Kino, Reisen und Lesen. Engagiert ist er sowohl im Vorstand als auch als Grafiker des Freundeskreis Science Fiction Leipzig e.V. (FKSFL). Seine Vorliebe für Science-Fiction wurde durch den Bücherschrank seines Großvaters geweckt, der eine Handvoll SF-Romane beherbergte, die bis heute sein Leseverhalten maßgeblich beeinflussen.

Die Entstehung seiner Bilder resultiert mittlerweile aus der Kombination von 2-D- und 3-D-Software. Viele seiner Werke sind im Auftrag des Freundeskreises SF Leipzig entstanden, vor allem für Bücher, Informationsmaterial und Plakate. Zudem entwirft er Titelbilder und illustriert Kurzgeschichten für Bücher, Magazine und Anthologien. Seine herausragende Umschlaggestaltung für »Lichtjahr 7« brachte ihm im Jahr 2000 den renommierten Kurd-Laßwitz-Preis ein. Weitere Nominierungen erfolgten in den Jahren 2007 für »Nova 10«, 2016 für »Leipzig – Visionen«, 2019 für »EXODUS 37« und 2022 für »DIAGNOSE|F«. Darüber hinaus gestaltete er Cover und Booklets für verschiedene Musiker.

Im Jahr 2021 veröffentlichte er gemeinsam mit Aiki Mira und Uli Bendick die Anthologie »Am Anfang war das Bild«, die beim Kurd-Laßwitz-Preis den zweiten Platz in der Kategorie »Sonderpreis für einmalige herausragende Leistungen im Bereich der SF 2022« erreichte. Diese Anthologie wird als Seminarlektüre für Bachelorstudenten in Germanistik an der Freien Uni Berlin verwendet. Im Jahr 2023 gewann er zusammen mit Wolfgang Both und Ralf Neukirchen in der Kategorie »Sonderpreis für einmalige herausragende Leistungen im Bereich der SF 2023« den ersten Platz für die Gestaltung der Plakate für »Science Fiction in der DDR« im Rahmen der Ausstellung »Leseland DDR«.

Seine künstlerischen Arbeiten wurden in Ausstellungen in Leipzig, Dresden und Frankfurt am Main präsentiert. Weitere Bilder unter www.künstlichkeit.de.